辽/宁/大/学/公/共/管/理/系/列/丛/书

丛书主编：边恕

U0812480

环境规制对绿色全要素生产率影响研究

——基于“两控区”政策考察

RESEARCH ON THE EFFECT OF ENVIRONMENTAL REGULATION ON GREEN TOTAL FACTOR PRODUCTIVITY: EVIDENCE FROM THE TWO CONTROL ZONES POLICY OF CHINA

范洪敏◎著

本书为辽宁省教育厅社科类青年科技人才“育苗”项目（项目编号：LQN201924）、辽宁省社会科学规划基金项目（项目编号：L19CJY002）、教育部人文社会科学青年基金项目（项目编号：19YJC790025）、中国博士后第67批面上资助项目（项目编号：2020M670769）部分研究成果。

经济管理出版社
ECONOMY & MANAGEMENT PUBLISHING HOUSE

图书在版编目（CIP）数据

环境规制对绿色全要素生产率影响研究——基于“两控区” 政策考察/范洪敏著.
—北京：经济管理出版社，2020. 12
ISBN 978-7-5096-7504-5

Ⅰ. ①环… Ⅱ. ①范… Ⅲ. ①环境规划—影响—全要素生产率—研究—中国 Ⅵ.
①F249. 22

中国版本图书馆 CIP 数据核字（2020）第 164429 号

组稿编辑：赵亚荣
责任编辑：赵亚荣
责任印制：黄章平
责任校对：陈 颖

出版发行：经济管理出版社
（北京市海淀区北蜂窝 8 号中雅大厦 A 座 11 层 100038）
网址：www. E-mp. com. cn
电话：（010） 51915602
印刷：北京玺诚印务有限公司
经销：新华书店
开本：710mm×1000mm /16
印张：16. 25
字数：267 千字
版次：2020 年 12 月第 1 版 2020 年 12 月第 1 次印刷
书号：ISBN 978-7-5096-7504-5
定价：69. 00 元

前言

日益严重的环境污染俨然已经成为制约我国经济可持续发展、影响居民生活质量提升的不可忽视的因素。环境污染作为负公共产品，是在经济发展过程中由于市场失灵、信息不对称、政府监管与执行不力、环境规制体系不健全等原因造成的，更深层的是高投入、高能耗、高污染、低效率的“黑色”经济增长方式的体现。党的十八大以来，我国政府开始反思并调整传统的经济增长方式，将转变经济发展方式、加大环境污染治理提上了重要议程。2012 年党的十八大报告首次专章阐述生态文明，并提出“五位一体”的总体建设布局；2015 年政府工作报告首次提出提升全要素生产率；党的十八届五中全会提出并阐释了绿色发展理念；2017 年党的十九大报告提出我国经济开始转向高质量发展阶段。从党的十八大生态文明的阐述到党的十九大高质量发展阶段的论断，其背后穿插着转变经济发展方式，提升经济增长质量，推动经济可持续和绿色发展这条主线。所谓绿色发展，强调的是在经济发展过程中坚持可持续和环保节约原则，意味着经济发展方式由原先高度依赖要素能源投入的粗放增长转变为减少不可再生要素投入、减少污染物排放负产出、实现传统劳动资本要素高效使用并提高经济产出效率的集约绿色增长，这本质上是提高绿色全要素生产率。

在此背景下，实施合理的行政命令型、经济市场型等环境规制政策来推进绿色全要素生产率提升成为当前中国绿色经济转型的必由之路，也是当前中国亟待解决的问题。近几年来，我国也出台了一系列不同类型的环境规制工具，那么环境规制实施能否及如何促进我国绿色全要素生产率提升，实现绿色经济转型呢？

本书围绕环境规制与绿色全要素生产率这一核心研究主题，系统探讨了环境规制实施能否促进绿色全要素生产率提升、环境规制影响绿色全要素生产率的相关机制、环境规制对绿色全要素生产率影响的空间效应、环境规制对绿色全要素生产率影响的异质性效应四个问题，得到以下基本结论：环境规制会显著促进绿色全要素生产率提升但存在滞后性和时效性；现阶段市场激励型环境规制并不能显著促进绿色全要素生产率提升；环境规制对绿色全要素生产率影响存在产业结构升级或集聚、引致技术创新和要素结构升级等影响机制；环境规制对绿色全要素生产率影响存在正向空间溢出效应；环境规制对绿色全要素生产率影响存在显著异质性效应。

本书具体研究内容及结构安排如下：

第 1 章为绪论。本章主要介绍了选题背景、研究意义、国内外相关文献综述、研究方法、研究思路、研究创新与不足。

第 2 章为环境规制与绿色全要素生产率理论分析。本章主要阐述了环境规制对绿色全要素生产率影响的相关理论基础，对传统全要素生产率和绿色全要素生产率进行了比较和界定，同时构建了环境规制对绿色全要素生产率影响理论模型，分析了环境规制对绿色全要素生产率影响机制，并提出了空间溢出效应和异质性效应假设。

第 3 章为“两控区”政策演变及其实施效果。本章主要对 1998 年我国“酸雨控制区”和“二氧化硫控制区”政策设立的相关背景，“两控区”政策的出台、演变及“两控区”政策实施效果进行了介绍和初步分析。

第 4 章为绿色全要素生产率测度及其动态变化。本章在介绍并比较了绿色全要素生产率主要测算方法的基础上，最终选取非参数混合径向 EBM 模型结合 Malmquist-Luenberger 指数对我国 268 个地级市 1994~2015 年绿色全要素生产率进行了测算。在此基础上，从全国、区域和省际层面对我国绿色全要素生产率及其分解变化趋势进行了时间和空间维度动态比较分析。

第 5 章为环境规制对绿色全要素生产率的影响。本章以“两控区”的设立构造准自然实验，运用双重差分法实证探讨了“两控区”环境规制政策对绿色全要素生产率的直接影响、动态影响及其与排污权交易等市场激励型环境规制组合的效应，同时进行了一系列严谨的稳健性检验。

第 6 章为环境规制对绿色全要素生产率影响机制。本章进一步运用双重差分模型对环境规制对绿色全要素生产率影响的产业结构升级和产业集聚机制、外商直接投资机制、技术创新机制、要素结构升级机制进行了实证检验。

第 7 章为环境规制下绿色全要素生产率空间溢出效应。本章立足于绿色全要素生产率和城市环境政策执行方面存在一定的空间相关性，基于空间视角，运用双重差分模型和空间计量模型对“两控区”政策下的绿色全要素生产率空间溢出效应进行了分析。

第 8 章为环境规制下绿色全要素生产率异质性效应。本章运用交互模型分别讨论了环境规制对绿色全要素生产率的国有化程度异质性效应、财政分权程度异质性效应、市场化程度异质性效应、融资约束程度异质性效应、地方腐败程度异质性效应、城市规模和行政级别异质性效应。

第 9 章为结论与对策建议。结合本书研究结论，提出注重环境规制政策的长期规划与可持续性、环境规制政策应与经济发展阶段相匹配、加强 FDI 绿色环保技术溢出效应、推动城市群内环境污染协同治理、改革并完善相关配套制度等对策建议。

目　录

1 绪 论

1.1 选题背景和研究意义

1.1.1 选题背景

改革开放以来，中国经济取得了快速增长，2016 年人均 GDP 已超过 8000 美元，进入了中等高收入国家行列。然而，中国持续高速增长的背后却是以高污染、高能耗、高环境损害为代价的。如今环境质量呈全面恶化态势，雾霾污染也已呈现全国性扩散趋势，2015 年按照《环境空气质量标准》（GB3095-2012）监测的 338 个城市中，空气质量达标的城市仅占 21.6%。环境污染伴随着严重的经济损失，1998~2010 年，中国环境污染成本占实际 GDP 的 8%~10%（杨继生等，2013）①；环境污染同样给居民带来严重健康威胁，2010 年“环境颗粒物质污染”作为第四大健康杀手导致中国 120 万人过早死亡（Yang G. et al., 2013）②，约占全球此类死亡总数的 40%。对于已经进入新常态经济发展阶段的中国而言，日益严重的环境污染俨然已经成为制约经济可持续发展、影响居民生活质量提升的不可忽视的因素。环境污染作为负公共产品，是在经济发展过程中由于市场失灵、信

---

① 杨继生，徐娟，吴相俊. 经济增长与环境和社会健康成本［J］. 经济研究，2013（12）：17-29.

② Yang G., Wang Y., Zeng Y., et al. Rapid Health Transition in China, 1990-2010: Findings from the Global Burden of Disease Study 2010［J］. Lancet, 2013, 381（9882）: 1987.

息不对称、政府监管与执行不力、环境规制体系不健全等造成的，更深层的是高投入、高能耗、高污染、低效率的“黑色”经济增长方式的体现。党的十八大以来，我国政府开始反思并调整传统的经济增长方式，将转变经济发展方式、加大环境污染治理提上了重要议程。

面对资源约束趋紧、环境污染严重、生态系统退化的严峻形势，党的十八大报告首次专章论述了生态文明，将总体布局扩展为经济建设、政治建设、文化建设、社会建设、生态文明建设“五位一体”，提出要“树立尊重自然、顺应自然、保护自然的生态文明理念，把生态文明建设放在突出地位，融入经济建设、政治建设、文化建设、社会建设各方面和全过程，努力建设美丽中国，实现中华民族永续发展”。在我国面临资源环境约束不断加大，劳动力等要素投入成本过高，高投入、高能耗、片面追求 GDP 过快增长发展方式难以为继“三期矛盾叠加”的背景下，2015 年国务院政府工作报告首次将提高全要素生产率作为经济发展的重要目标，推动我国经济发展模式由原来过度依赖投资驱动转向今后依靠全要素生产率提升驱动，实现粗放投入型增长转向集约效率型增长。

党的十八届五中全会进一步提出并阐述了创新、协调、绿色、开放、共享的发展理念，其中强调的“绿色”发展理念是关系我国发展全局的一场深刻变革。习近平总书记提出的“绿水青山就是金山银山”“保护环境就是保护生产力，改善环境就是发展生产力”“良好生态环境是最公平的公共产品，是最普惠的民生福祉”等思想是绿色发展理念的重要体现，是基于可持续发展思想，致力于提高人类福利和社会公平的新型经济发展理念。绿色发展理念最核心的是“绿色经济发展”理念，实现“绿色经济发展”是“绿色发展”的物质基础，涵盖了两个方面的内容：一方面，经济要环保。任何经济行为都必须以保护环境和生态健康为基本前提，它要求任何经济活动不仅不能以牺牲环境为代价，而且要有利于环境的保护和生态的健康。另一方面，环保要经济。即从环境保护的活动中获取经济效益，将维系生态健康作为新的经济增长点，实现“从绿掘金”。它要求把培育生态文化作为重要支撑，协同推进新型工业化、城镇化、信息化、农业现代化和绿色化，牢固树立“绿水青山就是金山银山”的理念，坚持把节约优先、保护优先、自然恢复作为基本方针，把绿色发展、循环发展、低碳发展作为基本途径。

2017 年 10 月，习近平总书记在党的十九大报告中对我国经济发展阶段和未来主要任务做出了新的阐释，认为我国经济已经由过去的高速度增长开始转向高质量发展阶段，正处于转变经济发展方式、优化经济结构、转化经济增长动力的攻关期，必须推动发展质量变革、效率变革、动力变革，促进全要素生产率提升。其中，经济高质量发展的核心在于强调质量第一和效率优先。“质量第一”着重突出经济运行质量，表现出未来经济发展的稳定性、协调性和可持续性；而经济高质量发展的核心目标在于实现效率变革，包括生产效率、市场效率和协调效率三大主要内容，其中协调效率在于经济与社会、经济与生态之间的协同关系和运行效率。从这一点来看，实现经济与生态协调效率的提升是实现经济高质量发展的重要任务之一。

从2012年党的十八大报告首次专章阐述生态文明，并提出“五位一体”的总体建设布局，到2015年政府工作报告首次提出提升全要素生产率，到党的十八届五中全会提出并阐释的绿色发展理念，再到2017年党的十九大报告提出的我国经济开始转向高质量发展阶段论断，背后始终穿插着转变经济发展方式、提升经济增长质量、推动经济可持续和绿色发展这条主线。所谓绿色发展，强调的是在经济发展过程中坚持可持续和环保节约原则，意味着经济发展方式由原先高度依赖要素能源投入的粗放增长转变为减少不可再生要素投入、减少污染物排放负产出、实现传统劳动资本要素高效使用并提高经济产出效率的集约绿色增长，这本质上是提高绿色全要素生产率。因此，实现环境质量改善和经济可持续发展的关键在于全面提升绿色全要率生产率。传统意义上的全要素生产率是衡量一个国家或地区技术进步和技术效率的关键指标，在一定程度上可以衡量经济增长质量，但是该指标在测算过程中却未考虑环境污染对经济增长的制约和经济增长对环境产生的损耗，不能完美体现一个国家或地区的经济增长质量，也不能反映一个国家或地区的经济可持续性和绿色发展程度。而在传统全要素生产率基础上，将环境污染排放等负产出纳入经济增长核算框架中得到的绿色全要素生产率能完全体现一个国家或地区的绿色经济增长质量和可持续性。从这一点来讲，党和政府的深层次目标是实现绿色全要素生产率的提升。

在此背景下，实施合理的行政命令型、经济市场型等环境规制政策或措施来推进绿色全要素生产率提升成为当前中国绿色经济转型的必由之路，也是当前中国亟待解决的问题（陈诗一，2010；蔡乌赶和周小亮，2017）①②。近年来，我国也出台了一系列环境治理、监督、管理机制体制，包括建立全国性碳排放交易市场、完善生态环境管理制度等；制定了《大气污染防治行动计划》（2013 年）、《水污染防治行动计划》（2015 年）、《土壤污染防治行动计划》（2016 年）等相关法规条例；修订了《中华人民共和国环境保护法》（2014 年），2018 年 1 月 1 日起《中华人民共和国环境保护税法》也正式实施。那么，环境规制实施能否及如何促进我国绿色全要素生产率提升，实现绿色经济转型呢？

1.1.2 研究意义

环境规制与经济增长的关系一直是环境经济学领域关注的核心问题。在环境污染不断恶化、居民健康受到严重威胁的状况下，中国政府已出台相当严格的环境规制措施力求逐步改善生态环境，但如果环境规制仅单纯降低了污染物排放，改善了环境质量，却导致经济增长出现停滞甚至倒退，这对于进入经济新常态、经济出现结构性减速、尚未进入高收入阶段的中国而言代价太高，是不值得的。这就要求环境规制的实施不仅需要有效降低污染物排放，而且尽可能不抑制经济增长甚至需要经济产出水平的同步提高。在我国经济发展新阶段，经济产出水平的提高不是过去“黑色”产出的增加，而是绿色经济增长和绿色经济效率的提升。环境质量改善、绿色经济增长和绿色经济效率提升是经济增长质量提升的重要表现，也是绿色经济转型的根本要求，促进绿色全要素生产率全面提升是推动我国经济绿色转型、实现经济可持续发展和经济高质量发展的重要途径。但环境规制对绿色全要素生产率的影响至今尚未形成一致观点，环境规制是否会促进绿色全要素生产率提升、环境规制如何影响绿色全要素生产率仍是摆在全社会面前的疑问。本书在顺应我国时代发展趋势、政府政策出台急需理论支持、居民环境治理需求迫切的背景下，围绕环境规制对绿色全要素生产率的影响对上述疑问进行了回答，具有重要的理论意义和现实意义。

---

① 陈诗一. 节能减排与中国工业的双赢发展：2009-2049［J］. 经济研究，2010（3）：129-143.

② 蔡乌赶，周小亮. 中国环境规制对绿色全要素生产率的双重效应［J］. 经济学家，2017（9）：27-35.

1.1.2.1 理论意义

总体而言，本书结合较为前瞻性的理论和研究方法，系统构建了环境规制对绿色全要素生产率影响的理论框架，从直接影响、传导机制、空间溢出效应和地区异质性效应四个层次深入讨论了环境规制对绿色全要素生产率的影响，进一步完善了环境规制与绿色全要素生产率相关理论，同时为如何实现环境保护与绿色经济增长协调发展的“双赢”提供了理论依据。

第一，本书从经济增长质量和绿色经济转型角度分析了环境规制对绿色全要素生产率的影响，进一步完善了环境规制与经济增长质量和绿色经济转型方面的相关理论。

第二，本书从产业结构升级和产业集聚机制、外商直接投资机制、技术创新机制、要素结构升级机制等方面揭示了环境规制对绿色全要素生产率影响的主要渠道，填补了环境规制对绿色全要素生产率影响相关机制的理论空白。

第三，本书结合空间经济学相关理论，分析了中心区域城市环境规制对外围城市绿色全要素生产率的空间溢出效应，验证了区域中心辐射效应和绿色全要素生产率空间溢出效应假设，弥补了空间视角下环境规制对绿色全要素生产率影响的相关理论。

第四，本书从地区市场化程度、国有化程度、财政分权程度、融资约束程度、地方腐败程度、城市规模和行政级别等角度探讨了环境规制对绿色全要素生产率影响的地区异质性，从异质性角度进一步完善了环境规制与绿色全要素生产率相关理论。

1.1.2.2 现实意义

第一，“绿水青山就是金山银山”“保护环境就是保护生产力，改善环境就是发展生产力”强调了环境保护与经济增长协调发展的理念。经济新常态下，我国开始进入高质量发展阶段，更加注重经济发展方式转变，力求实现经济增长质量和绿色经济转型。现实中，地方政府在出台制定环境治理相关政策时考虑更多的是环境规制能否及如何促进绿色经济转型，实现环境保护与绿色经济增长的“双赢”。设立酸雨控制区和二氧化硫控制区是国家和政府治理城市大气环境污染的重要环境规制手段之一，以该政策做准自然实验，合理评估环境规制对绿色全要素生产率的影响对于政府出台环境规制政策和相应配套措施具有重要的参考价值和借鉴意义。

第二，地区间环境规制会存在策略互动，中心区域环境规制强度的提高对周边地区绿色全要素生产率会产生何种影响？绿色全要素生产率是否存在空间溢出效应？空间边界是多少？上述问题的回答有助于启示我们如何加快推动区域环境协同治理，这对于实现区域环境保护与经济增长“双赢”具有重要的现实意义。

第三，现实中各地区制度环境、社会经济特征等存在明显的异质性，环境规制的绿色全要素生产率促进效应会受外在制度的影响而表现出异质性效应。本书进一步识别了环境规制对绿色全要素生产率影响的市场化程度、国有化程度、财政分权程度、地方腐败程度、融资约束程度、城市规模和行政级别等异质性效应，为各地区加强外在制度支持以有效发挥环境规制对绿色全要素生产率的促进效应，实现环境规制与绿色经济增长的“双赢”提供科学、合理的依据。

1.2 国内外研究现状及述评

1.2.1 国内研究现状

1.2.1.1 环境规制与经济增长相关研究

环境规制实施是否会抑制经济增长是国内学者比较关注的问题之一，运用不同的数据和分析模型得到的结论存在差异，主要有环境规制实施会促进经济增长、环境规制实施会抑制经济增长、环境规制与经济增长存在非线性或异质性关系等观点。

第一，环境规制实施会促进经济增长。张红凤等（2009）发现，环境规制政策实施能够改变环境库兹涅茨曲线的形状和位置，实现环境保护与经济发展双赢[①]。吴明琴等（2016）运用倍差法研究了“两控区”政策对城市经济增长的影响，发现“两控区”城市的人均 GDP 增加了 8.3%，人均工业 GDP 增加了 16.8%，促进了经济增长[②]。史贝贝等（2017）则以 1994~2010 年中国地级市灯光数据作为 GDP 衡量指标，同样结合双重差分法评估了“两控区”政策对城市经济增长效应，发现“两控区”政策显著促进了城市经济增长，且该效应随着政策执行时间推移而不断增加，同时发现，城市规模越大，环境规制对经济增长的促进效应越大[③]。张娟（2017）基于创新补偿与产业结构升级的双重视角分析了资源型城市环境规制的经济增长效应及其传导机制，发现资源型城市环境规制显著促进了 GDP 和人均 GDP 水平提高，主要是因为环境规制强度提高进一步提升了科技人员比重并优化了产业结构，从而发挥出显著的创新补偿和产业结构升级效应，进而促进经济增长[④]。

第二，环境规制实施会抑制经济增长。汤韵和梁若冰（2012）运用倍差法研究了“两控区”政策对区域内外城市二氧化硫排放与经济增长的影响，发现“两控区”政策显著降低了污染排放，却抑制了经济增长。相比酸雨控制区，二氧化硫控制区在一定程度上实现了经济增长与环境保护的“双赢”。为提高减排效率，我国应实施区域总体控制措施，建立并完善排污权交易市场，同时解除能源和价格管制，逐步采用市场化手段减排[⑤]。谢众等（2013）结合 2000~2010 年中国省际面板数据，通过分析自然资源禀赋和环境规制对区域经济增长的影响，发现环境规制会显著抑制经济增长，而且能够部分抵消自然资源禀赋对经济增长的促进作用[⑥]。赵霄伟（2014）则运用 2004~2009 年地级市以上城市工业的面板数据分析了环境规制对地

① 张红凤，周峰，杨慧，郭庆. 环境保护与经济发展双赢的规制绩效实证分析［J］. 经济研究，2009，44（3）：14-26+67.

② 吴明琴，周诗敏，陈家昌. 环境规制与经济增长可以双赢吗——基于我国“两控区”的实证研究［J］. 当代经济科学，2016，38（6）：44-54.

③ 史贝贝，冯晨，张妍，杨菲. 环境规制红利的边际递增效应［J］. 中国工业经济，2017（12）：40-58.

④ 张娟. 资源型城市环境规制的经济增长效应及其传导机制——基于创新补偿与产业结构升级的双重视角［J］. 中国人口·资源与环境，2017，27（10）：39-46.

⑤ 汤韵，梁若冰. “两控区”政策与二氧化硫减排——基于倍差法的经验研究［J］. 山西财经大学学报，2012（6）：9-16.

⑥ 谢众，张先锋，卢丹. 自然资源禀赋、环境规制与区域经济增长［J］. 江淮论坛，2013（6）：61-67.

区工业经济增长的影响，发现环境规制强度的提高会显著抑制地区工业经济增长[①]。黄清煌和高明（2016）运用2001~2013年中国30个省份面板数据结合联立方程模型实证分析了环境规制对经济增长数量和质量的影响，发现环境规制会显著抑制经济增长水平提高，且不存在地区差异[②]。

第三，环境规制与经济增长存在非线性或异质性关系。表现在：①环境规制与经济增长存在非线性关系。熊艳（2011）通过构建环境规制强度综合指数，运用2004~2008年中国省际面板数据实证分析了环境规制与经济增长关系，发现环境规制与经济增长存在正“U”型关系，其中环境规制引发技术创新对于弥补成本并实现经济持续增长具有重要的推动作用[③]。封福育（2014）构建环境保护和生产两部门，应用动态优化理论分析发现，环境规制与经济增长之间存在多重均衡关系，进一步实证检验同样发现，环境规制强度不同，环境规制对经济增长的影响也存在差异[④]。张同斌（2017）分析发现，只有高强度的环境规制才能倒逼企业进行技术创新，发挥创新补偿效应，实现经济的持续增长[⑤]。②环境规制与经济增长关系存在区域异质性。孔祥利和毛毅（2010）研究发现，环境规制与经济增长关系存在明显的时效性和区域差异性，长期来看，东、中、西部环境规制与经济增长均互为因果关系，但短期内，东部地区环境规制强度的提高促进了经济增长，而中部地区两者不显著，西部地区的经济增长推动了环境规制强度的提高[⑥]。谢涓等（2012）则通过构建环境规制与经济增长的联立方程模型检验了环境规制与经济增长相互关系，发现全国范围内，环境规制与经济增长两者存在单向因果关系，在经济发达省份两者存在双向因果关系，

---

① 赵霄伟. 环境规制、环境规制竞争与地区工业经济增长——基于空间Durbin面板模型的实证研究［J］. 国际贸易问题，2014（7）：82-92.

② 黄清煌，高明. 环境规制对经济增长的数量和质量效应——基于联立方程的检验［J］. 经济学家，2016（4）：53-62.

③ 熊艳. 基于省际数据的环境规制与经济增长关系［J］. 中国人口·资源与环境，2011，21（5）：126-131.

④ 封福育. 环境规制与经济增长的多重均衡：理论与中国经验［J］. 当代财经，2014（11）：14-24.

⑤ 张同斌. 提高环境规制强度能否“利当前”并“惠长远”［J］. 财贸经济，2017，38（3）：116-130.

⑥ 孔祥利，毛毅. 我国环境规制与经济增长关系的区域差异分析——基于东、中、西部面板数据的实证研究［J］. 南京师大学报（社会科学版），2010（1）：56-60+74.

而在经济欠发达地区两者之间并不存在因果关系①。王鹏和高妍伶俐（2012）分析了环境规制对东、中、西部地区三次产业部门经济增长的影响，发现环境规制会显著促进我国中部和东部地区第二产业和第三产业及西部地区第二产业发展，但是对东部和中部地区第一产业及西部地区第一产业和第三产业发展均没有显著影响②。李胜兰等（2014）在对环境规制对经济增长直接影响和间接影响的理论分析基础上，运用1997~2010年中国省际面板数据实证分析发现，在全国范围内环境规制与经济增长并不存在显著关系，而在东部、中部和西部表现出不同的关系③。③环境规制与经济增长关系存在制度异质性。王小宁和周晓唯（2015）分析了市场化进程下不同类型环境规制工具对经济增长的影响，研究发现，市场化程度提高了东部地区却削弱了中部地区市场激励型环境规制对经济增长的促进效应，而西部地区的市场化程度对市场激励型环境规制对经济增长的促进效应不显著④。王洪庆（2016）基于人力资本视角分析了环境规制对经济增长的门槛效应，发现当环境规制强度处于较低水平时，环境规制本身和环境规制引致的人力资本水平提升能够显著促进经济增长，而随着环境规制强度的提高，环境规制本身和环境规制引致的人力资本积累边际递减则会抑制经济增长⑤。原毅军和刘柳（2013）将环境规制分为费用型和投资型两类，并分析其对经济增长的影响，发现费用型环境规制对经济增长无显著影响，而投资型环境规制则会显著促进经济增长⑥。

1.2.1.2 环境规制与技术进步相关研究

弱波特假说认为，环境规制强度的提高会倒逼企业加大研发投入，促

---

① 谢涓，李玉双，韩峰．环境规制与经济增长：基于中国省际面板联立方程的分析［J］．经济经纬，2012（5）：1-5.

② 王鹏，高妍伶俐．环境规制与我国经济增长关系的区域差异研究——基于东、中、西部地区三次产业部门的数据分析［J］．产经评论，2012，3（5）：111-118.

③ 李胜兰，申晨，林沛娜．环境规制与地区经济增长效应分析——基于中国省际面板数据的实证检验［J］．财经论丛，2014（6）：88-96.

④ 王小宁，周晓唯．市场化进程、环境规制与经济增长——基于东、中、西部地区的经验研究［J］．科学决策，2015（3）：82-94.

⑤ 王洪庆．人力资本视角下环境规制对经济增长的门槛效应研究［J］．中国软科学，2016（6）：52-61.

⑥ 原毅军，刘柳．环境规制与经济增长：基于经济型规制分类的研究［J］．经济评论，2013（1）：27-33.

进技术创新。国内学者运用不同数据和模型对此假说进行了详细的验证，得到的结论主要有环境规制会促进技术进步与创新、环境规制会抑制技术进步与创新、环境规制对技术进步或创新存在非线性或异质性影响等。

第一，环境规制会促进技术进步与创新。赵红（2008）运用1996~2004年中国30个省份大中型工业企业面板数据，实证分析了环境规制对企业技术创新的影响，发现环境规制强度的提高对R&D投入强度、专利授权数量和新产品销售收入比均具有显著的促进作用，在一定程度上证实了波特创新假说①。江珂（2009）则利用1995~2007年中国省际数据实证分析了环境规制对区域技术创新能力的影响，发现在中长期内环境规制对技术创新具有显著的促进作用，但是存在区域差异性，在中部、西部、东北部，环境规制对技术创新的促进效应不明显②。黄平和胡日东（2010）分析了环境规制对企业技术创新的促进机理，认为环境规制不仅可以通过时期效应和强度效应促进企业技术创新，还可以通过提供信息和博弈规则，在保护知识产权的同时实现资源合理配置，促进企业技术创新③。颉茂华等（2014）结合2008~2013年深沪A股上市重污染行业的公司数据，分析了环境规制对企业研发投入的影响，发现环境规制显著促进了重污染行业的R&D投入，进而实现了技术创新④。李阳等（2014）基于价值链视角，实证分析了环境规制对技术创新能力影响的时期效应，发现在长期和短期内，环境规制对技术创新均具有促进效应，且长期均衡，具有短期修正效应，而环境规制对技术转化能力的长期促进效应明显大于技术开发能力⑤。蒋为（2015）运用世界银行公布的中国企业调查数据分析了环境规制对企业技术进步创新的影响，发现环境规制强度提高带来的污染治理成本增加是企业进行技术创新的重要驱动因素，且高产权保护城市、重污染行业企业技术

① 赵红. 环境规制对企业技术创新影响的实证研究——以中国30个省份大中型工业企业为例［J］. 软科学，2008（6）：121-125.

② 江珂. 环境规制对中国技术创新能力影响及区域差异分析——基于中国1995-2007年省际面板数据分析［J］. 中国科技论坛，2009（10）：28-33.

③ 黄平，胡日东. 环境规制与企业技术创新相互促进的机理与实证研究［J］. 财经理论与实践，2010，31（1）：99-103.

④ 颉茂华，王瑾，刘冬梅. 环境规制、技术创新与企业经营绩效［J］. 南开管理评论，2014，17（6）：106-113.

⑤ 李阳，党兴华，韩先锋，宋文飞. 环境规制对技术创新长短期影响的异质性效应——基于价值链视角的两阶段分析［J］. 科学学研究，2014，32（6）：937-949.

创新对环境规制更敏感，此外还发现，环境规制强度不仅增加了企业研发倾向与研发投资，而且促进了企业生产工艺流程创新和非产品创新①。

第二，环境规制会抑制技术进步与创新。涂正革和谌仁俊（2015）基于现实和潜在两个视角回答了中国的排污权交易机制能否实现波特效应，研究发现排污权交易在短期并未实现波特效应，在长期也没有激发可持续的潜在经济红利，其中市场机制不健全与整体较弱的环境规制是导致排污权交易机制无法产生波特效应的主要原因②。谢乔昕（2016）分析了环境规制对于沪深A股上市公司研发投入的影响，发现环境规制强度的提高对企业研发投入具有显著的挤出效应，面临更强环境规制强度的企业的研发投入挤出效应更强③。

第三，环境规制对技术进步或创新存在非线性或异质性影响。沈能和刘凤朝（2012）利用我国1992~2009年的面板数据从全国与地区层面实证分析了环境规制和技术创新两者之间的关系，发现环境规制与技术创新存在"U"型关系，当环境规制强度达到一定的门槛值时，环境规制才会促进技术创新④。同时发现，环境规制对中西部地区技术创新作用不显著，并不支持波特假说，但显著促进了东部地区技术创新，强烈支持波特假说，与王国印和王动（2011）得到的结论相似⑤。蒋伏心等（2013）运用2004~2011年江苏省28个制造业行业面板数据分析发现，环境规制与企业技术创新之间呈现先下降后上升的"U"型动态特征，随着环境规制强度由弱变强，影响效应由抵消效应转变为补偿效应⑥。刘伟等（2017）运用我国2003~2012年35个工业行业的面板数据，实证检验了环境规制对工业技术创新的异质性行业的影响，发现环境规制对工业技术创新存在"U"型关

① 蒋为. 环境规制是否影响了中国制造业企业研发创新？——基于微观数据的实证研究［J］. 财经研究，2015，41（2）：76-87.

② 涂正革，谌仁俊. 排污权交易机制在中国能否实现波特效应？［J］. 经济研究，2015（7）：160-173.

③ 谢乔昕. 环境规制扰动、政企关系与企业研发投入［J］. 科学学研究，2016，34(5)：713-719+764.

④ 沈能，刘凤朝. 高强度的环境规制真能促进技术创新吗？——基于"波特假说"的再检验［J］. 中国软科学，2012（4）：49-59.

⑤ 王国印，王动. 波特假说、环境规制与企业技术创新——对中东部地区的比较分析［J］. 中国软科学，2011（1）：100-112.

⑥ 蒋伏心，王竹君，白俊红. 环境规制对技术创新影响的双重效应——基于江苏制造业动态面板数据的实证研究［J］. 中国工业经济，2013（7）：44-55.

系，环境规制强度达到拐点之后才能促进技术创新，而且污染密集型行业出现拐点的水平要高于清洁行业①。杜威剑和李梦洁（2016）发现，环境规制对企业产品创新同样存在“U”型关系，中国现阶段环境规制强度仍处于“U”型曲线左侧下降阶段。不同行业“U”型曲线环境规制强度存在差异，相比轻度污染行业，重污染行业需要更高的环境规制强度才能实现产品创新②。余东华和胡亚男（2016）从时间和强度维度分析了环境规制对中国制造业技术创新能力的影响，发现在长期和短期内，环境规制均会抑制重度污染行业的技术创新能力，而促进中度污染行业的技术创新能力，与轻度污染行业的技术创新能力存在“U”型关系，同时发现不同行业的技术创新能力存在不同环境规制强度门槛效应③。水会莉等（2015）则分析了环境规制对制造业上市公司研发投入的影响，发现环境规制会挤出重污染行业企业研发投入，而显著促进清洁生产企业研发投入④。李玉琴等（2017）发现，环境规制会显著促进资源密集型产业技术创新，却显著抑制劳动密集型产业技术创新，而对资本密集型技术创新效应不明显⑤。张平等（2016）则运用2003~2012年省际面板数据分析了不同类型环境规制对企业技术创新的影响，发现排污费增加了企业成本，而对企业技术创新产生了显著的“挤出效应”，投资型环境规制在一定程度上促进了企业技术创新，其中城市环境基础设施投资对企业技术创新作用最为显著，而工业污染源治理投资则在一定程度上阻碍了企业技术创新，“三同时”投资对企业技术创新作用并不显著⑥。

---

① 刘伟，童健，薛景. 行业异质性、环境规制与工业技术创新［J］. 科研管理，2017，38（5）：1-11.

② 杜威剑，李梦洁. 环境规制对企业产品创新的非线性影响［J］. 科学学研究，2016，34（3）：462-470.

③ 余东华，胡亚男. 环境规制趋紧阻碍中国制造业创新能力提升吗？——基于“波特假说”的再检验［J］. 产业经济研究，2016（2）：11-20.

④ 水会莉，韩庆兰，杨洁辉. 环境规制、融资约束对企业研发投入的影响研究［J］. 中南大学学报（社会科学版），2015，21（6）：78-85.

⑤ 李玉琴，陈颖，戴一鑫. 环境规制对技术创新的影响研究——基于中国工业行业异质性分析［J］. 南京财经大学学报，2017（4）：27-35.

⑥ 张平，张鹏鹏，蔡国庆. 不同类型环境规制对企业技术创新影响比较研究［J］. 中国人口·资源与环境，2016，26（4）：8-13.

1.2.1.3 环境规制与全要素生产率相关研究

强波特假说认为，环境规制强度的提高会促进企业或地区全要素生产率增长。国内学者对强波特假说进行检验后，得到的观点有环境规制会促进全要素生产率、环境规制会抑制全要素生产率、环境规制与全要素生产率存在非线性关系。

第一，环境规制会促进全要素生产率。季永杰和徐晋涛（2006）发现，环境规制不仅导致我国造纸企业排放量减少，而且促进了技术先进企业全要素生产率提高[①]。张三峰等（2011）、张三峰和卜茂亮（2011）利用2006年中国1000多家企业调查数据，采用OLS和Tobit模型分析了环境规制对企业生产率的影响，发现环境规制本身及强度均会显著促进企业生产率提升，但存在企业规模和企业地理位置异质性[②③]。李树和陈刚（2013）采用倍差法评估了2000年中国《大气污染防治法》（APPCL2000）的修订这一准自然实验对工业行业全要素生产率增长的影响，发现APPCL2000的修订对于空气污染密集型工业行业的全要素生产率具有显著的提升作用，且随着时间的推移边际效应呈现递增趋势[④]。孙早和屈文波（2016）同样发现，《大气污染防治法》（APPCL2000）的修订显著促进了中国工业行业的全要素生产率增长[⑤]。李树和翁卫国（2014）利用省际数据分别分析了地方环境规章和地方环境法律法规对全要素生产率增长的影响，发现地方环境规章会显著促进全要素生产率增长，而地方法律法规对全要素生产率增长无显著影响[⑥]。郭妍和张立光（2015）运用工业企业省际数据实证分析发现，环境规制强度的提高会增加企业研发投入而间接促进全要素生产率提升，但

---

① 季永杰，徐晋涛．环境政策与企业生产技术效率——以造纸企业为例［J］．北京林业大学学报（社会科学版），2006（2）：78-82.

② 张三峰，曹杰，杨德才．环境规制对企业生产率有好处吗？——来自企业层面数据的证据［J］．产业经济研究，2011（5）：18-25.

③ 张三峰，卜茂亮．环境规制、环保投入与中国企业生产率——基于中国企业问卷数据的实证研究［J］．南开经济研究，2011（2）：129-146.

④ 李树，陈刚．环境管制与生产率增长——以APPCL2000的修订为例［J］．经济研究，2013（1）：17-31.

⑤ 孙早，屈文波．中国环境立法管制的生产率增长效应研究［J］．干旱区资源与环境，2016，30（11）：1-6.

⑥ 李树，翁卫国．我国地方环境管制与全要素生产率增长——基于地方立法和行政规章实际效率的实证分析［J］．财经研究，2014，40（2）：19-29.

贡献较小，同时发现环境规制对全要素生产率也具有显著的直接促进效应，但前期促进效应大部分被成本效应抵消①。史贝贝等（2017）运用企业微观数据发现，“两控区”政策并没有显著提高企业生产成本，却显著促进了企业全要素生产率的提高。张志强（2017）同样发现，“两控区”政策加快了行业资源要素在产业间的再配置，并提高了行业全要素生产率②。

第二，环境规制会抑制全要素生产率。祁毓等（2016）基于2003年国务院实施的空气质量“限期达标”制度准自然实验，采用双重差分方法分析了环境规制的经济社会效应，发现短期内环境规制会降低技术进步和全要素生产率③。徐彦坤和祁毓（2017）进一步基于2003年实施的环保重点城市“达标”与“非达标”制度这一准自然实验，结合中国工业企业数据，分析了环境规制对企业全要素生产率的影响、异质性和机制，发现环境规制抑制了企业全要素生产率的提高，而且成立时间短、规模小、资本密集型企业的全要素生产率受到的影响更大，而环境规制主要通过降低企业创新能力、提高企业中间成本、弱化企业融资约束等机制降低了企业全要素生产率④。王彦皓（2017）将中国工业企业数据库和地级市层面的企业污染治理投资数据结合，分析了环境规制对企业全要素生产率的影响，发现环境规制强度提高会显著抑制企业全要素生产率增长，政企合谋则弱化了环境规制对合谋企业全要素生产率的抑制作用⑤。范丹等（2017）检验了碳排污权交易权试点机制对我国低碳经济转型的作用，研究发现，碳排污权交易机制虽然在一定程度上能够降低碳排放量，却没有显著提高工业全要素生产率⑥。

第三，环境规制与全要素生产率存在非线性关系。刘和旺等（2016）

---

① 郭妍，张立光. 环境规制对全要素生产率的直接与间接效应［J］. 管理学报，2015，12（6）：903-910.

② 张志强. 环境规制提高了中国城市环境质量吗？——基于“拟自然实验”的证据［J］. 产业经济研究，2017（3）：69-80.

③ 祁毓，卢洪友，张宁川. 环境规制能实现“降污”和“增效”的双赢吗——来自环保重点城市“达标”与“非达标”准实验的证据［J］. 财贸经济，2016（9）：126-143.

④ 徐彦坤，祁毓. 环境规制对企业生产率影响再评估及机制检验［J］. 财贸经济，2017，38（6）：147-161.

⑤ 王彦皓. 政企合谋、环境规制与企业全要素生产率［J］. 经济理论与经济管理，2017（11）：58-71.

⑥ 范丹，王维国，梁佩凤. 中国碳排放交易权机制的政策效果分析——基于双重差分模型的估计［J］. 中国环境科学，2017（6）：2383-2392.

结合省际和微观企业数据分析了环境规制对企业全要素生产率的影响，发现环境规制强度与企业全要素生产率存在倒“U”型关系，当环境规制强度超过阈值之后会抑制企业全要素生产率增长①。王杰和刘斌（2014）则发现，环境规制与企业全要素生产率存在倒“N”型关系，环境规制强度过高或过低均不利于企业全要素生产率提升，只有当环境规制强度处于适宜区间内，才能促进企业全要素生产率的提高②。韩超和胡浩然（2015）运用PSM-DID方法实证分析了清洁生产标准规制对产业全要素生产率的影响，发现清洁生产标准规制会抑制产业全要素生产率增长，但在规制实施三年之后，规制引发的累积学习效应会促进产业全要素生产率增长③。

1.2.1.4 环境规制与绿色全要素生产率相关研究

随着环境质量日益恶化，如不考虑环境污染等非期望产出对经济效率的影响可能会高估全要素生产率，因此越来越多的学者开始采用不同方法测算纳入非期望产出的绿色全要素生产率，进一步实证分析环境规制能否促进绿色全要素生产率增长而实现绿色经济转型。国内学者得到的主要结论有环境规制对绿色全要素生产率具有显著促进效应、环境规制对绿色全要素生产率具有抑制效应、环境规制对绿色全要素生产率存在非线性或异质性影响。

第一，环境规制对绿色全要素生产率具有显著促进效应。李玲和陶锋（2011）运用SBM方向性距离函数和Luenberger生产率指标测度了2004~2008年中国19个污染密集型产业绿色全要素生产率，发现环境规制强度提高会显著促进污染密集型产业绿色全要素生产率增长④。叶祥松和彭良燕（2011）运用Malmquist-Luenberger指数方法测算了1999~2008年我国各个

---

① 刘和旺，郑世林，左文婷. 环境规制对企业全要素生产率的影响机制研究［J］. 科研管理，2016，37（5）：33-41.

② 王杰，刘斌. 环境规制与企业全要素生产率——基于中国工业企业数据的经验分析［J］. 中国工业经济，2014（3）：44-56.

③ 韩超，胡浩然. 清洁生产标准规制如何动态影响全要素生产率——剔除其他政策干扰的准自然实验分析［J］. 中国工业经济，2015（5）：70-82.

④ 李玲，陶锋. 污染密集型产业的绿色全要素生产率及影响因素——基于SBM方向性距离函数的实证分析［J］. 经济学家，2011（12）：32-39.

省份环境规制下的全要素生产率，发现环境规制显著促进了绿色全要素生产率①。李斌等（2013）发现，环境规制可以提高绿色全要素生产率，进而促进中国工业发展方式的转变，但必须同时跨越科技创新水平门槛和所有制结构门槛②。王佳和盛鹏飞（2015）基于环境污染与经济增长的内在关系分析了环境治理约束下的全要素生产率，发现环境治理并不会降低反而会促进地区工业绿色全要素生产率增长③。王兵和刘光天（2015）分析了资源环境约束下节能减排对中国绿色全要素生产率的影响效应与机制，发现节能减排会通过促进技术进步提高绿色全要素生产率，我国中部和东部地区分别通过自然减排和管理减排实现绿色全要素生产率增长，而西部地区的高能耗、高污染、高投入的粗放型增长模式不仅导致环境质量恶化，而且抑制绿色全要素生产率增长④。原毅军和谢荣辉（2015）实证分析了环境规制对各地区工业绿色全要素生产率的影响，发现环境规制显著促进了绿色全要素生产率增长⑤。王恕立等（2016）实证分析了环境规制对我国服务业绿色全要素生产率的影响，发现适当的环境规制可以实现环境质量改善与服务业绿色全要素生产率提升⑥。黄清煌和高明（2016）发现，环境规制会显著促进以绿色全要素生产率表征的经济增长质量提升，但存在地区差异，东部和西部地区环境规制强度的提高会促进绿色全要素生产率提升，而中部地区环境规制强度的提高反而会抑制绿色全要素生产率提升。谢荣辉（2017）进一步发现，环境规制强度的提高对 R&D 总投入和非环保技术创新具有显著激励作用，从而间接促进绿色全要素生产率提升，在长期内实

① 叶祥松，彭良燕. 我国环境规制下的规制效率与全要素生产率研究：1999-2008［J］. 财贸经济，2011（2）：102-109+137.

② 李斌，彭星，欧阳铭珂. 环境规制、绿色全要素生产率与中国工业发展方式转变——基于36个工业行业数据的实证研究［J］. 中国工业经济，2013（4）：56-68.

③ 王佳，盛鹏飞. 环境治理降低中国工业全要素增长了吗？——基于修正方向性距离函数的研究［J］. 产业经济研究，2015（5）：31-39+92.

④ 王兵，刘光天. 节能减排与中国绿色经济增长——基于全要素生产率的视角［J］. 中国工业经济，2015（5）：57-69.

⑤ 原毅军，谢荣辉. FDI、环境规制与中国工业绿色全要素生产率增长——基于 Luenberger 指数的实证研究［J］. 国际贸易问题，2015（8）：84-93.

⑥ 王恕立，汪思齐，滕泽伟. 环境约束下的中国服务业全要素生产率增长［J］. 财经研究，2016，42（5）：123-134.

现环境保护与竞争力“双赢”①。

第二，环境规制对绿色全要素生产率具有抑制效应。李春米和毕超（2012）运用 DEA-Malmquist 方法测算了环境约束下西部地区的工业全要素生产率并实证分析了环境规制对其的影响，发现环境规制强度提高显著抑制了工业技术进步，而间接制约了工业绿色全要素生产率的提升②。雷明和虞晓雯（2013）基于动态 Malmquist- Luenberger-DEA 方法测算了 1998~2011 年各省域经济的碳循环全要素生产率增长，并分析其影响因素，发现无论以工业污染治理投资完成额还是排污费征收额表征的环境规制指标均显著抑制了绿色全要素生产率增长③。

第三，环境规制对绿色全要素生产率存在非线性或异质性影响。殷宝庆（2012）运用 SBM 模型测算了我国 2002~2010 年 27 个制造业企业绿色全要素生产率，并实证分析了环境规制对其的影响，发现环境规制强度与绿色全要素生产率存在先削弱后上升的“U”型关系，而且环境规制强度对清洁型部门的绿色全要素生产率提升效应更大④。李玲和陶锋（2012）同样发现，轻度和中度污染制造业环境规制强度与绿色全要素生产率存在“U”型关系，而重度污染行业环境规制能显著促进绿色全要素生产率提升⑤。查建平等（2014）研究发现，环境规制对绿色全要素生产率影响存在区域差异性，表现在环境规制会显著促进东部地区绿色全要素生产率提升，而对中西部地区绿色全要素生产率影响存在一定的滞后性⑥。陶长琪和周璇（2015）发现，环境规制对绿色全要素生产率影响存在双重门槛效应，政府

① 谢荣辉. 环境规制、引致创新与中国工业绿色生产率提升［J］. 产业经济研究，2017（2）：38-48.

② 李春米，毕超. 环境规制下的西部地区工业全要素生产率变动分析［J］. 西安交通大学学报（社会科学版），2012，32（1）：18-22+28.

③ 雷明，虞晓雯. 地方财政支出、环境规制与我国低碳经济转型［J］. 经济科学，2013（5）：47-61.

④ 殷宝庆. 环境规制与我国制造业绿色全要素生产率——基于国际垂直专业化视角的实证［J］. 中国人口·资源与环境，2012，22（12）：60-66.

⑤ 李玲，陶锋. 中国制造业最优环境规制强度的选择——基于绿色全要素生产率的视角［J］. 中国工业经济，2012（5）：70-82.

⑥ 查建平，郑浩生，范莉莉. 环境规制与中国工业经济增长方式转变——来自 2004~2011 年省级工业面板数据的证据［J］. 山西财经大学学报，2014，36（5）：54-63.

应适当控制环境规制力度，保证环境规制对绿色全要素生产率促进效应的发挥①。陈菁泉等（2016）运用空间计量模型实证分析了环境规制对各地区工业行业绿色全要素生产率的影响，发现环境规制强度与绿色全要素生产率之间存在“U”型关系，而且东部地区比中西部地区先达到拐点，且绿色全要素生产率对环境规制变动的反应和边际全要素生产率强于中西部地区②。韩晶等（2017）采用方向性距离函数和超效率模型测算了 2005~2014 年我国 31 个省（区、市）的绿色全要素生产率，并进一步分析了环境规制对绿色全要素生产率的影响，发现环境规制与绿色全要素生产率之间存在“U”型关系，环境规制通过空间维度的产品结构效应和时间维度的清洁收益效应实现了绿色全要素生产率从“遵循成本”的负向影响到“创新补偿”正向影响的转变③。陈路（2017）结合武汉城市圈 2003~2014 年面板数据和 Malmquist-Luenberger 指数，实证分析了环境规制对绿色全要素生产率的影响，发现环境规制与绿色全要素生产率之间存在“U”型关系，短期内环境规制强度提高产生的遵循成本抑制了绿色全要素生产率增长，而中长期内环境规制则会显著促进绿色全要素生产率增长④。原毅军和谢荣辉（2016）运用 SBM 方向性距离函数和 Luenberger 生产率指数测算了中国工业绿色全要素生产率，进一步考察了费用型环境规制和投资型环境规制对工业绿色全要素生产率的影响，发现费用型环境规制与工业绿色全要素生产率之间呈“U”型关系，而投资型环境规制则会显著抑制工业绿色全要素生产率，两者在促进绿色全要素生产率方面存在互补关系⑤。申晨等（2017）同样比较了命令—控制型与市场激励型规制工具对省际工业绿色全要素生产率的影响，发现命令—控制型环境规制对工业绿色全要素生产率的影响呈现“U”型关系，利用市场的排污费会显著促进绿色全要素生产率提升，而建

---

① 陶长琪，周璇. 环境规制、要素集聚与全要素生产率的门槛效应研究［J］. 当代财经，2015（1）：10-22.

② 陈菁泉，刘伟，杜重华. 环境规制下全要素生产率逆转拐点的空间效应——基于省际工业面板数据的验证［J］. 经济理论与经济管理，2016（5）：57-67.

③ 韩晶，刘远，张新闻. 市场化、环境规制与中国经济绿色增长［J］. 经济社会体制比较，2017（5）：105-115.

④ 陈路. 环境规制二重性：抑制还是促进技术进步——来自武汉城市圈的证据［J］. 科技进步与对策，2017，34（12）：43-48.

⑤ 原毅军，谢荣辉. 环境规制与工业绿色生产率增长——对“强波特假说”的再检验［J］. 中国软科学，2016（7）：144-154.

立市场的排污权交易政策对绿色全要素生产率影响不稳定①。蔡乌赶和周小亮（2017）运用EBM模型测算了30个省份2003~2014年绿色全要素生产率，并检验了不同规制类型对绿色全要素生产率的直接和间接影响效应，发现命令控制型环境规制对绿色全要素生产率影响不显著，市场激励型环境规制与绿色全要素生产率之间存在倒“U”型关系，而自愿协议型环境规制对绿色全要素生产率影响存在“U”型关系②。靳亚阁和常蕊（2016）构建环境规制强度综合指数分析了环境规制对工业绿色全要素生产率的影响，发现环境规制与绿色全要素生产率之间存在倒“N”型关系。目前，环境规制强度较低，对绿色全要素生产率增长存在抑制效应，而且东部和东北部地区抑制效应更大，而中部和西部地区抑制效应较小③。

1.2.2 国外研究现状

1.2.2.1 环境规制与技术创新相关研究

Porter（1991）及Porter和Van Der Linde（1995）认为，严格的环境规制可以激励企业进行研发创新从而提高企业生产率，这就是“波特创新假说”④⑤。该假说提出之后，学者们便围绕着环境规制能否实现波特创新进行了一系列研究，并得到支持、不支持波特创新假说的研究结论。第一，环境规制实施支持或部分支持波特创新假说。Adam和Karen（1997）认为存在三种类型的波特创新假说，其中“弱波特创新假说”认为环境规制激发了环境技术创新，“狭义波特创新假说”认为灵活的环境政策比指令型环境规制给予企业更多的动力去创新，“强波特创新假说”认为设计合理的环境规制可能激发成本节约型研发创新。作者进一步运用制造业面板数据对

① 申晨，贾妮莎，李炫榆. 环境规制与工业绿色全要素生产率——基于命令—控制型与市场激励型规制工具的实证分析［J］. 研究与发展管理，2017，29（2）：144-154.

② 蔡乌赶，周小亮. 中国环境规制对绿色全要素生产率的双重效应［J］. 经济学家，2017（9）：27-35.

③ 靳亚阁，常蕊. 环境规制与工业全要素生产率——基于280个地级市的动态面板数据实证研究［J］. 经济问题，2016（11）：18-23.

④ Porter M. E. America's Green Strategy［J］. Scientific American，1991，264（4）：193-246.

⑤ Porter M. E.，Linde C. V. D. Toward a New Conception of the Environment-Competitiveness Relationship［J］. Journal of Economic Perspectives，1995，9（4）：97-118.

环境规制引致的波特创新假说进行了实证检验，发现滞后的环境治理遵循成本提高会显著增加研发支出，但是该效应特别小，并且环境规制与制造业专利创新活动两者并不显著①。Brunnermeier 和 Cohen（2003）发现，环保技术创新随着环境治理成本的提高而增加，但是环境监管并没有提供任何额外刺激激励企业进行研发创新②。Lanoie 等（2011）运用 2003 年加拿大、法国、德国、匈牙利、日本、挪威和美国七个 OECD 国家 4200 个制造业企业数据，实证检验了环境政策、研发支出和环境治理与企业绩效之间的因果关系，研究结果强烈证实了弱波特创新假说，部分支持“狭义波特创新假说”和“强波特创新假说”③。Rubashkina 等（2015）运用 1997~2009 年欧洲制造业面板数据研究发现，环境规制实施在很大程度上促进了企业技术创新，强烈支持“弱波特创新假说”，但是没有发现证据支持或反对“强波特创新假说”④。Qiu 等（2018）发现，在垄断竞争条件下，环境规制强度的提高会激发实力较强企业的技术创新，而对实力一般的企业影响不显著，但整体上促进了工业全要素生产率的提高⑤。第二，环境规制实施不支持波特创新假说。Jaffe 等（1995）研究发现，环境规制的实施导致美国制造业生产成本提高，降低了企业竞争力，也没有刺激企业进行技术创新⑥。Wagner（2007）运用德国制造业数据分析了环境管制与企业环保技术创新和发明专利的关系，发现环境管制强度与企业环保专利申请数量呈现

① Adam B. Jaffe, Karen Palmer. Environmental Regulation and Innovation: A Panel Data Study [J]. Social ence Electronic Publishing, 1997, 79 (4): 610-619.

② Brunnermeier S. B., Cohen M. A. Determinants of Environmental Innovation in US Manufacturing Industries [J]. Journal of Environmental Economics & Management, 2003, 45 (2): 278-293.

③ Lanoie P., Laurent-Lucchetti J., Johnstone N., et al. Environmental Policy, Innovation and Performance: New Insights on the Porter Hypothesis [J]. Journal of Economics & Management Strategy, 2011, 20 (3): 803 - 842.

④ Rubashkina Y., Galeotti M., Verdolini E. Environmental Regulation and Competitiveness: Empirical Evidence on the Porter Hypothesis from European Manufacturing Sectors [J]. Energy Policy, 2015 (83): 288-300.

⑤ Qiu L. D., Zhou M., Wei X. Regulation, Innovation, and Firm Selection: The Porter Hypothesis under Monopolistic Competition [J]. Journal of Environmental Economics & Management, 2018 (92): 638-658.

⑥ Jaffe A. B., Peterson S. R., Portney P. R., et al. Environmental Regulation and the Competitiveness of U. S. Manufacturing: What Does the Evidence Tell Us? [J]. Journal of Economic Literature, 1995, 33 (1): 132-163.

负相关，并没有促进企业环保技术创新[①]。Chintrakarn（2008）运用美国1982~1994年48个州的制造业数据分析了环境规制与技术无效率之间的关系，研究发现，环境规制强度的提高对美国技术无效率具有显著正向影响，这意味着环境规制对美国制造业技术创新产生了负面影响[②]。Kneller和Manderson（2012）运用动态创新行为模型结合英国2000~2006年制造业数据实证分析了环境规制和技术创新的关系，发现环境规制实施并未显著增加企业研发支出，但在一定程度上激励了技术创新[③]。Albrizio等（2017）结合OECD国家行业和企业层面数据发现，环境规制的实施并没有促进企业进行技术创新[④]。

1.2.2.2 环境规制与全要素生产率相关研究

环境规制对全要素生产率的影响并不是确定的，既可能产生促进作用，又可能产生抑制作用。

第一，环境规制能显著促进全要素生产率增长。Mcclelland等（1999）分析了造纸行业环境规制约束对生产率的影响，发现环境规制约束的增加在没有降低生产率的情况下同时降低了2%~8%的污染排放，从而实现"双赢"[⑤]。Repetto等（1997）讨论了环境规制对生产率增速的影响，发现环境规制强度的提高实际上可以通过减少环境污染成本促进生产率的增长[⑥]。Berman和Bui（2001）通过比较美国洛杉矶地区受到空气质量规制的全要素生产率与其他地区没有受到规制的全要素生产率，发现受到规制的企业

---

① Wagner M. On the Relationship between Environmental Management, Environmental Innovation and Patenting: Evidence from German Manufacturing Firms [J]. Research Policy, 2007, 36 (10): 1587-1602.

② Chintrakarn P. Environmental Regulation and U. S. States' Technical Inefficiency [J]. Economics Letters, 2008, 100 (3): 363-365.

③ Kneller R., Manderson E. Environmental Regulations and Innovation Activity in UK Manufacturing Industries [J]. Resource and Energy Economics, 2012, 34 (2): 211-235.

④ Albrizio S., Kozluk T., Zipperer V. Environmental Policies and Productivity Growth: Evidence across Industries and Firms [J]. Journal of Environmental Economics and Management, 2017 (81): 209-226.

⑤ Boyd G. A., Mcclelland J. D. The Impact of Environmental Constraints on Productivity Improvement in Integrated Paper Plants [J]. Journal of Environmental Economics & Management, 1999, 38 (2): 121-142.

⑥ Repetto R., Rothman D., Faeth P., et al. Has Environmental Protection Really Reduced Productivity Growth? [J]. Challenge, 1997, 40 (1): 46-57.

全要素生产率在1982~1992年均得到较大提高，相反，那些没有受到规制的企业全要素生产率反而出现下降①。Buccola等（2002）检验了北美自由贸易协定的签订和贸易自由化是否由于南部边界宽松的环境规制法律而有利于墨西哥却不利于美国食品行业的发展。研究发现，美国环境规制对美国食品行业的生产率并没有影响，而墨西哥逐渐上升的环境规制标准提高了食品行业的生产率，证实了波特假说②。Franco和Marin（2013）运用七个欧洲国家制造业数据分析了能源税对企业技术创新和全要素生产率的影响，发现环境规制会直接促进全要素生产率的提高③。Albrizio等（2017）结合OECD国家行业和企业层面数据，分析了环境规制指数（EPS）对行业和企业全要素生产率的影响。研究发现，环境规制实施不仅促进了技术先进国家行业全要素生产率增长，而且促进了大部分生产力水平较高企业全要素生产率短暂提高④。

第二，环境规制实施显著抑制全要素生产率增长。Christainsen和Haveman（1981）回顾了环境规制对生产率影响的相关研究，发现环境规制强度的提高能够解释1965~1979年8%~20%的美国全要素生产率下降⑤。Gollop等（1983）分析了20世纪70年代颁布的《清洁空气法案》对电力行业生产率的影响，发现《清洁空气法案》实施后，企业必须使用更加昂贵、含硫量较低的煤炭来降低二氧化硫排放量，导致1973~1979年美国电力行业生产率增速年下降0.59%⑥。Mcconnell（1990）从理论和实证层面分析了环境规制对工业全要素生产率的直接和间接影响。在理论层面，作者认为环境规制强度的提高会增加企业的减污成本从而对全要素生产率产生直接影响，

① Berman E., Bui L. T. M. Environmental Regulation and Productivity: Evidence from Oil Refineries [J]. Review of Economics & Statistics, 2001, 83 (3): 498-510.

② Alpay E., Buccola S., Kerkvliet J. Productivity Growth and Environmental Regulation in Mexican and U. S. Food Manufacturing [J]. American Journal of Agricultural Economics, 2002, 84 (4): 887-901.

③ Franco C., Marin G. The Effect of Within-Sector, Upstream and Downstream Environmental Taxes on Innovation and Productivity [J]. Environmental & Resource Economics, 2013, 97 (9): 1-31.

④ Albrizio S., Kozluk T., Zipperer V. Environmental Policies and Productivity Growth: Evidence across Industries and Firms [J]. Journal of Environmental Economics and Management, 2017 (81): 209-226.

⑤ Christainsen G. B., Haveman R. H. The Contribution of Environmental Regulations to the Slowdown in Productivity Growth [J]. Journal of Environmental Economics & Management, 1981, 8 (4): 381-390.

⑥ Gollop F. M., Roberts M. J. Environmental Regulations and Productivity Growth: The Case of Fossil-Fueled Electric Power Generation [J]. Journal of Political Economy, 1983, 91 (4): 654-674.

同时，减污成本增加会导致企业生产投入、工序和技术发生变化，从而对全要素生产率产生间接影响。作者进一步分析了美国1961~1980年造纸业、化学制品行业、石材陶瓷玻璃行业、钢铁行业、非金属矿物制品行业五大制造业行业环境规制对全要素生产率的直接和间接影响，发现环境规制对全要素生产率的直接负面影响是明显的，而间接影响或正向或负向，是不确定的。整体上来讲，五大行业的全要素生产率增长均受到环境规制的影响，其中石材陶瓷玻璃行业全要素生产率年平均下降55%，其他行业年下降9%~45%。此外，环境规制强度的提高贡献了美国20世纪70年代全要素生产率下降的10%~30%①。Dufour等（1998）运用加拿大魁北克省1985~1998年制造业数据，分析了职业安全健康规制与环境规制对全要素生产率增长的影响，发现环境规制强度提高导致了全要素生产率增速下降②。Simões和Marques（2012）比较了废弃物行业规制单独实施或与其他经济规制手段相结合对全要素生产率的影响，作者运用2001~2008年葡萄牙非平衡面板数据分析了五年期环境规制对城市废弃物处理行业的全要素生产率的影响。研究发现，尽管由于透明规制明确提高了废弃物处理服务质量，但城市废弃物处理行业全要素生产率却呈现下降的趋势。作者同时发现，透明环境监管和低激励型经济规制方式相结合对全要素生产率的影响并不是正向的③。Greenstone等（2012）同样发现，严格的空气质量环境规制导致全要素生产率下降2.6%，臭氧环境规制对企业全要素生产率也产生了负面影响④。

第三，环境规制对全要素生产率并无显著或非线性影响。Becker（2011）实证检验了环境规制强度与美国全部制造业生产率之间的关系。研究发现，环境规制强度的提高对生产率并没有显著影响，而且不同地区之

① Barbera A. J., Mcconnell V. D. The Impact of Environmental Regulations on Industry Productivity: Direct and Indirect Effects [J]. Journal of Environmental Economics & Management, 1990, 18 (1): 50-65.

② Dufour C., Lanoie P., Patry M. Regulation and Productivity [J]. Journal of Productivity Analysis, 1998, 9 (3): 233-247.

③ Simões P., Marques R. C. Influence of Regulation on the Productivity of Waste Utilities. What Can We Learn with the Portuguese Experience? [J]. Waste Management, 2012, 32 (6): 1266.

④ Greenstone M., List J. A., Syverson C. The Effects of Environmental Regulation on the Competitiveness of U. S. Manufacturing [J]. American Economic Review, 2012, 93 (2): 431-435.

间环境规制强度影响可能相对均衡①。Sanchez-Vargas 等（2013）首先运用耿贝尔指数回归模型发现环境规制与全要素生产率两者之间存在非线性关系，进一步运用墨西哥制造业数据实证检验发现墨西哥制造业行业环境规制与全要素生产率两者之间处于下降的制衡阶段，在企业规模越大污染减排成本越高的假设下，这种制衡对于小型企业是重要的，而对于大型企业是微不足道的。作者同时发现，环境规制与经济绩效两者之间存在负相关，且存在企业规模异质性②。Johnstone 等（2017）运用环境专利数据分析了环境规制对技术创新和生产率的影响，研究发现，环境规制对企业生产率存在非线性影响，当环境规制强度超过门槛之后，对生产率的促进作用会变为抑制作用③。

1.2.2.3 环境规制与绿色全要素生产率相关研究

环境规制与绿色全要素生产率相关研究主要集中在考虑污染排放的绿色全要素生产率与不考虑污染排放的传统全要素生产率差异及环境规制对绿色全要素生产率影响两个方面。第一，绿色全要素生产率与传统全要素生产率差异方面。Yaisawarng 和 Klein（1994）发现，1985~1989 年美国电力行业考虑二氧化硫排放测算的全要素生产率增长率比未考虑时高 1%，但在技术效率方面两者并没有明显的差别④。Weber 和 Domazlicky（2001）结合 1988~1994 年美国制造业数据同样发现考虑污染排放比未考虑污染排放测算得到的全要素生产率增速和效率更高。Färe 等（2001）测算了 1974~1986 年美国州际曼奎斯特—卢恩伯格全要素生产率指数，并将该指数分解为技术效率变化和技术进步变化，研究发现，不考虑污染排放时全要素生产率增长率为 1.7%，而考虑污染排放时全要素生产率增长率为 3.6%。作者同时发现，1977 年后曼奎斯特—卢恩伯格全要素生产率获得较快发展，制造

① Becker R. A. Local Environmental Regulation and Plant-level Productivity [J]. Ecological Economics, 2011, 70 (12): 2516-2522.

② Sanchez-Vargas A., Mansilla-Sanchez R., Aguilar-Ibarra A. An Empirical Analysis of the Nonlinear Relationship between Environmental Regulation and Manufacturing Productivity [J]. Journal of Applied Economics, 2013, 16 (2): 357-372.

③ Johnstone N., Managi S., Rodríguez M. C., et al. Environmental Policy Design, Innovation and Efficiency Gains in Electricity Generation [J]. Energy Economics, 2017 (63): 106-115.

④ Yaisawarng S., Klein J. D. The Effects of Sulfur Dioxide Controls on Productivity Change in the U. S. Electric Power Industry [J]. Review of Economics & Statistics, 1994, 76 (3): 447-460.

业获得较快发展的北部地区比制造业发展速度较慢的南部地区表现出更高的全要素生产率增长速度①。Aparicio 等（2017）运用优化的曼奎斯特—卢恩伯格指数测算了国家层面的绿色全要素生产率，发现 1995~2007 年技术进步得到较快提高，但绿色技术效率却下降迅速，导致发达国家和发展中国家绿色全要素生产率均出现停滞②。第二，环境规制对绿色全要素生产率影响方面。Domazlicky 和 Weber（2004）采用方向距离函数，在考虑有毒物质排放等非期望产出的基础上，测算了美国 1988~1993 年无机化学行业、合成与塑料行业、制药化学行业、日常化学行业、涂料染料行业、有机化工行业六大化学行业的绿色全要素生产率和生产效率。研究发现，绿色全要素生产率以每年 2.4%~6.9%的速度增加，但并没有发现环境规制降低生产率增速的有效证据③。Wang 和 Shen（2016）在考虑环境因素之后，测算了中国工业行业的全局曼奎斯特—卢恩伯格指数并表征绿色全要素生产率，进一步分析了环境规制与绿色全要素生产率之间的关系。研究发现，环境规制强度与绿色全要素生产率之间存在倒“U”型关系，存在三个门槛值，不同行业两者之间的关系也存在显著差异④。

1.2.3 研究述评

环境规制与技术进步或创新、环境规制与全要素生产率、环境规制与经济增长相关研究在实质上均是对波特假说的一种检验，国内外学者也取得了较为丰富的研究成果，为本书进一步开展相关研究提供了很多可以借鉴的地方，但现有文献仍存在以下需要改进的地方：

第一，环境规制指标难以准确度量。无论是研究环境规制与技术进步或创新、环境规制与全要素生产率还是环境规制与经济增长关系，严格且

---

① Färe R., Grosskopf S., Carl A. Pasurka Jr. Accounting for Air Pollution Emissions in Measures of State Manufacturing Productivity Growth [J]. Journal of Regional Science, 2001, 41 (3): 381-409.

② Aparicio J., Barbero J., Kapelko M., et al. Testing the Consistency and Feasibility of the Standard Malmquist-Luenberger Index: Environmental Productivity in World Air Emissions [J]. Journal of Environmental Management, 2017 (196): 148.

③ Domazlicky B. R., Weber W. L. Does Environmental Protection Lead to Slower Productivity Growth in the Chemical Industry? [J]. Environmental & Resource Economics, 2004, 28 (3): 301-324.

④ Wang Y., Shen N. Environmental Regulation and Environmental Productivity: The Case of China [J]. Renewable and Sustainable Energy Reviews, 2016 (62): 758-766.

恰当、准确地度量环境规制指标是开展实证分析、有效评估两者关系的关键。现有大多数文献或构建综合指数，或采用污染治理成本，或采用污染治理绩效，抑或采用排污费征收额等作为环境规制的代理变量，均存在代理变量与研究变量的内生性问题，如环境污染治理成本在实际中难以清晰地界定，采用类似指标衡量环境规制强度可能存在测量误差问题（Berman and Bui，2001）①，从而产生内生性问题。但近几年来，国内外学者采用环境规制政策外生冲击构造准自然实验，不仅可以有效解决环境规制指标度量问题，而且为我们开展相关研究提供了新的研究思路。

第二，多探讨两者关系，而对机制分析得少。现有国内外学者更注重检验环境规制与技术进步或创新、环境规制与全要素生产率或者环境规制与经济增长存在线性还是非线性关系，缺乏系统、全面的理论分析和实证检验层面的影响机制探讨，难以深入考察和全面了解两者之间的关系。

第三，较少考虑空间相关性和地区制度异质性。根据地理学第一定律，任何经济变量均存在空间依赖性和相关性。现实中，不同地区之间存在环境规制策略互动与竞争，技术进步、技术创新、全要素生产率等研究变量也存在空间相关性和空间溢出，而现有文献多数是在经济单元之间相互独立的研究假设下进行的，较少考虑截面相关性及地区之间区位差异等导致的空间相关性和异质性，因此有必要在采用传统计量方法分析两者之间关系的基础上，纳入空间计量模型进一步检验两者之间的关系。此外，环境规制对技术进步或创新等研究变量的影响还会受地区制度环境的影响而表现出异质性，从现有相关研究看，多数学者更关注的是区域异质性，而对市场化程度、所有制结构、财政分权、融资约束等地区制度异质性探讨较少。

第四，绿色全要素生产率测算方法有待优化。环境规制与经济增长、环境规制与全要素生产率分析仍然是在传统经济增长模式框架下开展的相关研究，未考虑环境污染治理成本对经济产出效率的影响可能会导致研究结论存在偏差，相关政策启示也存在误导。而绿色全要素生产率是在考虑环境污染等非期望产出基础上对传统全要素生产率的修正，在一定程度上

① Berman E.，Bui L. T. M. Environmental Regulation and Productivity：Evidence from Oil Refineries [J]. Review of Economics & Statistics，2001，83（3）：498-510.

表征绿色经济增长质量和绿色经济转型程度，因此，探讨环境规制对绿色全要素生产率的影响是在绿色经济增长模式框架下开展的相关研究。从这个角度出发，绿色全要素生产率测算是准确分析两者之间关系的关键，但现有文献多基于传统径向、角度的 DEA 模型或基于 SBM 模型对环境效率进行测算。一方面，传统的 DEA-CCR 模型和 DEA-BCC 模型不能处理非期望产出存在的情形，且忽视了投入产出的松弛性问题；另一方面，SBM 模型并不能处理投入和产出变量同时具有径向和非径向特征的情况（胡晓琳，2016）[①]，同时 SBM 模型加大了投入和产出变量之间最优松弛的对比，损失了前沿投影的原始比例信息，而导致计算结果出现偏差（师博和沈坤荣，2012；高鸣和陈秋红，2014）[②③]。因此，有必要对现有绿色全要素生产率测算模型进行优化。

1.3 研究方法与研究思路

1.3.1 研究方法

本书主要采用比较分析法、理论分析与实证检验相结合、定性分析与定量分析相结合的方法对“两控区”政策、绿色全要素生产率变动趋势与区域特征及环境规制对绿色全要素生产率影响进行了较为深入系统的研究。

第一，比较分析法。在绿色全要素生产率测算部分，本书对目前学者常用的 DEA、SBM、EBM 等环境效率测算模型进行了介绍和比较，最终选取 EBM 模型作为本书的测算模型；在绿色全要素生产率动态变化分析部分，本书从时间纵向差异性和区域、省际横向差异性两个维度对绿色全要素生

---

① 胡晓琳. 中国省际环境全要素生产率测算、收敛及其影响因素研究［D］. 江西财经大学博士学位论文，2016.

② 师博，沈坤荣. 城市化、产业集聚与 EBM 能源效率［J］. 产业经济研究，2012（6）：10-16.

③ 高鸣，陈秋红. 贸易开放、经济增长、人力资本与碳排放绩效——来自中国农业的证据［J］. 农业技术经济，2014（11）：101-110.

产率及其分解进行了比较分析，试图对整个中国、不同区域及不同省际绿色全要素生产率状况进行全面说明。

第二，理论分析与实证检验相结合。本书在对国内外相关文献进行总结的基础上，结合环境规制与绿色全要素生产率相关理论，构建了环境规制对绿色全要素生产率影响理论模型，并提出了环境规制对绿色全要素生产率影响机制、空间溢出效应及异质性相关理论假设，进一步采用计量模型对相关理论假设进行了实证检验，具体包括：①依托我国设立的“两控区”政策准自然实验，结合双重差分（DID）模型考察环境规制对绿色全要素生产率的直接影响，并对环境规制对绿色全要素生产率影响相关机制进行实证检验；②运用空间杜宾模型对环境规制对绿色全要素生产率影响的空间溢出效应进行实证检验；③运用交互模型实证检验环境规制对绿色全要素生产率的影响的异质性效应。通过理论分析与实证检验相结合，本书试图对环境规制与绿色全要素生产率关系进行科学合理的评估与判断。

第三，定性分析与定量分析相结合。本书不仅对环境规制对绿色全要素生产率影响及影响机制进行了定性分析，而且结合“两控区”政策、地级市数据及相关统计分析方法对绿色全要素生产率变动趋势、环境规制对绿色全要素生产率影响大小及方向、影响机制、空间溢出及异质性效应进行了定量描述。本书将定性分析和定量描述相结合，试图全面、客观了解环境规制对绿色全要素生产率的影响。

1.3.2 研究思路

本书围绕环境规制与绿色全要素生产率这一核心研究主题，首先对国内外相关文献进行总结梳理，结合环境规制与绿色全要素生产率相关理论，构建了理论模型并提出相关研究假设；其次运用 EBM 模型结合 Malmquist-Luenberger 指数测算了 1994~2015 年我国 268 个地级市绿色全要素生产率，进一步依托我国设立的“两控区”政策准自然实验，结合双重差分模型、空间计量模型和交互模型对相关理论假设进行了实证检验；最后提出本书的研究结论及相关对策建议。本书具体内容及结构安排如下：

第 1 章为绪论。本章主要介绍了本书的选题背景、研究意义、国内外相关文献综述、研究方法、研究思路、研究创新与不足。

第2章为环境规制与绿色全要素生产率理论分析。本章主要阐述了环境规制对绿色全要素生产率影响的相关理论基础，对传统全要素生产率和绿色全要素生产率进行了比较和界定，同时构建了环境规制对绿色全要素生产率影响理论模型，分析了环境规制对绿色全要素生产率影响机制，并提出了空间溢出效应和异质性效应假设。

第3章为“两控区”政策演变及其实施效果。本章主要对1998年我国“酸雨控制区”和“二氧化硫控制区”政策设立的相关背景，“两控区”政策的出台、演变及“两控区”政策实施效果进行了介绍和初步分析。

第4章为绿色全要素生产率测度及其动态变化。本章在介绍并比较了绿色全要素生产率主要测算方法的基础上，最终选取非参数混合径向EBM模型结合Malmquist-Luenberger指数对我国268个地级市1994~2015年绿色全要素生产率进行了测算，在此基础上，从全国、区域和省际层面对我国绿色全要素生产率及其分解变化趋势进行了时间和空间维度的动态比较分析。

第5章为环境规制对绿色全要素生产率的影响。本章以“两控区”的设立构造准自然实验，运用双重差分法实证探讨了“两控区”环境规制政策对绿色全要素生产率的直接影响及其动态影响、与排污权交易等市场激励型环境规制组合的效应，同时进行了一系列严谨的稳健性检验。

第6章为环境规制对绿色全要素生产率影响机制。本章进一步运用双重差分模型对环境规制对绿色全要素生产率影响的产业结构升级和产业集聚机制、外商直接投资机制、技术创新机制、要素结构升级机制进行了实证检验。

第7章为环境规制下绿色全要素生产率空间溢出效应。本章立足于绿色全要素生产率和城市环境政策执行方面存在一定的空间相关性，基于空间视角，运用双重差分模型和空间计量模型对“两控区”政策下的绿色全要素生产率空间溢出效应进行了分析。

第8章为环境规制下绿色全要素生产率异质性效应。本章运用交互模型分别讨论了环境规制对绿色全要素生产率的国有化程度异质性效应、财政分权程度异质性效应、市场化程度异质性效应、融资约束程度异质性效应、地方腐败程度异质性效应、城市规模和行政级别异质性效应。

第9章为结论与对策建议。本章在前文理论分析与实证检验的基础上，凝练总结出了本书的研究结论并提出相关对策建议。

本书研究技术路线如图 1-1 所示。

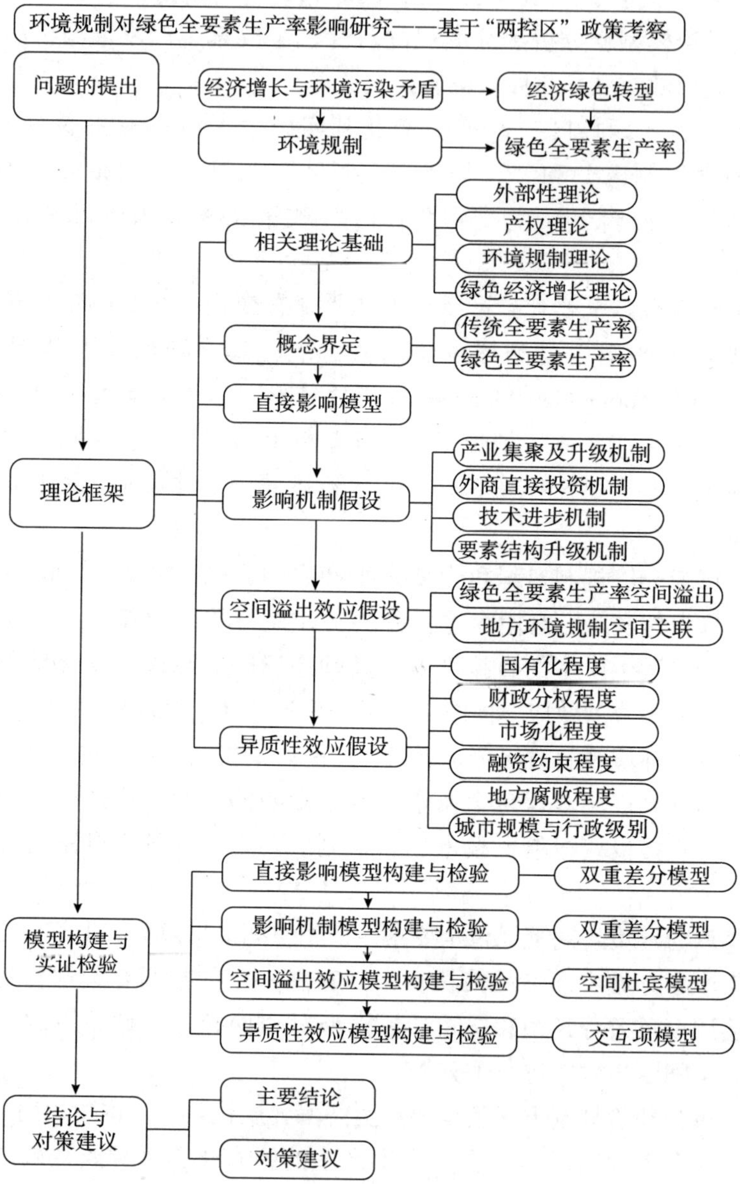

图 1-1　本书研究技术路线

1.4 研究创新与不足

1.4.1 研究创新

结合国内外相关研究现状以及本书研究内容，本书可能存在的创新有以下几个方面：

第一，研究视角创新。环境规制与经济增长、环境规制与全要素生产率等相关研究是在强调 GDP 产出及资本、劳动要素投入等传统经济增长模式框架和视角下开展的。而绿色全要素生产率反映了一个国家或地区绿色经济增长质量水平和绿色经济转型程度，本书将基于绿色经济增长模式框架和视角系统研究环境规制对绿色全要素生产率的影响，从而考察环境规制实施能否实现环境质量改善与绿色经济转型“双赢”。

第二，研究内容创新。相比以往研究更关注环境规制与其他研究变量的关系，本书在研究内容上进行了以下拓展与创新：①理论分析并实证检验了环境规制对绿色全要素生产率影响的产业结构升级和产业集聚机制、外商直接投资机制、技术创新机制、要素结构升级机制；②基于空间视角，对环境规制的绿色全要素生产率空间溢出效应进行了理论分析与实证检验；③考虑到环境规制对绿色全要素生产率影响受地区制度环境影响而表现出异质性，本书对环境规制对绿色全要素生产率的国有化程度异质性效应、财政分权程度异质性效应、市场化程度异质性效应、融资约束程度异质性效应、地方腐败程度异质性效应、城市规模和行政级别异质性效应进行了理论分析与实证检验。

第三，研究方法创新。研究方法创新主要体现在绿色全要素生产率测算模型优化及实证检验计量模型两个方面。①为了更准确地度量绿色全要素生产率，本书采用较为先进的非参数混合径向 EBM 模型和与此相适应的 Malmquist- Luenberger 指数对我国 268 个地级市 1994~2015 年绿色全要素生产率进行了测算及其分解；②鉴于以往研究环境规制表征指标与研究变量之间可能存在内生性问题，本书利用我国设立的“酸雨控制区”和“二氧化硫控制区”作为外生环境政策冲击并构造准自然实验，结合政策评估中常用的双重差分（DID）模型全面考察环境规制对绿色全要素生产率的影响。

第四，研究结论创新。相比以往研究，本书围绕环境规制与绿色全要素生产率，较新的研究发现有：①环境规制会显著促进绿色全要素生产率提升，但存在滞后性和时效性。其中，“两控区”政策的实施使“两控区”城市绿色全要素生产率平均提高1.7%~2%，但该促进效应存在1年滞后且在2010年消失，因此应注重环境规制政策的长期规划与可持续性。②现阶段市场激励型环境规制并不能显著促进绿色全要素生产率提升。1976年美国推行排污权交易试点时人均GDP为26348美元（2010年不变价），1990年正式推行排污权交易政策时人均GDP已达到36312美元（2010年不变价），而2002年我国推行二氧化硫排污权交易试点时人均GDP仅为2065美元（2010年不变价），2016年人均GDP刚达到6894美元（2010年不变价），表明二氧化硫排污权交易政策出台及实施与我国发展阶段并不匹配，现阶段二氧化硫排污权交易相关市场机制不完善，二级市场不活跃导致其不能促进绿色全要素生产率提升。因此，环境规制政策应与经济发展阶段相匹配。③环境规制能够促进产业结构升级或集聚、引致技术创新和要素结构升级，从而实现绿色全要素生产率提升。④环境规制对绿色全要素生产率影响存在正向空间溢出效应，距离边界大约是300公里，应注重城市群内环境污染与经济增长质量的协同治理与同步提升。⑤环境规制对绿色全要素生产率影响存在国有化程度、财政分权程度、市场化程度、融资约束程度、地方腐败程度、城市规模和行政级别等异质性效应，应加强外在制度支持以有效发挥环境规制对绿色全要素生产率的促进效应，实现绿色经济转型。

1.4.2 研究不足

本书存在的不足和日后有待改进的地方主要体现在以下两个方面：

第一，鉴于微观企业数据的不可获得性，本书未能将宏观地级市数据与《中国工业企业数据库》中的大中型企业微观数据结合起来，进一步讨论环境规制对企业生产率、生产成本、R&D投入、就业技能结构等方面的影响，以考察环境规制对绿色全要素生产率影响的微观机制，当然这也是未来进一步研究的方向。

第二，鉴于城市层面历年平均温度、平均风速、平均日照时间、平均降水量、混合层高度等气象数据的不易获得性，本书在对“两控区”政策的绿色全要素生产率促进效应进行稳健性检验时，没有进行工具变量估计，将来可以收集以上气象数据，对结论进行进一步验证。

2 环境规制与绿色全要素生产率理论分析

绿色全要素生产率增长是一个国家或地区经济增长质量提升和绿色经济转型的重要体现，为科学、合理及深入地探讨环境规制对绿色全要素生产率的影响，有必要对相关理论进行阐述、对传统和绿色全要素生产率进行界定，并对环境规制对绿色全要素生产率影响机理进行说明，为后面的实证检验做理论支撑。

2.1 相关理论基础

2.1.1 外部性理论

外部性是指在没有市场交易的情况下，一个生产单位的生产行为或消费者的行为影响了其他生产单位或消费者的生产过程或生活标准。若带来成本或损害的增加则是指负外部性或外部不经济，若带来额外的收益或质量提升则是指正外部性或外部经济，这实质上是私人成本与私人收益、社会成本与社会收益不一致。

外部经济（External Economies）是由著名经济学家阿尔弗雷德·马歇尔（Alfred Marshall）在《经济学原理》一书中提出的重要概念。马歇尔主要阐述了企业所处的社会环境或地理位置等外部因素对企业的经济活动产生的影响，该概念被认为是外部性理论的渊源。之后，福利经济学之父庇古（Pigou）在《福利经济学》一书中从福利经济学的角度系统地阐述了外部性问题。当一个经济主体或个人的行为没有受到任何约束限制的时候，在生产或消费环节产生了环境污染，却把环境污染治理责任转嫁给全社会，不仅增加了社会成本，而且造成了他人福利的损失，导致生产的私人边际成本和社会边际成本不一致，便产生了环境外部性。如果这种社会成本或福利损失并没有通过市场机制或货币补偿等形式反映出来以便将环境外部性内部化，容易导致资源错配和不公平（王金南，2015）①。

为了实现企业生产过程中私人边际成本与社会边际成本相一致，庇古建议政府可以通过征税或者补贴矫正企业的生产行为，实现私人成本与私人收益和社会成本与社会收益的一致，进而实现外部性的完全内部化，实现资源的有效配置和社会福利的最大化。因此，环境资源具有公共产品的属性，政府征收“庇古税”或环境税促使企业生产行为的环境负外部性内部化是解决环境污染问题的重要手段。随着环境质量不断恶化，发达国家和发展中国家所推行的污染者付费、排污费、环保税、补贴、押金返还制度等都是基于“庇古税”而提出来的环境政策。

2.1.2 产权理论

罗纳德·科斯（Ronald H. Coase）在《社会成本问题》中指出了庇古的外部性理论存在的不足，认为外部性是相互的，而非单向的，当企业产生的环境污染给居民带来损害，企业给予居民赔偿时，可能会导致居民过度的“受害者行为”而导致经济无效率。企业与居民责任确定、外部性损害与收益分配及政府管制成本均是庇古的外部性理论无法解决的。为此，科斯提出，在交易费用的约束下，可通过界定产权的方式处理外部性。在产权明晰的前提下，若交易成本很低或为零，不管初始产权如何分配，理性的经济主体在追求利益最大化的同时会自发将外部性成本和收益考虑在内，通过双方磋商便可以保证私人成本和社会成本的一致性，从而实现资源的有效配置。若交易成本大于零，可以通过企业之间的兼并或者政府干预，通过政策制定的成本—收益分析，实现外部性问题内部化。因此，根据科斯的产权理论，环境污染等负外部性问题的产生是由于环境资源产权不明

① 王金南. 中国环境税收政策设计与效应研究［M］. 北京：中国环境出版社，2015：6-7.

晰，因此可以通过界定产权或市场交易来解决外部性问题，而政府需要确定初始环境资源产权的分配方式并为市场交易创造条件。现实中各个国家推行的排污许可证和排污权交易制度均是根据科斯的产权理论而制定的环境政策。

2.1.3 环境规制理论

环境资源的公共产品属性、环境污染的负外部性和微观经济主体的有限理性决定了市场机制自身在解决环境问题时会出现市场失灵状况，这需要政府的有效干预。环境规制是社会性规制的重要内容之一，它的特殊性在于政府制定一系列的经济、行政或其他政策与措施，如通过征收排污费或界定环境资源产权并对环境资源合理定价等来调节企业的生产活动，使企业在进行生产决策时把外部成本考虑进来，实现私人边际成本和社会边际成本相一致，进而解决环境污染负外部性问题，提高资源配置效率，实现环境质量改善与经济发展协调目标（傅京燕，2006①；张红凤和张细松，2012）。

常见的环境规制手段有命令控制型、市场激励型、自愿参与型。其中，命令控制型环境规制手段主要是指政府通过制定法律法规、政策或制度来确定企业必须遵守的环保标准、必须安装的环保设备或污染处理技术等，否则将受到严厉惩罚（赵玉民等，2009）②。如我国修订的《中华人民共和国环境保护法》、环境影响评价制度、“三同时”制度、《大气污染防治行动计划》、《水污染防治行动计划》、《土壤污染防治行动计划》等均属于命令控制型环境规制手段。本书研究的“两控区”政策也属于命令控制型环境规制手段。市场激励型环境规制是指政府通过市场机制，旨在借助市场信号激励和引导企业在追求自身利益最大化的前提下，主动降低污染排放水平（赵玉民等，2009）。如我国 2018 年开始征收的环保税、排污许可证、排污权交易、补贴等均属于市场激励型环境规制手段。自愿型环境规制又称为信息披露型环境规制，主要是指行业协会、企业自身或其他社会组织

① 傅京燕. 环境规制与产业国际竞争力［M］. 北京：经济科学出版社，2006：52.

② 赵玉民，朱方明，贺立龙. 环境规制的界定、分类与演进研究［J］. 中国人口·资源与环境，2009，19（6）：85-90.

提出的，可以参与也可以不参与的旨在保护环境的协议、承诺或计划（赵玉民、朱方明和贺立龙，2009）。自愿型环境规制不具有强制性约束，但在环境质量改善方面正发挥着越来越重要的作用。如我国推行的 ISO4000 环保认证、企事业单位环境信息公开、国家重点监控企业自行监测及信息公开、国家重点监控企业污染源监督性监测及信息公开等均属于自愿型环境规制手段。

2.1.4 绿色经济增长理论

无论是传统的新古典经济学还是内生经济增长理论，一方面强调经济增长的衡量标准是国内生产总值和人均收入水平，另一方面强调经济增长的投入要素包括资本、劳动力或人力资本、技术进步和制度等。但随着生态环境日益恶化，环境污染不断影响居民身体健康和社会福利，GDP 和人均收入水平不再是衡量社会进步的唯一尺度，有必要将资源要素投入和环境影响纳入主流经济增长理论，构建“绿色经济增长理论”（Bowen，2012）[①]。绿色经济增长作为可持续发展理论的延伸和发展及实现可持续发展的工具，已成为许多国家的发展战略。2011 年经济合作与发展组织（OECD）将绿色经济增长定义为“促进经济增长和发展，同时确保自然资源继续提供我们的福祉所依赖的资源和环境服务”[②]。联合国环境规划署将绿色经济增长定义为“改善人类福祉和社会公平的同时显著降低环境风险和生态稀缺性的经济”[③]。俞海等（2015）认为，绿色经济增长有三个标准：第一，经济保持一定的增长速度，保证宏观经济平稳、实现充分就业、控制通货膨胀、人均国民收入提高等；第二，生态系统和环境质量得到改善，实现环境的可持续性；第三，实现包容和公平增长，实现区域、城乡公平合理分配与共享，实现整体帕累托改进[④]。传统的全要素生产率是传统经济

① Bowen A. “Green” Growth, “Green” Jobs and Labor Markets [R]. Policy Research Working Paper, 2012.

② OECD. Towards Green Growth: A Summary [R]. 2011.

③ UNEP. Towards a Green Economy: Pathways to Sustainable Development and Poverty Eradication: A Synthesis for Policy Makers [R]. 2011.

④ 俞海，任子平，张永亮，高国伟. 新常态下中国绿色增长：概念、行动与路径 [J]. 环境与可持续发展，2015，40（1）：7-10.

持续增长的动力，而绿色全要素生产率则是实现绿色经济增长的动力（王晓岭等，2015）①，因此要加快技术和制度创新，实现绿色全要素生产率持续增长。

2.2 传统全要素生产率与绿色全要素生产率界定

2.2.1 传统全要素生产率

经济运行的核心问题是效率问题，经济学研究的是如何有效利用稀缺性资源实现产出或效用最大化，从而实现经济效率提升。效率主要体现的是经济运行目标层次，实现效率提升的关键在于实现生产率的提升。所谓生产率，即产品或服务生产过程中劳动、资本、土地、能源、企业家精神等各种有形或无形生产要素的有效利用程度，生产率是动态变化的一个相对指标，体现的是过程层面，其随着不同时点前沿技术进步水平和技术效率的变化而发生变化。

回归到经济增长问题，新古典经济索洛增长理论学派认为，效率是除去劳动和资本等要素投入增长之外的技术进步率。由此而衍生出的经济增长核算方程给我们提供了一个衡量经济运行效率的重要参考指标——索洛余值，也就是全要素生产率。全要素生产率是相对于劳动生产率或资本—产出比等单要素生产率而言的，该指标反映的是生产单位一定时期内所得到的总产出与所有要素或资源投入的比值。该指标主要反映了经济增长除了来自于劳动、资本、能源、土地等投入要素增长外，剩余的归因于看不见的技术进步和技术效率的提升。学者在测算全要素生产率时多采用索洛余值法、随机前沿分析法或数据包络分析方法。采用数据包络分析法测算的曼奎斯特指数可以将全要素生产率分解为技术进步和效率改进。其中，

① 王晓岭，武春友，于文嵩. 绿色增长驱动因素的国际比较研究——基于“20国集团（G20）”面板数据的实证检验［J］. 北京理工大学学报（社会科学版），2015，17（6）：12-20.

技术进步是指由于新技术、新知识或新发明而导致生产技术进步引发的全要素生产率的提高。而效率改进又分为纯技术效率和规模效率。纯技术效率指的是生产管理工艺流程的进步、社会制度重大创新变革等导致的全要素生产率提升，而规模效率是指生产规模扩大产生规模经济而导致的全要素生产率提升。

2.2.2 绿色全要素生产率

传统的全要素生产率是经济长期持续增长的主要动力源泉，但其仅考虑了资本和劳动等要素投入，而未考虑能源、环境等因素对经济效率的影响。当前环境污染问题日益严重，环境已成为制约经济可持续增长不可忽视的一大因素，环境不仅是经济发展的内生变量，而且也是经济发展水平和质量的重要刚性约束（王兵和刘光天，2015）①。环境规制手段的实施导致企业原本用于生产的部分投入可能转移到环境污染末端处理或者污染治理技术研发等过程中，而这部分投入却包含在测算全要素生产率的投入中，若仅仅考虑资本和劳动等传统要素投入，从而未考虑同样制约经济发展的环境污染等“坏”产出要素，可能导致全要素生产率测算出现偏差，从而导致我们无法对经济绩效做出准确评估进而做出不合理甚至不准确的政策建议（Hailu and Veeman，2000）②。因此，我们有必要充分考虑经济增长对环境产生的损耗和环境污染对经济发展产生的刚性约束，将环境污染排放作为非期望产出纳入生产率核算框架和范畴中，以此得到的便是绿色全要素生产率。绿色全要素生产率作为传统全要素生产率的修订，更能准确、合理、有效地对一个国家或地区的经济增长绩效和经济发展可持续性做出评估。

---

① 王兵，刘光天. 节能减排与中国绿色经济增长——基于全要素生产率的视角［J］. 中国工业经济，2015（5）：57-69.

② Hailu A.，Veeman T. S. Environmentally Sensitive Productivity Analysis of the Canadian Pulp and Paper Industry，1959 - 1994：An Input Distance Function Approach［J］. Journal of Environmental Economics & Management，2000，40（3）：251-274.

2.3 环境规制对绿色全要素生产率影响理论模型与研究假设

2.3.1 环境规制对绿色全要素生产率影响理论模型

本书借鉴张倩（2016）的分析思路①，构建理论模型分析环境规制对绿色全要素生产率的影响。

假设市场处于完全竞争状态，市场上 n 个企业的单位生产成本为 C（q），产出为 q，市场总产出为 $Q=\sum_{i=1}^{n} q_i$，企业单位污染物排放量为 σ，则总排放量为 e=σq，设定产品的价格为 P，利润为 $\prod$，企业反需求函数为 P=P（Q）。

假定企业可以通过污染治理技术引进或创新降低污染物排放量 r，污染治理成本为 θ · C（r），其中 θ 表示不同技术水平下的污染物减排技术效应，如果企业采取更新或引进污染治理技术，则 θ=1，若采取自主研发的绿色环保技术，则 θ<1，θ 越小表示企业绿色环保技术创新能力越强；而且边际污染治理成本递增，满足 θ>0，C′（r）>0，C″（r）>0。市场企业技术创新研发总投入为 R（θ），且满足 R′（θ）<0，R″（θ）>0。单位污染物排量 σ 是技术水平 θ 的函数，满足 σ=g（θ）。则企业利润函数为：

$$\prod = [p - C(q)] \cdot q - \theta \cdot C(r) - R(\theta) \qquad (2-1)$$

因本书研究的是“两控区”行政命令型环境规制政策，这里假定存在两种形式的环境规制：一是污染物排放总量限制；二是企业排污口排放浓度达标。在污染物排放总量限制下，设定企业排污总量上限为 $\bar{e}$，则 $r=e-\bar{e}$；在排放浓度达标形式规制政策下，企业排放浓度上限设定为 $\bar{\sigma}$，则 $\bar{e}=\bar{\sigma}\cdot q$，$r=(\sigma-\bar{\sigma})\cdot q$。

① 张倩. 环境规制对企业技术创新的影响机理及实证研究［D］. 哈尔滨工业大学博士学位论文，2016.

污染物总量限制和排放浓度达标下的企业利润函数分别为 π_1 和 π_2：

$$\pi_1=[p-C(q)]\cdot q-\theta_1\cdot C[(e-\bar{e})\cdot q]-R(\theta_1) \tag{2-2}$$

$$\pi_2=[p-C(q)]\cdot q-\theta_2\cdot C[(\sigma-\bar{\sigma})\cdot q]-R(\theta_2) \tag{2-3}$$

在既定的环境规制政策下，企业通过对产量和技术水平做出决策以实现利润最大化：

$$\frac{\partial\pi_1}{\partial\theta_1}=-C(e-\bar{e})-R'(\theta_2)=0 \tag{2-4}$$

$$\frac{\partial\pi_2}{\partial\theta_2}=-C[(\sigma-\bar{\sigma})\cdot q]-R'(\theta_2)=0 \tag{2-5}$$

式（2-2）和式（2-3）对 p 求偏导数可得：

$$\frac{\partial\pi_1}{\partial q}=P-C'(q)-\theta_1\cdot C'(e-\bar{e})=0 \tag{2-6}$$

$$\frac{\partial\pi_2}{\partial q}=[p-C'(q)]-(\sigma-\bar{\sigma})\cdot\theta_2\cdot C'[(\sigma-\bar{\sigma})\cdot q]=0 \tag{2-7}$$

对式（2-4）和式（2-5）进行微分可得：

$$\frac{dC(e-\bar{e})}{d\theta_1}=-R''(\theta_1) \tag{2-8}$$

$$\frac{d[C(\sigma-\bar{\sigma})\cdot q]}{d\theta_2}=-R''(\theta_2) \tag{2-9}$$

进一步根据企业技术创新成本函数性质得到：

$$\frac{d\theta_1}{dC(e-\bar{e})}=-\frac{1}{R''(\theta_1)}<0 \tag{2-10}$$

$$\frac{d\theta_2}{d[C(\sigma-\bar{\sigma})\cdot q]}=-\frac{1}{R''(\theta_2)}<0 \tag{2-11}$$

上述模型表明，不论对于污染物排放总量限制还是企业排污口排放浓度达标环境规制政策，设定的污染排放总量上限和企业排污口排放浓度上限越小，环境规制强度越高，企业污染水平越低，相应的污染治理成本也越高，要求的企业污染治理技术水平越高，越能倒逼企业加大研发投入，进行绿色环保技术创新，从而提高绿色全要素生产率。

企业在进行绿色环保技术创新决策时，并非当环境规制强度提高时便立刻选择进行绿色技术研发创新，鉴于研发投入成本过高、风险过大和收益不确定，企业最初会选择引进污染处理技术，对污染物进行末端处理，实现达标排放，从而导致环境政策的绿色全要素生产率促进效应不明显，表现出一定的滞后性；而随着环境规制强度的提高，企业更倾向于选择加大研发投入，进行绿色环保技术创新，此时环境政策的绿色全要素生产率促进效应开始变得显著。但任何环境政策均是存在周期的，环境政策对绿色全要素生产率的促进效应也存在周期性。

综上，本书提出研究假设：环境规制对绿色全要素生产率具有显著的促进作用，但这种促进效应并非当期有效，而是存在一定的滞后性和时效性。

2.3.2 环境规制对绿色全要素生产率影响机制

2.3.2.1 产业结构升级和集聚机制

环境规制强度的提高会增加潜在进入企业尤其是污染密集型企业的进入成本，包括企业选址、购买污染处理设备等成本，从而形成进入壁垒，限制了污染密集型产业规模的进一步扩大。同时，环境规制强度的提高还增加了在位污染密集型产业环境治理成本和技术改造成本，加快了污染密集型企业的退出和淘汰速度，在整体上降低了污染密集型产业的比重，产业结构不断升级。此外，环境规制政策的实施通过提高潜在进入企业的进入壁垒和在位企业的淘汰率提高并优化了产业集中度（张成和于同申，2012）。同时，面对污染处理成本的提高，在位企业也会形成集聚共用污染处理设备，享受污染规模化处理效应，降低污染处理成本，提高污染治理技术水平（覃伟芳和廖瑞斌，2015）①，并不断进行环保技术、知识、人员的共享交流（程中华，2015）②，促进绿色全要素生产率提高。

环境规制强度的提高在增加污染密集型产业污染治理成本的同时，还会倒逼在位企业加大研发投入，进行绿色技术创新，改造生产工艺和产品创新等，提高在位企业的生产效率和竞争力。在此过程中，不仅会导致资

① 覃伟芳，廖瑞斌．环境规制、产业效率与产业集聚［J］．现代财经（天津财经大学学报），2015，35（3）：14-26.

② 程中华．集聚经济与绿色全要素生产率［J］．软科学，2015，29（5）：41-44.

本、劳动等要素流动到上述在位企业或者技术密集型行业，而且会衍生并促进其他环保绿色清洁产业发展，最终导致产业结构不断升级（徐常萍，2016）①。

随着居民生活水平不断提高，人们不再仅仅满足于衣食住行等较低层次需求，对生活质量尤其是环境质量的需求层次不断提高。居民环保意识的增强和严厉的环境规制政策进一步提高了居民环境质量偏好，对绿色产品需求不断增加，从而导致企业调整生产计划和产品类型（肖兴志和李少林，2013）②，并选择加大绿色环保技术研发创新力度，加快绿色产品创新，以满足人们对绿色产品的消费需求。居民绿色消费需求结构的改变还会传导到其他上下游相关产业，进而导致整个产业结构改变，实现产业结构升级。

环境规制强度提高导致产业结构升级，使资本、劳动等要素从生产率低的污染密集型产业转移到生产率高的清洁环保技术产业，实现了资源的重新配置和环境质量的改善，进而实现了经济产出的增加和绿色全要素生产率的增长。环境规制强度的提高促进了高技术密集型和绿色环保技术产业的发展，上述产业具有较强的技术溢出效应，会整体促进绿色环保技术水平和技术效率的提升，进而促进绿色全要素生产率的提升。环境规制强度的提高在强化居民绿色消费需求，促进在位企业绿色技术创新的同时，还能促进相关上下游产业技术创新，优化产业分工，进而实现整体绿色全要素生产率的不断提升。环境规制政策的实施提高了产业集中度和产业集聚，实现区域内环保技术、知识、人员的共享交流，促进了绿色全要素生产率提高。

综上，环境规制强度的提高会促进产业结构或产业集聚，从而提高绿色全要素生产率。

2.3.2.2 外商直接投资机制

环境规制对外商直接投资的影响尚没有得到一致明确的结论。污染天堂假说又称污染避难所效应，其认为污染密集型企业为规避本国环境规制

① 徐常萍. 环境规制对制造业产业结构升级的影响及机制研究［D］. 东南大学博士学位论文，2016.

② 肖兴志，李少林. 环境规制对产业升级路径的动态影响研究［J］. 经济理论与经济管理，2013，33（6）：102-112.

强度提高带来的生产成本提高而倾向于将产业转移到环境规制比较宽松的国家或地区。宽松的环境规制环境是可与物质资本与人力资本作用相比的一种重要的比较优势（Broner et al.，2012）[①]，当本地区环境规制强度提高时，外商投资企业面临的环境治理成本不断增加，本地区环境规制宽松的比较优势将丧失，从而导致外国直接投资外流到其他环境规制更宽松的地区。一方面，环境规制对外商直接投资的抑制效应存在行业异质性。李国平等（2013）基于工业行业异质性发现，技术密集度较低、环境污染程度较高、R&D 强度较低、垄断水平较低的行业，环境规制对 FDI 的抑制作用会更加显著[②]。另一方面，环境规制强度的提高会改变外商直接投资的质量和流向等。居民环保意识的增强、地方政府发展理念的转变、环境规制强度的提高会对外商直接投资起到“筛选”的作用，自动将那些高耗能、高污染和低附加值的污染密集型外商投资企业筛选掉，对其实施严厉禁止和限制，而更多地选择那些高附加值、低污染和低耗能的高技术密集型和环保绿色清洁型行业进入，并给予更多的税收优惠和补贴等。此外，环境规制强度的提高还会改变外商直接投资的行业流向，减少更易受到环境规制政策影响的第二产业尤其是制造业投资，而增加不易受到环境规制政策影响的第三产业投资。改革开放以来，我国实际利用外商直接投资总额呈不断上升趋势，但我国实际利用外商直接投资的产业结构却发生了很大变化。2005 年以来，我国第二产业实际利用外商直接投资呈现下降趋势，比重从 67.45%下降到 36.75%；而第三产业实际利用外商直接投资呈现上升趋势，从 31.59%上升到 61.97%（范洪敏和穆怀中，2017）。此外，环境规制可能并不是外商直接投资进入或外流的重要因素。曾贤刚（2010）研究发现，经济规模、基础设施状况和外资的集聚效应是影响外商直接投资的显著因素，而环境规制虽然对外商直接投资存在一定的负面影响，但不显著，而且环境规制和 FDI 之间不存在因果关系[③]。周长富等（2016）发现，经济发展水平、贸易成本、管理成本等所形成的比较优势是吸引外商直接投资的显著

① Broner F.，Bustos P.，Carvalho V. M. Sources of Comparative Advantage in Polluting Industries [R]. National Bureau of Economic Research，2012.

② 李国平，杨佩刚，宋文飞等. 环境规制、FDI 与“污染避难所”效应——中国工业行业异质性视角的经验分析［J］. 科学学与科学技术管理，2013（10）：122-129.

③ 曾贤刚. 环境规制、外商直接投资与“污染避难所”假说——基于中国 30 个省份面板数据的实证研究［J］. 经济理论与经济管理，2010（11）：65-71.

因素，而环境规制对FDI影响并不显著，外资不会因为环境规制严格程度的提高而转移①。

外商直接投资的进入会显著促进绿色全要素生产率的提升。首先，外商直接投资的进入会加大东道国市场的竞争，而倒逼在位企业通过加大研发投入、加快技术创新、不断开发新产品、降低能源消耗、提高资源配置效率等保持自身竞争优势，最终促进绿色全要素生产率提高。其次，外资企业先进的环保技术和环境管理经验会在东道国产生外溢效应，显著提升当地人员的知识与技能水平，促进生产工艺变革，并带动绿色技术效率改善，促进绿色技术进步（李斌等，2016）②，不仅能够降低污染物排放从而改善环境质量，而且能够促进环境治理技术和治理效率的提高，从而促进技术水平和绿色全要素生产率的提升。Birdsall 等（1993）研究发现，自由贸易和外商直接投资能够给发展中国家带来先进和清洁的环保技术，从而改善了环境质量③。Antweiler 等（1998）认为，自由贸易能够通过规模效应、结构效应和技术进步效应减少东道国污染物排放，改善环境质量④。

综上，环境规制强度的提高既有可能导致外商直接投资外流而抑制绿色全要素生产率提升，也有可能引导外商直接投资转向第三产业或引入更多的技术密集型和环保绿色清洁型外商直接投资，从而进一步促进绿色全要素生产率提升。

2.3.2.3 技术创新机制

Porter 和 Linde（1995）提出著名的“波特创新假说”⑤，认为适宜的环境规制政策实施有助于激励企业加大研发投入和技术创新，以弥补环境治

① 周长富，杜宇玮，彭安平. 环境规制是否影响了我国 FDI 的区位选择？——基于成本视角的实证研究［J］. 世界经济研究，2016（1）：110-120.

② 李斌，祁源，李倩. 财政分权、FDI 与绿色全要素生产率——基于面板数据动态 GMM 方法的实证检验［J］. 国际贸易问题，2016（7）：119-129.

③ Birdsall N., Wheeler D. Trade Policy and Industrial Pollution in Latin America：Where are the Pollution Havens?［J］. Journal of Environment & Development，1993，2（1）：137-149.

④ Antweiler W., Taylor M. S. Is Free Trade Good for the Environment?［J］. Nber Working Papers，1998，91（4）：877-908.

⑤ Porter M. E., Linde C. V. D. Toward a New Conception of the Environment-Competitiveness Relationship［J］. Journal of Economic Perspectives，1995，9（4）：97-118.

理成本增加和利润率的下降。对于企业而言，实现生产效率的持续改进与产品和工艺的不断创新是企业保持竞争力、获得长久发展的重要因素。环境规制强度的提高使企业意识到自身在要素投入、能源消耗和节能减排等方面存在效率低下和利用不足等问题，同时环境治理成本的大幅增加会倒逼企业加大研发投入，进行要素投入、能源消耗和节能减排等方面的研发创新、生产工艺改进和产品质量改进等（张倩，2016）①，进一步提高企业竞争力，从而实现企业产出增加。如此一来，企业不断改善的生产效率和研发创新带来的竞争优势不断弥补环境治理成本增加导致的企业利润下降，并不断促进绿色全要素生产率提高。

同时，环境规制强度的提高和居民环境质量偏好的增强可能会导致居民对绿色产品需求的增加，从而导致企业倾向于不断研发绿色产品，并促进企业进行绿色环保技术创新与研发，进一步提升企业的绿色技术和绿色产品竞争力，进而提高企业利润和绿色全要素生产率。

此外，随着国家和政府对环境保护问题的日益重视，不断出台和制定税收优惠、财政补贴、绿色金融等政策，支持环保技术研发企业和其他环保产业的发展，降低企业的研发融资约束和成本约束，激励企业进行研发创新，推动了环境治理技术和治理效率的提高，最终导致绿色全要素生产率的提高。

综上，环境规制强度的提高会促进企业研发投入和绿色技术创新，从而促进绿色全要素生产率提高。

2.3.2.4 要素结构升级机制

环境规制政策尤其是环保税、能源税等市场激励型规制工具的出台，将推动环境资源、煤炭、石油等不可再生能源价格市场化，真实反映环境、能源的成本及供求状况，减少环境资源、不可再生能源的价格扭曲，降低能源和资源因成本低而导致过度消耗的情况（蔡乌赶和周小亮，2017）②，倒逼企业和地方政府改变经济发展方式，在加大研发投入、促进绿色环保技术创新以降低能源消耗和污染治理成本的同时，促进要素结构升级，尤

① 张倩. 环境规制对企业技术创新的影响机理及实证研究［D］. 哈尔滨工业大学博士学位论文，2016.

② 蔡乌赶，周小亮 . 中国环境规制对绿色全要素生产率的双重效应［J］. 经济学家，2017（9）：27-35.

其是提高人力资本水平来替代原来高能耗、高资本投入，不断提升要素资源配置效率，提高绿色技术水平和技术效率，促进绿色全要素生产率的提升。

同时，当环境污染排放标准提高之后，企业无论是选择安装末端污染处理设备实现污染达标排放，还是选择环保技术升级改造或加大研发投入，降低各个生产过程中的污染排放或循环利用，实现清洁生产和绿色技术创新，均会增加对熟练技术工人和研发创新等高技能人力资本的需求。而且环境规制强度提高导致内含技术水平较高的市场型外商直接投资引入，也会增加对高技能劳动力的需求（李珊珊，2016）①。

随着人力资本水平和高技能劳动力比例的上升，企业获取先进技术创新知识水平、绿色技术创新能力、对环保前沿技术的吸收能力、追赶环保先进技术的能力等均能得到快速提升而提高企业的持久竞争力，在提高企业产出的同时，不断促进绿色全要素生产率水平提升。

综上，环境规制政策的实施通过倒逼企业改变传统要素投入方式和要素需求结构，实现要素结构升级，进而不断促进绿色全要素生产率提高。

2.3.2.5 成本上升机制

环境规制影响绿色全要素生产率的成本上升机制可以分为环境规制导致在位企业成本上升而影响绿色全要素生产率机制和环境规制导致企业进入成本上升而影响绿色全要素生产率机制。具体来讲：

第一，环境规制政策的实施意味着污染排放标准的增加和污染处理技术要求的提高，潜在企业若想进入地方市场进行生产，不仅需要考虑企业选址成本、污染处理设备成本、已经体现环境要素成本的原材料成本，还要考虑未来经营是否合规的风险成本等，这些无疑增加了潜在企业进入的固定成本和可变成本，形成企业进入壁垒（逯笑微和马淑萍，2016）②。而适当的进入壁垒不仅会产生适度的竞争压力，增加原有企业的研发创新

① 李珊珊. 环境规制对就业技能结构的影响——基于工业行业动态面板数据的分析［J］. 中国人口科学，2016（5）：90-100+128.

② 逯笑微，马淑萍. 环境规制影响全要素生产率的传导机制研究［J］. 大连海事大学学报（社会科学版），2016，15（1）：12-16.

投入（叶林和曾国安，2013）①，而且导致原有在位企业规模得以扩张，提高了产业集中度（张成和于同申，2012）②，促进了企业之间的信息交流、技术共享，进而促进技术进步和研发创新。环境规制政策的实施会通过设定潜在进入企业的进入成本壁垒，产生适度竞争压力，提高产业集中度，增加在位企业的环保创新投入，进而提高绿色全要素生产率。

第二，对于在位企业而言，环境规制强度的提高主要带来的是环境治理成本的增加，包括排污权交易、缴纳环保税、购买或升级污染治理设备、生产工程和生产工艺更新带来的额外生产成本、废弃物回收成本和环境修复成本等。环境治理成本的增加，加重了企业负担，降低了企业利润率，不仅影响了企业的简单再生产或扩大再生产从而影响企业绩效，而且还会减少企业其他成本支出，尤其是周期较长、前期投入大、收益不确定的环保技术研发投入，从而不利于绿色全要素生产率的提高。同时也可能降低人力资本培训费用支出，限制了人力资本水平提升，从而影响企业创新能力、前沿技术吸收能力、知识获取能力等，阻碍了绿色全要素生产率的提升。因此，环境规制强度的提高使在位企业的环境治理成本增加，企业利润率降低，影响了企业绩效，进一步限制了企业环保技术研发创新和人力资本培训投入，而抑制了企业绿色全要素生产率的提升。

综上，环境规制强度的提高一方面增加了潜在进入企业的进入壁垒，激励部分在位企业的研发创新投入，同时提高了产业集中度，利于技术、信息交流等，促进了绿色全要素生产率的提升；另一方面增加了在位企业的环境治理成本，降低了企业利润率，影响了企业生产和扩大再生产，同时限制了企业环保技术研发创新和人力资本培训投入，进一步抑制了绿色全要素生产率的提升。

因此，从成本上升机制方面来讲，环境规制对绿色全要素生产率的影响是不确定的。

---

① 叶林，曾国安．进入壁垒、策略性阻止与企业创新［J］．经济评论，2013（5）：61-67.

② 张成，于同申．环境规制会影响产业集中度吗？一个经验研究［J］．中国人口·资源与环境，2012，22（3）：98-103.

2.3.3 环境规制对绿色全要素生产率的空间溢出效应假设

2.3.3.1 绿色全要素生产率空间溢出效应

任何经济元素都存在空间依赖性和空间自相关性。一个地区的绿色全要素生产率的发展过程会对周边其他地区的绿色全要素生产率产生一定的空间影响。地理位置上邻近的地区之间，经济结构、自然环境、制度环境等存在较多相似的区域之间，或者存在产业分工与合作而产生经济联系的两个或多个地区之间，在资本、劳动力、信息、技术等方面均有可能存在较多的互动，从而导致绿色环保治理技术的空间扩散而产生绿色全要素生产率的空间外溢效应（王鹏和尤继红，2016；谭政和王学义，2016①）。但这种空间外溢效应是存在地理距离衰减边界和异质性的，具体来讲：第一，绿色全要素生产率空间溢出效应随距离衰减。两个在地理位置上过于接近的空间单元往往会面临劳动力、资本等资源竞争而导致空间外溢效应较低，随着地理距离的增加，到达一定地理距离边界之前，两城市之间既可避免激烈的资源竞争，还可以充分进行人员、资本、技术和信息互动，使绿色全要素生产率表现出较强的正向空间外溢效应；而超过一定地理距离边界后，城市之间的人员、资本、技术等交流减少，且更多受到更高行政级别界域的影响而导致绿色全要素生产率空间外溢效应下降甚至转变为负向空间外溢效应。第二，绿色全要素生产率空间溢出效应的非对称性。我国东中西部、沿海和内陆等不同区域之间的经济发展水平、社会制度、基础设施、地理环境等存在较大的差异，绿色全要素生产率的空间溢出效应必然存在东部和中西部、沿海和内陆的非对称性。

基于此，本书提出研究假设：绿色全要素生产率存在空间依赖性和空间自相关性。绿色全要素生产率空间外溢效应大小随距离增加呈现先上升后下降的变化趋势，且存在衰减边界；绿色全要素生产率空间外溢效应存在东部和中西部、沿海和内陆的非对称性。

---

① 谭政，王学义. 绿色全要素生产率省际空间学习效应实证［J］. 中国人口·资源与环境，2016，26（10）：17-24.

2.3.3.2　地方环境规制空间关联性

一个地区的绿色全要素生产率不仅会受到本地区环境规制强度的影响，而且会受到周边地区环境规制强度的影响。环境污染具有明显的区域性特征，尤其是大气污染和水污染跨区域流动和扩散性强，当一个地区提高环境规制强度，出台较为严格的环境规制政策，而导致污染物排放减少，环境治理技术水平和技术效率提升时，由于空间辐射效应，周边地区可以得到“搭便车”的福利，污染排放总量减少，环境治理技术和技术效率也能得到部分提高。但由于“晋升锦标赛”，周边地方政府可能片面追求经济增长，而且环保部门隶属于当地政府，周边地方政府可能选择减少环保支出，并接纳由于污染减排和技术改造成本而就近转移到该地区的污染密集型产业，继续维持原有经济发展方式，产生污染排放总量反而增加的“道德风险”。

综上，本书提出研究假设：本地区环境规制在影响本地区绿色全要素生产率的同时，还可能产生空间辐射或外溢效应，对其他地区绿色全要素生产率产生影响。由于地区间环境规制策略互动，本地区采取的环境规制策略会影响周边地区环境规制策略行为的改变，进而通过空间效应对本地区绿色全要素生产率产生影响。

2.3.4　环境规制对绿色全要素生产率影响异质性效应假设

环境规制对绿色全要素生产率影响受制于各地区所处的制度环境和自身属性，包括所有制结构、财政收支结构、政府质量、市场化环境、金融发展环境、城市性质等，主要体现在一个地区的国有化程度、财政分权程度、市场化程度、融资约束程度、地方腐败程度、城市规模与行政级别等。

2.3.4.1　国有化程度异质性

在我国存在着典型的国有经济、集体经济等公有制经济体，还存在着私营经济、外资经济等非公有制经济体。国有企业不仅扮演着地方财政税收大户的角色，而且承担着城镇本地劳动力就业的重任，具有一定的经济性和社会性负担。相比外资企业和私营企业，国有企业在政府补贴、产权保护、税收优惠、市场机会、环境监管等方面存在更大的优势（Dollar and

Wei，2007)[①]。

一方面，当国家或地区层面提高环境规制强度时，国有企业与当地政府尤其是并没有多少权力的环保部门在谈判过程中具有较高的讨价还价能力，可以享受更宽松的环境规制政策，不仅可以减少环境污染治理投入，而且可以降低排污费的实际征收税率，对二氧化硫、烟粉尘等污染排放处理设施是否正常运转或者污染物是否达标排放更是存在更大的豁免权；另一方面，当地政府也会通过提供财政补贴、减税等方式，减少国有企业因污染治理成本提高而对企业产出水平或社会就业造成的影响，导致企业产出水平高于考虑污染减排成本下的最优产出水平，从而导致污染排放持续增加（Wang，2002；Jiang et al.，2014；席鹏辉，2017）[②③④]。此外，即使没有政府的财政补贴和税收优惠或者环境规制豁免，国有企业的预算软约束也决定了其面临环境规制强度提高时可以不计成本地增加污染治理投入，而不会内生激励国有企业加大研发投入，加快技术创新，提高环境处理技术水平和处理效率水平等。综上，国有企业与环保部门具有更大的议价和博弈能力，还可通过享受当地政府的财政补贴和税收优惠，消化环境规制强度提高带来的额外成本，自身的预算软约束限制了激励企业研发创新，因此，国有企业更少受到环境规制的影响（Huang，2003；祁毓等，2016)[⑤⑥]。因此，一个地区的国有化程度越高，环境规制对国有企业的约束和监管能力越低，企业进行研发技术创新的动机越弱，环境规制的污染物减排和绿色全要素生产率提升效应会有所减弱。

基于此，本书提出研究假设1：地区所有制结构是影响环境规制政策效应的一个重要因素，环境规制对绿色全要素生产率影响存在所有制结构异

① Dollar D.，Wei S. J. Das（wasted）Kapital：Firm Ownership and Investment Efficiency in China [R]. NBER Working Paper，No. 13103，2007.

② Wang H. Pollution Regulation and Abatement Efforts：Evidence from China [J]. Ecological Economics，2002，41（1）：85-94.

③ Liangliang Jiang，Chen Lin，Ping Lin. The Determinants of Pollution Levels：Firm-level Evidence from Chinese Manufacturing [J]. Journal of Comparative Economics，2014，42（1）：118-142.

④ 席鹏辉. 财政激励、环境偏好与垂直式环境管理——纳税大户议价能力的视角 [J]. 中国工业经济，2017（11）：100-117.

⑤ Huang J. On the Solvability of the Regulator Equations for a Class of Nonlinear Systems [J]. IEEE Transactions on Automatic Control，2003，48（5）：880-885.

⑥ 祁毓，卢洪友，张宁川. 环境规制能实现"降污"和"增效"的双赢吗——来自环保重点城市"达标"与"非达标"准实验的证据 [J]. 财贸经济，2016，37（9）：126-143.

质性，国有化程度越高，环境规制对绿色全要素生产率的促进作用越不明显，甚至会产生抑制效应。

2.3.4.2 财政分权程度异质性

1994年开始的分税制改革提高了地方政府支出的责任，也强化了地方政府力争一切资源获取财政收入最大化的动机。财政分权是指中央政府和地方政府之间财政资源分配权利的划分，财政分权影响着地方政府的收入和支出结构、规模及相关经济社会政策的安排。环境规制对绿色全要素生产率影响的财政分权程度异质性效应主要体现在以下两个方面[①]：第一，财政分权程度的提高可能会进一步强化环境规制的绿色全要素生产率促进效应。①地区财政分权程度的提高可能会通过提升基础设施水平，促进劳动、资本要素流动，提高产业集聚水平，实现更多的人员、信息和知识交流而提高环境治理技术和技术效率等；②地区财政分权程度的提高可能加大研发投入，给予环保研发部门和环保产业更多的税收优惠和财政补贴，促进环境治理技术进步；③地区财政分权程度的提高可能通过吸引外商直接投资及先进技术的引进和学习实现环境治理技术提高和污染物减排（李斌等，2016）[②]；④地方财政分权程度提高可能会通过加大教育投入，提高高技能劳动力比例，提升人力资本水平，实现技术进步。第二，财政分权程度的提高可能会弱化环境规制的绿色全要素生产率促进效应甚至转变为抑制效应。①财政分权可能不利于环境规制的执行（杜俊涛等，2017）[③]，财政分权的激励导致了地方不良竞争，往往通过牺牲环境公共物品的供给，包括降低环境规制强度或执行力度来吸引资本、劳动力等要素资源等，导致环境质量恶化，降低环境治理效率；②在晋升激励下，财政分权程度的提高可能会导致当地政府将更多的财政资源投入到可以短期促进经济增长的重复建设工程或政绩工程中，不仅导致教育、科技等投入降低，而且导致资源错配，均不利于技术进步和经济发展方式的转变，从而不利于绿色全要素

① 余永泽，刘大勇．“中国式财政分权”与全要素生产率：“竞次”还是“竞优”[J]．财贸经济，2018（1）：23-37.

② 李斌，祁源，李倩．财政分权、FDI与绿色全要素生产率——基于面板数据动态GMM方法的实证检验[J]．国际贸易问题，2016（7）：119-129.

③ 杜俊涛，陈雨，宋马林．财政分权、环境规制与绿色全要素生产率[J]．科学决策，2017（9）：65-92.

素生产率的提高。综上，财政分权既有可能强化环境规制的绿色全要素生产率促进效应，也有可能弱化甚至转变环境规制的绿色全要素生产率促进效应。

基于此，本书提出研究假设2a：财政分权是影响环境规制政策效应的一个重要因素，环境规制对绿色全要素生产率影响存在财政分权异质性，财政分权程度越高，环境规制对绿色全要素生产率促进作用越强；研究假设2b：财政分权程度越高，环境规制对绿色全要素生产率扭曲作用越强。

2.3.4.3 市场化程度异质性

市场化程度反映了一个地区的社会制度变迁与改革程度，该地区的市场化程度具体体现在该地区政府与市场的关系状况、非国有经济的发展状况、产品市场的发育程度、要素市场的发育程度、市场中介组织发育和法律制度环境状况五个方面①。

一个地区的市场化程度越高意味着该地区政府和市场关系越健康，能够充分发挥市场在资源配置中的基础性和决定性作用，实现资源有效配置，遏制和缓解行政命令型环境规制工具可能带来的资源错配和资源浪费等。同时，政府也能及时采取不同类型规制措施解决市场失灵和外部不经济问题，减少污染排放，促进经济绿色转型。一个地区的市场化程度越高意味着国有经济和非国有经济结构越合理，环境规制的绿色全要素生产率促进效应受到所有制结构的影响越弱。一个地区的市场化程度越高意味着该地区产品市场和要素市场越开放和完善，要素价格扭曲程度较低，环境规制政策的实施能够较快传导到产品和要素市场，并及时做出调整。一个地区的市场化程度越高意味着该地区市场中介组织发育程度越高，法律制度环境越完善。在地区环境治理过程中，居民、社会公益团体等会不断自愿加入到污染治理行动中，监督企业违法排放行为。同时，该地区完善的法律制度环境如产权保护可以激励企业加大研发投入，促进环境治理技术创新，实现绿色全要素生产率提升。

基于此，本书提出研究假设3：地区市场化程度是影响环境规制政策效

① 樊纲，王小鲁，朱恒鹏. 中国市场化指数：各省区市场化相对进程2011年度报告［M］. 北京：经济科学出版社，2011：265.

应的一个重要因素，环境规制对绿色全要素生产率影响存在市场化程度异质性，一个地区的市场化程度越高，环境规制对绿色全要素生产率促进效应越大。

2.3.4.4 融资约束程度异质性

当地方环境规制强度提高时，企业生产成本上升，生产规模下降，未来预期收益下降。若一个地方融资约束程度较高，企业从银行或其他融资渠道获得贷款的成本较高，可能导致企业无法获得资金加大污染治理投入，改善环境质量，环境质量改善效应受到影响。由于研发投入成本高、周期长和收益不确定，地方融资约束程度的提高也可能限制了企业开展环境治理技术研发和创新而抑制绿色全要素生产率提升。此外，当企业面临融资约束时，还可能导致资源错配从而降低生产率。当然，融资约束程度的提高还有可能限制高耗能、高污染、高投入“三高”企业的发展，有利于改善环境质量，倒逼研发创新、产业结构升级和经济发展方式转变，促进绿色全要素生产率提高。综上，融资约束程度的提高可能弱化也可能强化环境规制的污染减排和绿色全要素生产率提升效应。

基于此，本书提出研究假设4a：融资约束程度是影响环境规制政策效应的一个重要因素，环境规制对绿色全要素生产率影响存在融资约束程度异质性，一个地区的融资约束程度越高，环境规制对绿色全要素生产率抑制效应越强；研究假设4b：一个地区的融资约束程度越高，环境规制对绿色全要素生产率促进效应越强。

2.3.4.5 地方腐败程度异质性

排放权的有偿使用意味着排放权对于企业来说是一种稀缺性资源，当环境规制强度提高时，企业减排成本提高，为逃避规制约束，降低企业生产成本，实现利润最大化，企业存在从事影子经济的动机，因此地方环保执法部门与企业之间的博弈互动不可避免会产生执法腐败行为和影子经济，从而导致环境污染进一步恶化（黄寿峰，2016）。同时，在“晋升锦标赛”的激励下，地方政府往往更看重经济利益而忽视环境利益，地方官员为了获得政治晋升，一方面选择与企业合谋（张华，2016）①，另一方面导致民营企业、外资企业产生了通过行贿规避环境规制成本或将高耗能、高污染企业转移到本地区的环境投机行为（廖显春和夏恩龙，2015）②，进一步导致了腐败和环境质量恶化。环境规制政策只有在严格执行的情况下才有可能显著改善环境质量，倒逼企业进行研发创新等，由于执法腐败和影子经济的存在，环境规制实施的污染减排和其他经济社会效应可能被减弱和扭曲（Elgin and Mazhar，2012；Elgin and Oztunali，2014；黄寿峰，2016；余长林和高宏建，2015）③④⑤⑥。企业为逃避环境规制产生的腐败投入的增加会导致企业研发投入降低，减弱企业的研发创新动机，降低企业创新水平（党力等，2015；高扬志和冉茂盛，2017）⑦⑧。此外，一个地区腐败程度的增加无疑会对当地企业的知识产权和专利保护产生负面影响，也会弱化企业进行环境治理技术创新的动机。因此，地方腐败会影响环境规制对绿色全要素生产率促进效应的发挥。

基于此，本书提出研究假设5：地方腐败程度是影响环境规制政策效应的一个重要因素，环境规制对绿色全要素生产率影响存在地方腐败程度异质性，一个地区的腐败程度越高，环境规制对绿色全要素生产率抑制效应越强。

2.3.4.6 城市规模与行政级别异质性

城市规模越大，同一产业或处于同一产业链的企业越容易聚集在一起，

---

① 张华. 地区间环境规制的策略互动研究——对环境规制非完全执行普遍性的解释［J］. 中国工业经济，2016（7）：74-90.

② 廖显春，夏恩龙. 为什么中国会对 FDI 具有吸引力？——基于环境规制与腐败程度视角［J］. 世界经济研究，2015（1）：112-119.

③ Elgin C., Mazhar U. Environmental Regulation, Pollution and the Informal Economy［J］. Working Papers, 2012, 248（5）：645-656.

④ Elgin C., Oztunali O. Pollution and Informal Economy［J］. Economic Systems, 2014, 38（3）：333-349.

⑤ 黄寿峰. 环境规制、影子经济与雾霾污染——动态半参数分析［J］. 经济学动态，2016（11）：33-44.

⑥ 余长林，高宏建. 环境管制对中国环境污染的影响——基于隐性经济的视角［J］. 中国工业经济，2015（7）：21-35.

⑦ 党力，杨瑞龙，杨继东. 反腐败与企业创新：基于政治关联的解释［J］. 中国工业经济，2015（7）：146-160.

⑧ 高扬志，冉茂盛. 民营企业腐败对研发投入的影响研究——基于中小板上市公司的经验证据［J］. 中国管理科学，2017，25（3）：59-67.

形成产业集聚，产业集聚水平的提高可以实现污染物规模化处理，提高环境治理效率和技术水平，并且城市规模越大，产业集聚带来的环境改善效应越大（刘习平和宋德勇，2013）[①]。但当城市人口规模增加到一定水平后，城市人口规模的进一步增加可能会导致环境污染物排放增加，从而导致环境治理成本提高，并带来城市经济发展无效率。王小鲁和夏小林（1999）、王小鲁（2010）发现并进一步证实，不同规模城市的集聚效应和外部成本存在显著差异，人口规模在100万~400万人的大城市的净规模收益最高[②③]。从这一点出发，环境规制对绿色全要素生产率影响不仅存在城市规模异质性，而且在大城市可能具有更好的促进效应。具体来讲，对于特大城市和大城市而言，环境规制的实施可以充分享受规模经济带来的治理技术和治理效率的提升及扩散。但是相比特大城市，大城市面临的环境污染带来的经济无效率损失可能更小，实施环境规制将环境污染等“城市病”成本内部化导致的资源配置效率损失也更小。同时，特大城市集聚不经济现象突出（黄永斌等，2015）[④]，与其他城市之间的区域协调机制和跨区域治理机制并没有完全建立起来，仍然强调“行政区治理”，导致区域资源共享、技术扩散效应等受到限制，影响了特大城市环境规制的绿色全要素生产率促进效应。因此，环境规制对大城市绿色全要素生产率的促进效应可能大于特大城市。对于中小城市而言，环境规制的实施既无法享受规模经济效应，环境设备投资、环保设施运行成本相对更高，也无法享受到大城市的技术扩散效应，反而可能出现虹吸效应，因此，环境规制对中小城市绿色全要素生产率的促进效应较小甚至具有抑制效应。

综上，本书提出研究假设6a：环境规制对绿色全要素生产率影响存在城市规模异质性效应。随着城市规模的扩大，环境规制对绿色全要素生产率促进效应逐渐递增，但对于大城市的促进效应可能更大。

我国城市等级除了规模区别之外，还具有严格的行政级别区分，依级别从高到低分别为：①直辖市，包括北京、天津、上海和重庆；②副省级城市，包括哈尔滨、长春、沈阳、济南、南京、杭州、广州、武汉、成都、

① 刘习平，宋德勇．城市产业集聚对城市环境的影响［J］．城市问题，2013（3）：9-15.

② 王小鲁，夏小林．优化城市规模　推动经济增长［J］．经济研究，1999（9）：22-29.

③ 王小鲁．中国城市化路径与城市规模的经济学分析［J］．经济研究，2010（10）：20-32.

④ 黄永斌，董锁成，白永平．中国城市紧凑度与城市效率关系的时空特征［J］．中国人口·资源与环境，2015，25（3）：64-73.

西安、大连、青岛、宁波、厦门、深圳15个城市；③准副省级城市，除直辖市和副省级城市的省会城市，包括呼和浩特、乌鲁木齐、西宁、兰州、昆明、拉萨、长沙、郑州、石家庄、福州、南昌、南宁、海口、合肥、太原、贵阳、银川等城市；④地级市；⑤县级市及建制镇。

不同的行政级别意味着在行政权力、资源占有与资源配置、政策优惠、制度监管等方面存在明显差异。对于行政级别较高的城市而言，环境质量偏好更高，其行政权力更强，可以保证环境规制政策的顺利实施和强制推行。行政级别较高的城市除本身具有高技能劳动力、产业集聚、外商直接投资、先进技术等优势外，还可以通过行政手段和行政等级优势获取下一级别城市的资源或者配置更多的资源，包括倾向性政策（陆铭和陈钊，2009）① 和财政补贴（赵璨等，2015）② 等。因此，对于高行政级别城市而言，实施环境规制政策可以充分享受规模经济、产业集聚、优质要素集聚和资源配置优势，导致企业生产成本降低，并加快环境治理技术创新，最终实现城市污染物排放降低和绿色全要素生产率提高，推动经济绿色转型。而对于低行政级别城市而言，环境质量偏好较低，环境规制政策的实施可能面临高技能劳动力供给不足、环境治理技术落后、财政补贴少、产业集聚水平低等阻碍，对于绿色全要素生产率的促进效应明显小于高行政级别城市。

综上，本书提出研究假设6b：环境规制对绿色全要素生产率的影响存在城市行政级别异质性效应。城市行政级别越高，环境规制对绿色全要素生产率促进效应越大。

2.4 小　结

本章主要对环境规制对绿色全要素生产率影响的相关理论和研究假设进行了详细阐述，为后文的实证检验提供了充分的理论支撑，主要包括：

① 陆铭，陈钊．分割市场的经济增长——为什么经济开放可能加剧地方保护？［J］．经济研究，2009（3）：42-52.

② 赵璨，王竹泉，杨德明，曹伟．企业迎合行为与政府补贴绩效研究——基于企业不同盈利状况的分析［J］．中国工业经济，2015（7）：130-145.

对外部性理论、产权理论、环境规制理论和绿色经济增长理论等相关理论基础进行了阐述；对传统全要素生产率和绿色全要素生产率进行了界定和比较；构建了环境规制对绿色全要素生产率直接影响理论模型；分析了环境规制对绿色全要素生产率影响的产业结构升级和集聚机制、外商直接投资机制、技术创新机制、要素结构升级机制和成本上升机制；根据新经济地理学，提出了环境规制对绿色全要素生产率的空间溢出效应假设；提出了环境规制对绿色全要素生产率的国有化程度、财政分权程度、市场化程度、融资约束程度、地方腐败程度、城市规模和行政级别的异质性效应假设。

3 “两控区”政策演变及其实施效果

伴随着经济发展水平不断提高，以煤炭为主的能源结构导致我国二氧化硫和酸雨污染日益加重，为此，国家于1998年划定了“酸雨控制区”和“二氧化硫控制区”城市，以控制二氧化硫排放总量，改善空气环境质量。本章将重点阐述“两控区”政策设立的相关背景、“两控区”政策的出台及演变，以及对“两控区”政策实施效果进行初步分析。

3.1 “两控区”设立相关背景

改革开放以来，我国经济得到了较快发展，但经济发展却是以高污染、高能耗为代价的，尤其是因过度消耗煤炭资源而产生的二氧化硫污染剧增。我国煤炭资源丰富，决定了我国工业发展、居民生活等严重依赖煤炭资源，不仅煤炭消费量急剧增加，而且形成了以煤炭为主的能源结构。图3-1显示，1990年，我国煤炭消费总量为10.55亿吨，占能源消费总量的79%；到1995年，我国煤炭消费总量增加到13.77亿吨，占能源消费总量的77%。

由于我国部分地区煤炭质量较差，硫分较高，并且大部分工业企业未安装脱硫设备，不仅导致我国的二氧化硫排放量急剧增加，而且导致我国酸雨污染严重、二氧化硫年均浓度超过国家空气质量标准。图3-2展现了1990~2015年我国二氧化硫排放量变化趋势，结果显示，1990年，我国二氧化硫排放量为1495万吨，而到1995年却急剧增加到2370万吨，年均增长9.6%，若不加以严格控制，随着我国经济发展水平的提高及煤炭资源消耗规模的增加，我国二氧化硫排放量将持续增加。

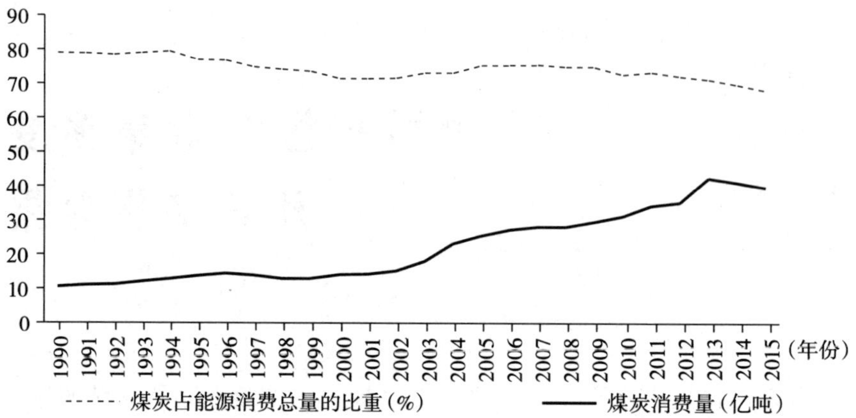

图 3-1　1990~2015 年我国煤炭消费总量及煤炭占能源消费总量比重变化趋势

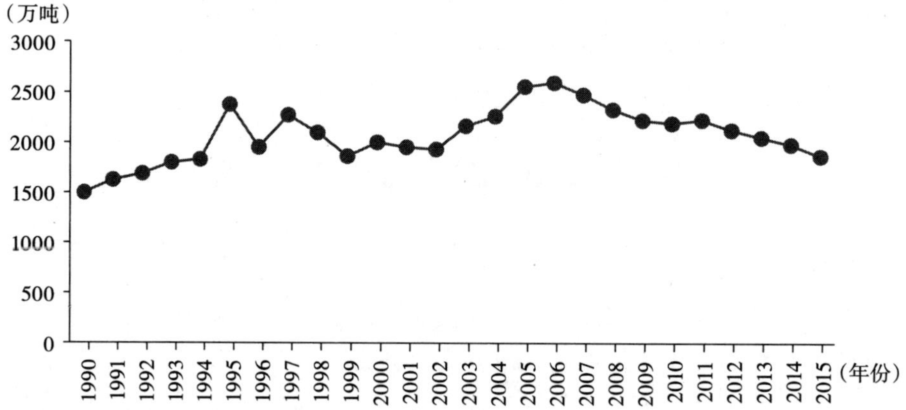

图 3-2　1990~2015 年我国二氧化硫排放量变化趋势

原国家环境保护局对全国 2177 个环境监测站 1981~1993 年监测数据研究发现，我国城市二氧化硫浓度超标城市不断增多，1995 年我国北方城市二氧化硫年平均浓度为 81 微克/立方米，南方城市年平均浓度为 80 微克/立方米，其中有 62.3%的城市二氧化硫年平均浓度超过国家二级空气质量标准。二氧化硫浓度超标增加了居民患呼吸道疾病的概率，也增加了居民死亡风险，给居民身体健康和生活质量造成严重威胁。

此外，二氧化硫污染加剧和高硫煤燃烧也加剧了我国酸雨污染，尤其是南方地区。20 世纪 90 年代以来，酸雨出现的区域较 80 年代发生了比较明显的变化，酸雨区面积扩大了 100 多万平方公里（田贺忠等，2001）①。1990 年，我国酸雨仅限于西南和华南等局部地区，但到 1995 年已经扩大到西南地区、华中地区、华东沿海地区和华南地区，包括部分北方城市等，年均降水 pH 值低于 5.6 的地区已占全国面积的 40%左右。酸雨不仅腐蚀建筑物、破坏生态系统、导致农作物减产，还会酸化地下水从而危害居民身体健康。

面对日益增加的二氧化硫排放量、不断提高的二氧化硫年均浓度和进一步蔓延的酸雨污染区，国家开始着手对酸雨和二氧化硫污染进行治理。

3.2 “两控区”政策出台及演变

3.2.1 政策酝酿准备阶段

1990 年 12 月，国务院环境保护委员会第 19 次会议通过了《关于控制酸雨发展的意见》，明确提出在酸雨监测、酸雨科研攻关、二氧化硫控制工程和征收二氧化硫排污费四个方面开展工作；1991 年，原国家环保局组织开展征收工业燃煤二氧化硫排污费相关研究工作；1992 年，国务院批准在贵州省、广东省和柳州、南宁、桂林、杭州、青岛、重庆、长沙、宜昌和宜宾九市开展征收工业燃煤二氧化硫排污费和酸雨综合防治试点工作；1995 年 8 月，全国人大常委会通过了新修订的《中华人民共和国大气污染防治法》，规定在全国划定酸雨控制区和二氧化硫污染控制区，强调要在“两控区”内强化对酸雨和二氧化硫污染的控制，原国家环境保护局于 1995 年底组织开展了“两控区”划分工作；1996 年，国务院批复了《国务院关于环境保护若干问题的决定》，提出要重点治理“两控区”污染，并且要求 2000 年所有工业污染源要实现达标排放；1997 年，原国家环境保护局向国务院

① 田贺忠，陆永祺，郝吉明，王书肖，薛志刚. 我国酸雨和二氧化硫污染控制历程及进展［J］. 中国电力，2001（3）：52-57.

递交了“两控区”划分方案申请，“两控区”政策呼之欲出。

3.2.2 政策正式出台阶段

1998 年 1 月，国务院正式通过了成立“两控区”的文件《国务院关于酸雨控制区和二氧化硫污染控制区有关问题的批复》（国函〔1998〕5 号），并开始正式实施。《酸雨控制区和二氧化硫污染控制区划分方案》中也给出了酸雨控制区与二氧化硫控制区划分标准。一个城市被划定为二氧化硫污染控制区的标准是：①近年来环境空气二氧化硫年平均浓度超过国家二级标准；②日平均浓度超过国家三级标准（$250ug/m^3$）；③二氧化硫排放量较大。而一个城市被划定为酸雨控制区的标准是：①现状监测降水 pH≤4.5；②硫沉降超过临界负荷；③二氧化硫排放量较大的区域。按照此方案，我国 175 个地级以上城市和地区被划为“两控区”政策实施城市，行政面积约 109 万平方公里，占国土面积的 11.4%。其中，酸雨控制区总面积为 80 万平方公里，占国土面积的 8.4%，主要分布在南方地区；二氧化硫污染控制区总面积约 29 万平方公里，占国土面积的 3%，主要分布在北方地区。“两控区”内总人口约占全国人口的 39%，国内生产总值约占全国国内生产总值的 67%，不仅包括 4 个直辖市、21 个省会城市、11 个沿海开放城市，而且包括深圳、珠海、汕头、厦门 4 个经济特区。总之，“两控区”城市内人口集中，工业发展程度高，城市经济发展水平高，加大“两控区”环境污染治理，对倒逼上述地区转变经济发展方式、实现经济增长与环境质量改善“双赢”具有重要意义。

3.2.3 政策实施完善阶段

1998 年 4 月，原国家环保局颁布了《关于在酸雨控制区和二氧化硫污染控制区开展征收二氧化硫排污费扩大试点的通知》，规定每公斤二氧化硫收取排污费 0.2 元，所得排污费用于重点排污单位专项治理二氧化硫污染的资金总额不得低于 90%；1998 年 5 月，原国家环保局布置了制定“酸雨和二氧化硫污染控制行动方案”的工作计划；1999 年，“两控区”内 175 个地市完成二氧化硫污染防治规划并通过国家环保总局验收，85%的地市规划得到当地人民政府批复，电力、煤炭两个重点行业也完成了本行业二氧化硫污染防治规划；2000年4月29日修订通过的《大气污染防治法》对“两控区”污染防治政策和措施作出了明确规定；2002年，原国家环保局颁布了《“两控区”酸雨和二氧化硫污染防治“十五”计划》，对2005年“两控区”城市二氧化硫排放总量、二氧化硫排放浓度和酸雨污染控制提出了明确规划目标；2002年3月，原国家环保局发布了《关于开展“推动中国二氧化硫排放总量控制及排放权交易政策实施的研究项目”示范工作的通知》，决定在山东省、山西省、江苏省、河南省、上海市、天津市、柳州市开展二氧化硫排放总量控制排污权交易示范工作，后来又追加了中国华能集团公司作为示范单位，形成“4+3+1”的项目试点范围（4省3市1公司），作为“两控区”政策的补充；2008年1月，原国家环保局颁布了《国家酸雨和二氧化硫污染防治“十一五”规划》，意味着我国正式由“两控区”区域范围污染物总量控制转向全国范围内总量控制。

3.3 “两控区”政策有关内容

若一个城市被划为“两控区”城市，则意味着该城市将采取更为严格的环境规制政策以确保工业污染源达标排放、二氧化硫排放总量减少和酸雨污染得到有效控制，其中环境规制政策主要体现在降低煤炭含硫量、控制火电厂二氧化硫排放、加大高污染行业环境治理力度、强化排污费征管等。

3.3.1 降低煤炭含硫量

含硫量超过3%的矿井被禁止新建，现有已经建成的高硫煤矿必须逐渐减少生产或停产；对于含硫量大于1.5%的新建或改造煤矿，必须配套相应规模的煤炭洗选设施。

3.3.2 控制火电厂二氧化硫排放

“两控区”火电厂二氧化硫排放总量占“两控区”二氧化硫排放总量的

一半以上，必须采取措施严格控制火电厂二氧化硫排放。采取的措施包括：禁止在大中城市城区和近郊区建设新的燃煤火力发电厂；含硫量高于1%的新建或更新改造的燃煤火力发电厂必须安装脱硫设备，现有含硫量高于1%的燃煤火力发电厂要在2000年前采取二氧化硫减排措施。

3.3.3 加大高污染行业环境治理力度

加大化工、冶金、有色、建材等重污染行业环境治理力度，包括淘汰产生重污染的技术和设备，改造、升级或安装脱硫设施，大力推行清洁生产，促进资源节约和综合利用。

3.3.4 强化排污费征管

地方政府要按照《国务院关于二氧化硫排污收费扩大试点工作有关问题的批复》认真做好二氧化硫排污费的征收、管理和使用工作。

3.4 “两控区”政策实施效果初步分析

1998年酸雨控制区和二氧化硫控制区“两控区”的设立旨在实现工业污染源达标排放，控制二氧化硫排放量；降低城市环境空气二氧化硫浓度，达到国家环境质量标准；控制并降低酸雨污染面积。那么，“两控区”实施的效果如何呢？本小节将分别从二氧化硫排放总量控制状况、二氧化硫浓度降低状况、酸雨污染范围控制状况三个方面进行分析。

3.4.1 二氧化硫排放总量控制状况

二氧化硫排放总量控制依赖于工业污染源达标排放和污染处理设备的减排能力。1999年《中国环境状况公报》数据显示，1996~1999年，“两控区”内共削减二氧化硫总量近80万吨。2000年，“两控区”城市内4894个二氧化硫年排放量在100吨以上的重点工业污染企业中，有3735个实现了达标排放，达标率为 76. 3%；2003 年，“两控区”城市内共安装脱硫设施 11763 套，占全国脱硫设施数的 59. 8%，共去除工业二氧化硫 611 万吨，工业二氧化硫去除率为 37. 1%，高于全国平均水平 7. 6 个百分点。从工业污染源达标排放和污染处理设备安装及运行能力看，“两控区”政策实施效果较好且走在全国前列。那么，“两控区”政策是否完成了二氧化硫总量控制既定目标?

表 3-1 汇总了 1999~2006 年“两控区”城市二氧化硫污染物排放状况。结果显示，2000 年“两控区”内城市二氧化硫排放总量为 1316. 40 万吨，占全国二氧化硫排放总量的 65. 98%，其中工业二氧化硫排放总量为 1073. 3 万吨，占全国工业二氧化硫排放总量的 66. 56%；到 2005 年，“两控区”内城市二氧化硫排放总量增长到 1472 万吨，占全国二氧化硫排放总量的 57. 74%，比重虽然下降了 8. 24%①，但排放总量比 2000 年增加了 155. 6 万吨。其中，工业二氧化硫排放总量增加到 1299 万吨，排放总量比 2000 增加了 225. 7 万吨，占全国工业二氧化硫排放总量比重下降为 59. 91%。

表 3-1 “两控区”城市二氧化硫污染物排放状况

年份	全国		“两控区”			
	合计（万吨）	工业（万吨）	合计（万吨）	比重（%）	工业（万吨）	比重（%）
1999	1857. 50	1460. 10	—	—	994. 10	68. 08
2000	1995. 10	1612. 50	1316. 40	65. 98	1073. 30	66. 56
2001	1947. 20	1566. 00	—	—	904. 00	57. 73
2002	1926. 60	1562. 00	—	—	901. 00	57. 68
2003	2158. 50	1791. 60	1251. 00	57. 96	1073. 00	59. 89
2004	2254. 90	1891. 40	1342. 00	59. 51	1182. 00	62. 49
2005	2549. 40	2168. 40	1472. 00	57. 74	1299. 00	59. 91
2006	2588. 80	2234. 80	1376. 00	53. 15	1219. 00	54. 55

① “两控区”城市二氧化硫排放总量占全国排放总量比重的下降同时意味着其他非“两控区”城市二氧化硫排放总量规模和比重的增加，加大非“两控区”的污染减排也是非常有必要的。因此，我国于 2006 年开始实施污染物总量控制政策。

续表

年份	全国		“两控区”			
	合计（万吨）	工业（万吨）	合计（万吨）	比重（%）	工业（万吨）	比重（%）
2005（规划目标）	1800.00	1450.00	1053.20	58.51	—	—
2010（规划目标）	2294.40	—	1316.40	57.37	—	—

资料来源：笔者根据1999~2006年《中国环境统计年报》、《国家环境保护“十五”计划》、《国家环境保护“十五”规划》、《酸雨控制区和二氧化硫污染控制区划分方案》、《“两控区”酸雨和二氧化硫污染防治“十五”计划》统计整理。

《酸雨控制区和二氧化硫污染控制区划分方案》和《“两控区”酸雨和二氧化硫污染防治“十五”计划》中指出，2005年“两控区”二氧化硫排放量要在2000年的基础上下降20%，将排放总量控制在1053.2万吨内；2010年“两控区”二氧化硫排放量要维持在2000年的排放总量水平，将排放总量控制在1316.4万吨内。但实际上，2005年“两控区”城市二氧化硫排放总量非但没有控制，反而比规划目标多排放418.8万吨。

本书进一步汇总了酸雨控制区和二氧化硫控制区城市二氧化硫污染物排放状况，结果见表3-2。结果显示，酸雨控制区与二氧化硫控制区内城市二氧化硫污染排放均呈现上升趋势。其中，2000年酸雨控制区内城市二氧化硫排放量为633.3万吨，占“两控区”二氧化硫排放总量的59%，2005年二氧化硫排放量增加到785万吨，占“两控区”二氧化硫排放总量的60.43%。若按同比例制定规划目标，2005年酸雨控制区二氧化硫排放总量应控制在506.64万吨，应比实际排放量少排放278.36万吨。2000年二氧化硫控制区内城市二氧化硫排放量为439.9万吨，占“两控区”二氧化硫排放总量的41%，2005年二氧化硫排放量增加到514万吨，占“两控区”二氧化硫排放总量的39.57%。若按同比例制定规划目标，2005年二氧化硫控制区二氧化硫排放总量应控制在351.92万吨，应比实际排放量少排放162.08万吨。结果表明，相比二氧化硫控制区，酸雨控制区贡献了一半以上的二氧化硫排放量，且实际排放量超出规划目标排放量更多，占“两控区”城市实际超出目标排放总量的63%。

表 3-2 酸雨控制区和二氧化硫控制区城市二氧化硫污染物排放状况

年份	酸雨控制区		二氧化硫控制区	
	工业（万吨）	比重（%）	工业（万吨）	比重（%）
1999	492.20	49.51	501.90	50.49
2000	633.30	59.00	439.90	40.99
2001	548.00	60.62	356.00	39.38
2002	520.00	57.71	381.00	42.29
2003	667.00	62.16	406.00	37.84
2004	729.00	61.68	453.00	38.32
2005	785.00	60.43	514.00	39.57
2006	708.00	58.08	511.00	41.92
2005（规划目标）	506.64	59.00	351.92	40.99
2010（规划目标）	633.30	59.00	439.90	40.99

资料来源：笔者根据 1999~2006 年《中国环境统计年报》、《国家环境保护“十五”计划》、《国家环境保护“十五”规划》、《酸雨控制区和二氧化硫污染控制区划分方案》、《“两控区”酸雨和二氧化硫污染防治“十五”计划》统计整理。

综上，不管从“两控区”整体还是酸雨控制区或二氧化硫控制区二氧化硫污染物实际排放状况和规划目标看，“两控区”政策并没有实现二氧化硫总量控制的目标。

3.4.2 二氧化硫浓度降低状况

《环境空气质量标准》（GB3095-1996）中规定二氧化硫年平均浓度一级标准值是 0.02 毫克/立方米，二级标准值是 0.06 毫克/立方米，是人群在工作或生活环境中长期暴露不受危害的基本要求，三级标准是 0.10 毫克/立方米，是人群在工作或生活环境中短期暴露不受急性健康损害的最低要求。二氧化硫浓度超标将会导致人体呼吸系统疾病，从而增加居民死亡概率，影响居民身体健康和生活质量。因此，“两控区”政策实施的一个主要目的是降低二氧化硫浓度，改善空气质量。

表 3-3 汇总了 1997~2005 年酸雨控制区和二氧化硫控制区二氧化硫年平均浓度达到二级标准的城市数量和比重。结果显示，酸雨控制区和二氧

化硫控制区内达到二级标准的城市数量并无明显变化。1998年，二氧化硫控制区内空气质量达到二级标准的有21个城市，仅占二氧化硫控制区城市的32.81%，表明二氧化硫控制区内达到空气质量二级标准的城市数量偏低；酸雨控制区内城市空气质量达到二级标准的有83个城市，占酸雨控制区城市数量的74.77%，“两控区”达到二级标准的城市共计104个。2005年，二氧化硫控制区内空气质量达到二级标准的城市数量增加到28个，占二氧化硫控制区城市数量的43.69%；酸雨控制区内空气质量达到二级标准的城市数量增加到86个，占酸雨控制区城市数量的77.23%，“两控区”达到二级标准的城市共计114个，比1998年增加了10个城市。但《“两控区”酸雨和二氧化硫污染防治“十五”计划》中指出，2005年达到二级质量标准的城市要增加到150个，而实际情况只有114个，另外36个城市未达到空气质量二级标准。

表3-3 “两控区”城市二氧化硫浓度达到二级空气质量标准状况

年份	二氧化硫控制区		酸雨控制区		共计
	城市数量（个）	比重（%）	城市数量（个）	比重（%）	城市数量（个）
1997	—	—	—	—	82
1998	21	32.81	83	74.77	104
2000	—	—	—	—	119
2001	31	48.44	94	84.68	125
2002	26	40.63	87	78.38	113
2003	25	39.06	92	83.08	117
2004	26	40.60	81	72.53	106
2005	28	43.69	86	77.23	114
2005（规划目标）	—	—	—	—	150

资料来源：笔者根据1999~2006年《中国环境统计年报》、《国家环境保护“十五”计划》、《国家环境保护“十五”规划》、《酸雨控制区和二氧化硫污染控制区划分方案》、《“两控区”酸雨和二氧化硫污染防治“十五”计划》统计整理。

表3-4汇总了1997~2005年酸雨控制区和二氧化硫控制区二氧化硫年

平均浓度达到三级空气质量标准的城市数量和比重①。结果显示，酸雨控制区和二氧化硫控制区内达到三级标准城市数量同样无明显变化。1997 年，“两控区”达到三级标准的城市共计 24 个。2002 年，二氧化硫控制区内空气质量达到三级标准的有 20 个城市，占二氧化硫控制区城市数量的 31.30%，酸雨控制区内城市空气质量达到三级标准的有 31 个城市，占酸雨控制区城市数量的 28.20%，“两控区”达到三级标准的城市共计 51 个。2005 年，二氧化硫控制区内空气质量达到三级标准的城市数量较 2002 年增加了 1 个，达到 21 个，占二氧化硫控制区城市数量的 32.84%；酸雨控制区内空气质量达到三级标准的城市数量较上年增加了 4 个，达到 34 个，占酸雨控制区城市数量的 30.54%，“两控区”达到二级标准的城市共计 55 个，较上年增加了 6 个城市。但《“两控区”酸雨和二氧化硫污染防治“十五”计划》中指出，2005 年达到三级质量标准的城市要减少到 25 个，而实际情况却有 55 个，比规划多增加了 30 个城市。

表 3-4 “两控区”城市二氧化硫浓度达到三级空气质量标准状况

年份	二氧化硫控制区		酸雨控制区		共计
	城市数量（个）	比重（%）	城市数量（个）	比重（%）	城市数量（个）
1997	—	—	—	—	24
2002	20	31.30	31	28.20	51
2003	16	25.00	25	22.52	41
2004	19	29.70	30	26.76	49
2005	21	32.84	34	30.54	55
2005（规划目标）	—	—	—	—	25

资料来源：笔者根据 1999~2006 年《中国环境统计年报》、《国家环境保护“十五”计划》、《国家环境保护“十五”规划》、《酸雨控制区和二氧化硫污染控制区划分方案》、《“两控区”酸雨和二氧化硫污染防治“十五”计划》统计整理。

表 3-5 汇总了 1997~2005 年酸雨控制区和二氧化硫控制区二氧化硫年平均浓度超过三级空气质量标准的城市数量和比重。结果显示，酸雨控制

① 更准确讲是超过二级空气质量标准但未超过三级空气质量标准，即二氧化硫年均浓度在 0.06 毫克/立方米与 0.10 毫克/立方米之间。

区和二氧化硫控制区内超过三级标准城市数量显著下降。1997 年，“两控区”超过三级标准的城市共计 28 个。2002 年，二氧化硫控制区内空气质量超过三级标准的有 18 个城市，占二氧化硫控制区城市数量的 28.10%，酸雨控制区内城市空气质量超过三级标准的有 8 个城市，仅占酸雨控制区城市数量的 7.11%，“两控区”超过三级标准的城市共计 26 个。2005 年，二氧化硫控制区内空气质量超过三级标准的城市数量减少为 13 个，占二氧化硫控制区城市数量的 20.34%；酸雨控制区内空气质量超过三级标准的城市数量减少为 5 个，占酸雨控制区城市数量的 4.7%，“两控区”超过二级标准的共计 18 个，比 1997 年减少了 10 个城市。但《“两控区”酸雨和二氧化硫污染防治“十五”计划》中指出，2005 年超过三级质量标准的城市要减少到 0 个，而实际情况却仍有 18 个城市超过三级空气质量标准。

表 3-5 “两控区”城市二氧化硫浓度超过三级空气质量标准状况

年份	二氧化硫控制区		酸雨控制区		共计
	城市数量（个）	比重（%）	城市数量（个）	比重（%）	城市数量（个）
1997	—	—	—	—	28
2002	18	28.10	8	7.11	26
2003	23	35.90	12	10.76	35
2004	19	29.70	8	7.52	27
2005	13	20.34	5	4.70	18
2005（规划目标）	—	—	—	—	0

资料来源：笔者根据 1999~2006 年《中国环境统计年报》、《国家环境保护“十五”计划》、《国家环境保护“十五”规划》、《酸雨控制区和二氧化硫污染控制区划分方案》、《“两控区”酸雨和二氧化硫污染防治“十五”计划》统计整理。

综上，“两控区”政策实施既没有实现增加达到空气质量二级标准城市数量、降低达到空气质量三级标准城市数量目标，也没有实现超过三级空气质量标准 0 城市目标，因此，“两控区”政策实施降低二氧化硫浓度的短期规划目标没有完全实现。2010 年，有 94.9%的“两控区”城市达到了空气质量二级标准，但也没有实现长期规划目标，即实现所有“两控区”城市达到空气质量二级标准。

3.4.3 酸雨污染控制状况

表3-6汇总了2000~2005年“两控区”城市内酸雨污染控制状况。在出现酸雨方面，2000年出现酸雨城市为95个，占酸雨控制区城市比重为85.59%，到2005年，出现酸雨城市数量增加到103个，占酸雨控制区城市比重达到92.79%；从城市降水pH值看，2000年有72个城市降水pH≤5.6，占酸雨控制区城市数量的64.86%，2005年降水pH≤5.6的城市数量增加到81个，占酸雨控制区城市比重为72.97%。在未出现酸雨方面，2000年有7个城市未出现酸雨，占酸雨控制区城市数量的6.31%，2004年仅有4个城市未出现酸雨，仅占酸雨控制区城市数量的3.6%。以上结果表明，酸雨控制区的酸雨污染并未得到有效控制，大部分酸雨控制区城市仍会出现酸雨。

表3-6 酸雨控制区酸雨污染控制状况

年份	出现酸雨		pH≤5.6		未出现酸雨	
	城市数量（个）	比重（%）	城市数量（个）	比重（%）	城市数量（个）	比重（%）
2000	95	85.59	72	64.86	7	6.31
2002	101	90.99	79	71.17	8	7.21
2003	95	85.59	75	67.57	3	2.70
2004	101	90.99	83	74.77	4	3.60
2005	103	92.79	81	72.97	—	—

资料来源：笔者根据1999~2006年《中国环境统计年报》、《国家环境保护“十五”计划》、《国家环境保护“十五”规划》、《酸雨控制区和二氧化硫污染控制区划分方案》、《“两控区”酸雨和二氧化硫污染防治“十五”计划》统计整理。

3.5 小 结

1998年设立的酸雨控制区和二氧化硫控制区是我国为控制二氧化硫排

放总量、改善环境空气质量而出台的一项重要的环境规制政策。本章对“两控区”政策设立的相关背景、“两控区”政策的出台及演变，以及“两控区”政策实施效果进行了介绍和初步分析，发现“两控区”政策的出台是必要的，“两控区”政策也在实施过程中不断完善，但“两控区”政策实施并没有实现二氧化硫污染排放总量控制、降低“两控区”城市二氧化硫浓度、控制酸雨污染蔓延等规划目标，但对污染减排产生了积极的作用。当然，具体的实施效果有待进一步实证检验分析。

4 绿色全要素生产率测度及其动态变化

充分考虑经济增长对环境产生的损耗和环境污染对经济发展产生的刚性约束，将环境污染排放作为非期望产出纳入生产率核算框架和范畴中，如此得到的便是绿色全要素生产率。绿色全要素生产率作为传统全要素生产率的修订，更能准确、合理、有效地对一个国家或地区的经济增长绩效和经济发展可持续性做出评估。

4.1 绿色全要素生产率测度方法

4.1.1 常见绿色全要素生产率测算方法

4.1.1.1 参数法

常见的参数法包括代数指数法、索洛余值法、随机前沿生产函数法等。其中，代数指数法是指按照全要素生产率的本身定义，采用产出指数与资本、劳动等全部投入要素的加权指数的比值进行衡量，但此方法仅是一种概念性方法。索洛余值法是经济增长核算的常见方法，将总产出增长中去除掉劳动和资本的加权增长速度，得到的余值便是全要素生产率增长率。采用索洛余值法通常首先需要根据计量模型估计法、收入份额法等方法确定劳动和资本的产出弹性。但采用此方法需要满足较多严格的假设条件，包括生产函数给定、生产技术效率一直处于最佳状态、中性技术进步、规模报酬不变等，这与现实生产状况存在较多出入。随机前沿生产函数比传统的生产函数更接近生产和经济增长的情况，不仅允许技术无效率的存在，而且将全要素生产率的变化分解为生产可能性边界的变化和技术效率的变化（胡晓琳，2016；许冬兰等，2016）①②。

学者通常将能源消耗和环境变量作为投入要素纳入随机前沿生产函数中估算绿色全要素生产率。陈诗一（2009）将能源消耗和二氧化碳排放量作为投入要素，利用超越对数生产函数估算了中国工业 38 个二位数行业的全要素生产率变化并进行了增长核算③。匡远凤和彭代彦（2012）则将二氧化碳排放作为投入要素纳入超越对数形式的随机前沿函数模型，对我国 1995~2009 年环境全要素生产率和环境生产效率进行了分析④。汪锋和解晋（2015）在此基础上将能源消耗和二氧化碳排放作为投入要素纳入超越对数生产函数对我国 1997~2012 年 30 个省份绿色全要素生产率增长率进行了测算⑤。采用随机前沿分析方法需要明确所假定生产函数的具体分布与形式，而这可能并不符合复杂的经济状况。此外，从产出效率提高的角度看，虽然环境污染与其他劳动、资本等要素一样，投入越少越好，但是将污染物作为投入要素并不符合实际生产过程，违背了真实的投入产出关系，从而导致效率评价出现偏差（胡晓琳，2016）。

4.1.1.2 非参数法

采用非参数法测算绿色全要素生产率是目前大多数学者的常见做法，其环境效率测算方法包括 DEA-CCR、DEA-BCC、SBM 模型、EBM 模型等。

其中，DEA-CCR 模型为假定规模报酬不变前提下的 DEA 模型，其得到的是综合技术效率，包括技术效率和规模效率，而 DEA-BCC 是规模报酬

① 胡晓琳. 中国省际环境全要素生产率测算、收敛及其影响因素研究［D］. 江西财经大学博士学位论文，2016.

② 许冬兰，李丰云，吕朵. 绿色全要素生产率的测算方法及应用［J］. 青岛科技大学学报（社会科学版），2016，32（4）：30-35.

③ 陈诗一. 能源消耗、二氧化碳排放与中国工业的可持续发展［J］. 经济研究，2009（4）：41-55.

④ 匡远凤，彭代彦. 中国环境生产效率与环境全要素生产率分析［J］. 经济研究，2012（7）：62-74.

⑤ 汪锋，解晋. 中国分省绿色全要素生产率增长率研究［J］. 中国人口科学，2015（2）：53-62.

可变前提下的 DEA 模型，其得到的是排除规模效率之后的纯技术效率。两者作为传统径向、角度的 DEA 模型，是在投入不变或者产出不变的前提下，假设产出与投入的同比例增长，该模型要求尽量少的投入获得多的产出，但忽视了现实生产过程中还会产生污染排放等非期望产出等。CCR 模型和 BCC 模型并不能处理非期望产出存在的情形，而且忽视了投入产出的松弛性问题，采用此方法得到的绿色全要素生产率可能不准确，从而造成结果偏差。

Tone（2003）提出了非径向、非角度的 SBM（Slack-Based Measure）模型，该模型并不需要设定特定的生产函数①，解决了原有径向模型在测度无效率时忽略的松弛变量问题，并且该模型可以考虑污染排放等非期望产出，解决了传统 DEA 模型无法考虑非期望产出的效率评价问题。该模型还有效避免了传统 DEA-CCR、DEA-BCC 模型中由于径向和角度选择而带来的偏差（胡晓琳，2016）。国内很多学者采用 SBM 模型测算了绿色全要素生产率。如李斌等（2013）运用 SBM 模型结合 ML 生产率指数测算了中国 36 个工业行业的绿色技术效率和绿色全要素生产率②。原毅军和谢荣辉（2015）在考虑能源消耗和非期望产出的情况下，运用 SBM 方向性距离函数与 Luenberger 生产率指数，测算了 2000~2012 年中国 30 个省份的工业绿色全要素生产率③。李玲和陶锋（2011）在考虑了废水、二氧化碳、二氧化硫和固体废物排放量四种非期望产出的情况下，运用 SBM 方向性距离函数和 Luenberger 生产率指标，测度了 2004~2008 年中国工业部门中 19 个污染密集型产业的绿色全要素生产率④。王兵等（2010）同样利用 SBM 方向性距离函数和 Luenberger 生产率指标，测算了考虑 SO_2 和 COD 负产出下的中国 30 个省份 1998~2007 年的环境效率及环境全要素生产率⑤。

---

① Tone K. Dealing with Undesirable Outputs in DEA：A Slacks-based Measure（SBM）Approach [J]. GRIPS Research Report Series, 2003.

② 李斌，彭星，欧阳铭珂. 环境规制、绿色全要素生产率与中国工业发展方式转变——基于 36 个工业行业数据的实证研究 [J]. 中国工业经济，2013（4）：56-68.

③ 原毅军，谢荣辉. FDI、环境规制与中国工业绿色全要素生产率增长——基于 Luenberger 指数的实证研究 [J]. 国际贸易问题，2015（8）：84-93.

④ 李玲，陶锋. 污染密集型产业的绿色全要素生产率及影响因素——基于 SBM 方向性距离函数的实证分析 [J]. 经济学家，2011（12）：32-39.

⑤ 王兵，吴延瑞，颜鹏飞. 中国区域环境效率与环境全要素生产率增长 [J]. 经济研究，2010，45（5）：95-109.

但是当存在环境污染等非期望产出时，资源、能源消耗等与污染排放是密切相关且“不可分的”，两者呈现出同一径向变化，而劳动力、资本等要素投入和经济产出呈现“可分”、径向的关系，但 SBM 模型并不能处理投入和产出变量同时具有径向和非径向特征的情况（胡晓琳，2016），同时 SBM 模型加大了投入和产出变量之间最优松弛的对比，损失了前沿投影的原始比例信息，从而导致计算结果出现偏差（师博和沈坤荣，2012；高鸣和陈秋红，2014）①②。为此，Tone 和 Tsutsui（2010）提出了兼容径向比例和非径向两类距离函数的 EBM 模型③，不仅充分考虑要素投入目标值与要素投入实际值之间的径向比例，而且可以反映投入差异化的非径向松弛变量，可以较为真实地反映单元的环境效率水平（李兰冰和刘秉镰，2014）④。鉴于 EBM 模型的上述优点，国内学者也开始采用 EBM 模型对绿色全要素生产率进行测算。如李政大等（2017）基于 EBM-Luenberger 模型测算了考虑非期望产出的环境效率⑤。王晓岭等（2015）将资源约束和环境绩效纳入全要素生产率测算框架，结合调整的 EBM 模型等构建了国家绿色增长指数⑥。高鸣（2017）运用 EBM 模型和 GML 指数分析了河南省小麦生产率的变化⑦。蔡乌赶和周小亮（2017）运用非期望产出的 EBM-DDF 模型测度了中国 30 个省域 2003~2014 年的绿色全要素生产率⑧。

---

① 师博，沈坤荣. 城市化、产业集聚与 EBM 能源效率［J］. 产业经济研究，2012（6）：10-16.

② 高鸣，陈秋红. 贸易开放、经济增长、人力资本与碳排放绩效——来自中国农业的证据［J］. 农业技术经济，2014（11）：101-110.

③ Tone K.，Tsutsui M. An Epsilon-based Measure of Efficiency in DEA—A Third Pole of Technical Efficiency［J］. European Journal of Operational Research，2010，207（3）：1554-1563.

④ 李兰冰，刘秉镰. 中国高技术产业的效率评价与成因识别［J］. 经济学动态，2014（9）：56-65.

⑤ 李政大，袁晓玲，苏玉波. 中国经济发展方式转型效果评估——基于 EBM-Luenberger 模型［J］. 财贸经济，2017，38（1）：21-33.

⑥ 王晓岭，武春友，于文嵩. 绿色增长驱动因素的国际比较研究——基于“20 国集团（G20）”面板数据的实证检验［J］. 北京理工大学学报（社会科学版），2015，17（6）：12-20.

⑦ 高鸣. 脱钩收入补贴对小麦生产率有影响吗？——基于农户的微观证据［J］. 中国农村经济，2017（11）：47-61.

⑧ 蔡乌赶，周小亮. 中国环境规制对绿色全要素生产率的双重效应［J］. 经济学家，2017（9）：27-35.

4.1.2 本书绿色全要素生产率测算方法

本书采用非参数混合径向 EBM 模型同时结合 Malmquist-Luenberger 生产率指数对城市绿色全要素生产率进行测度分析。

Fare 等（2007）定义的环境技术函数是包含了环境技术的生产可能性集合①，其不仅包括了决策单元好的产出，也包括了决策单元的非期望产出。假定每一城市为一个决策单元（DMU），共有 K（k=1，2，3，…）个决策单元，并在时间 T（t=1，2，…）内进行生产。每个城市使用 N 种投入要素 $[x=(x_1, x_2, \cdots, x_N) \in R_n^+]$，生产 M 种期望产出 $[y=(y_1, y_2, \cdots, y_M) \in R_m^+]$ 和 I 种非期望产出 $[b=(b_1, b_2, \cdots, b_N) \in R_I^+]$，用 P（x）表示环境技术函数的生产可能性集合：

$$P(x)=\{(y,b): x \to (y,b)\}, \in R_N^+ \tag{4-1}$$

假设生产可能性集合满足闭集和凸集、联合弱可处置性、零结合性、期望产出与投入的强可处置性、非期望产出弱可处置性，运用数据包络分析法（DEA），生产可能性集合可模型化为：

$$P^t(x^t)=\left\{(y^t,b^t): \sum_{k=1}^{K} z_k^t y_{km}^t \geq y_{km}^t, \sum_{k=1}^{K} z_k^t b_{ki}^t \leq b_{ki}^t, \sum_{k=1}^{K} z_k^t x_{kn}^t \leq x_{kn}^t\right\} \tag{4-2}$$

其中，$\sum_{k=1}^{K} z_k^t$ 表示横截面观察值的权重，若 $\sum_{k=1}^{K} z_k^t=1$，表示规模报酬可变（VRS）。

Tone 和 Tsutsui（2010）提出的兼容径向比例和非径向两类距离函数的 EBM 模型如下（胡晓琳，2016；蔡乌赶和周小亮，2017）：

$$\gamma^* = \min\theta - \varepsilon_x \sum_{i=1}^{m} \frac{w_i^- s_i^-}{x_{ik}}$$

$$\text{s.t.} \sum_{j=1}^{n} x_{ij}\lambda_j + s_i^- = \theta x_{ik}, i=1,\cdots,m$$

$$\sum_{j=1}^{n} y_{rj}\lambda_j \geq y_{rk}, r=1,\cdots,s$$

① Färe R., Grosskopf S., Jr C. A. P. Environmental Production Functions and Environmental Directional Distance Functions [J]. Energy, 2007, 32 (7): 1055-1066.

$$\lambda_j \geqslant 0, \bar{s_i} \geqslant 0 \tag{4-3}$$

其中，γ^*表示规模报酬可变下的 EBM 模型的最佳效率值，$0 \leqslant \gamma^* \leqslant 1$，$x_{ik}$表示第 k 个决策单元的第 i 种投入，$y_{rk}$表示第 k 个决策单元的第 r 种产出，m 和 s 分别表示投入、产出数量，λ 表示参考单元的相对重要程度，θ 表示径向部分的规划参数，$\bar{s_i}$ 表示第 i 个投入要素的松弛变量，$\bar{w_i}$ 表示的各个投入指标的相对重要程度，满足 $\sum_{i=1}^{m} \bar{w_i} = 1$，$\varepsilon_x$ 表示综合径向 θ 和非径向松弛变量的参数，等于 0 相当于径向模型，等于 1 相当于 SBM 模型。

由于本书涉及污染排放等非期望产出，参考胡晓琳(2016)，将式(4-3)扩展为基于非期望产出的 EBM 模型：

$$\overrightarrow{E_V^t}(x_k^t, y_k^t, b_k^t) = \gamma^* = \min \frac{\theta - \varepsilon_x \sum_{i=1}^{m} \frac{\bar{w_i}\, \bar{s_i}}{x_{ik}}}{\varphi - \varepsilon_y \sum_{r=1}^{s} \frac{w_r^+ s_r^+}{y_{rk}} + \varepsilon_b \sum_{p=1}^{q} \frac{w_p^{b-} s_p^{b-}}{b_{pk}}}$$

$$\text{s. t.} \quad \sum_{j=1}^{n} x_{ij}\lambda_j + \bar{s_i} = \theta_{ik}, i = 1, \cdots, m$$

$$\sum_{j=1}^{n} y_{ij}\lambda_j - s_i^+ = \varphi y_{rk}, r = 1, \cdots, s$$

$$\sum_{p=1}^{n} b_{ij}\lambda_j + s_p^{b-} = \varphi b_{tk}, p = 1, \cdots, q$$

$$\lambda_j \geqslant 0, s_i^-, s_r^+, s_p^{b-} \geqslant 0 \tag{4-4}$$

其中，E_V^t 表示规模报酬可变条件下的方向距离函数，b_{tk}表示第 k 个决策单元的第 t 种非期望产出，S_r^+ 和 S_p^{b-} 分别表示第 r 种期望产出和第 p 种非期望产出的松弛量，w_r^+ 和 w_p^{b-} 分别表示第 r 种期望产出和第 p 种非期望产出指标的权重。

根据方向距离函数，基于产出角度构造了从 t 期到 t+1 期的 Malmquist-Luenberger 指数如下：

$$ML(x^{t+1}, y^{t+1}, b^{t+1}; x^t, y^t, b^t) =$$

$$\left[\frac{\overrightarrow{E_V^t}(x^{t+1}, y^{t+1}, b^{t+1})}{\overrightarrow{E_V^t}(x^t, y^t, b^t)} \times \frac{\overrightarrow{E_V^{t+1}}(x^{t+1}, y^{t+1}, b^{t+1})}{\overrightarrow{E_V^{t+1}}(x^t, y^t, b^t)}\right]^{1/2} =$$

$$\frac{\overrightarrow{E_V^{t+1}}(x^{t+1},y^{t+1},b^{t+1})}{\overrightarrow{E_V^{t}}(x^{t},y^{t},b^{t})}\times\left[\frac{\overrightarrow{E_V^{t}}(x^{t+1},y^{t+1},b^{t+1})}{\overrightarrow{E_V^{t+1}}(x^{t+1},y^{t+1},b^{t+1})}\times\frac{\overrightarrow{E_V^{t}}(x^{t},y^{t},b^{t})}{\overrightarrow{E_V^{t+1}}(x^{t},y^{t},b^{t})}\right]^{1/2}= \quad (4-5)$$

$$TECH(x^{t+1},y^{t+1},b^{t+1};x^{t},y^{t},b^{t})\times EFFCH(x^{t+1},y^{t+1},b^{t+1};x^{t},y^{t},b^{t})$$

其中，ML 表示 Malmquist-Luenberger 指数，TECH 表示 t 期到 t+1 期的绿色技术进步变化，EFFCH 表示 t 期到 t+1 期的绿色技术效率变化。若 ML、TECH、EFFCH 指数大于 1，分别表示该城市 t 期到 t+1 期的绿色全要素生产率增长、绿色技术进步水平提高、绿色技术效率改善；若 ML、TECH、EFFCH 指数小于 1，分别表示该城市 t 期到 t+1 期的绿色全要素生产率下降、绿色技术进步水平下降、绿色技术效率恶化。绿色技术进步与绿色技术效率改善是绿色全要素生产率增长的源泉，其中绿色技术进步主要是指由于重大技术研发创新或者引进比较先进的技术而引起的生产可能性边界外移。而绿色技术效率改善主要是指由于出台利好政策或者制度重大改革等，导致要素资源配置效率得到提高，进而促进生产状况向生产最前沿靠近。

4.2　绿色全要素生产率测度指标选取

4.2.1　样本选取与数据来源

本书选择全国 1994~2015 年 268 个地级市数据作为研究样本进行绿色全要素生产率测算及实证分析。之所以将起始年份设定为 1994 年，主要是基于以下两个原因：①数据可得性。1994 年之前《中国城市统计年鉴》中许多指标缺失比较严重。②排除税费改革政策对绿色全要素生产率影响的干扰性。我国于 1994 年进行了分税制改革，而分税制对经济发展的影响已得到诸多学者证实，若将 1994 年之前样本纳入进来，可能会导致后文实证分析估计结果受到分税制改革政策的影响而不准确。

选取 268 个地级市而没有选取全部地级市是基于以下几个原因：①一些地级市划分到其他城市管辖，如 2011 年巢湖市被撤销，设定县级巢湖市并由合肥市管辖；②一些地级市刚刚设立，如三沙市等；③一些地区升级为地级市，如2011年毕节和铜仁地区升级为毕节市和铜仁市等；④一些地级市主要经济变量数据缺失过多。综上所述，本书最终删除了吕梁市、呼伦贝尔市、乌兰察布市、鄂尔多斯市、巴彦淖尔市、呼和浩特市、抚州市、三沙市、贺州市、来宾市、崇左市、广安市、毕节市、铜仁市、定西市、庆阳市、陇南市、固原市、中卫市、丽江市、临沧市、巢湖市、拉萨市23个地级市，选取268个地级市数据作为样本进行实证分析。

本书数据来源于1994~2015年《中国城市统计年鉴》《中国统计年鉴》和各地级市统计年鉴，个别缺失值采用线性插值或者均值进行补充或代替。

4.2.2 投入指标选取

本书选取学者常用的资本和劳动要素作为生产投入指标。

4.2.2.1 劳动投入指标

鉴于我国城市并没有劳动时间统计数据，本书采用各城市年末从业人员数作为劳动投入指标，包括城市单位从业人员、私营和个体从业人员数。

4.2.2.2 资本投入指标

本书采用永续盘存法得到的城市固定资本存量表征资本要素投入指标，其计算方法为：

$$K_{it}=K_{it-1}(1-\delta)+I_{it} \tag{4-6}$$

其中，K_{it}表示第i城市t年的固定资本存量，I_{it}表示第i城市t年的新增固定资本投资，δ表示折旧率。

城市固定资本存量需要确定基期固定资本存量K_{i0}、新增固定资产投资I_{it}、折旧率δ和固定资产价格指数等变量。关于1994年基期城市固定资本存量，本书借鉴 Young（2003）[①]、单豪杰（2008）[②] 等的做法，采用基期固定资产投资额除以投资平均增长率与折旧率之和得到；单豪杰（2008）设定固定资产折旧率为 10.96%，本书同样设定城市固定资产折旧率 δ 为 10.96%；城市固定资产价格指数直接采用各省（区、市）固定资产价格指数，并将固定资产价格指数换算成以 1994 年为基期的固定资产价格指数；本书借鉴柯善咨和向娟（2012）[③] 的做法采用每前三年固定资产投资平均值表征新增固定资产投资，则式（4-6）变为：

$$K_{i0}=K_{it-1}(1-\delta)+\frac{1}{3}(I_{it}+I_{it-1}+I_{it-2}) \tag{4-7}$$

根据 1994 年基期固定资本存量、折旧率、新增固定资产投资和 1994 年为基期的固定资产价格指数，本书进一步按照永续盘存法计算得到 268 个地级市 1994~2015 年以 1994 年为基期的固定资本存量。

4.2.3 产出指标选取

4.2.3.1 期望产出

本书采用各地级市实际生产总值（GDP）表示期望产出，由于缺乏地级市层面的 GDP 平减指数，本书采用各省 GDP 平减指数，并将 GDP 平减指数换算成以 1994 年为基期的 GDP 平减指数，将地级市 GDP 调整为以 1994 年为基期的实际值。

4.2.3.2 非期望产出

非期望产出是指在城市工业生产和居民生活过程中产生的二氧化硫、烟粉尘、固体废弃物等各类污染物，鉴于数据的可获得性，本书选取工业二氧化硫排放量表征城市非期望产出。

---

① Young A. Gold into Base Metals：Productivity Growth in the People's Republic of China during the Reform Period [J]. Journal of Political Economy，2003，111（6）：1220-1261.

② 单豪杰. 中国资本存量 K 的再估算：1952~2006 年 [J]. 数量经济技术经济研究，2008（10）：17-31.

③ 柯善咨，向娟. 1996-2009 年中国城市固定资本存量估算 [J]. 统计研究，2012，29（7）：19-24.

4.3 绿色全要素生产率动态变化分析

4.3.1 全国绿色全要素生产率变化趋势

本书利用 MAX-DEA 软件测算了 268 个地级市 1994~2015 年 EBM-Malmquist-Luenberger 指数，结果显示，1994~2015 年整个样本期内绿色全要素生产率指数平均值为 0.997，期间绿色全要素生产率增长率年平均下降 0.3 个百分点。总体上来讲，我国经济发展方式呈现传统粗放特征，环境污染等对全要素生产率增长产生了一定影响。

为全面了解我国地级市绿色全要素生产率动态变化，笔者绘制了 1995~2015 年绿色全要素生产率平均值变化趋势，结果见图 4-1。从图 4-1 中可以看出，我国地级市绿色全要素生产率呈现先波动下降后稳步上升的变化趋势，大体可以划分为 1995~2005 年和 2006~2015 年两个阶段。

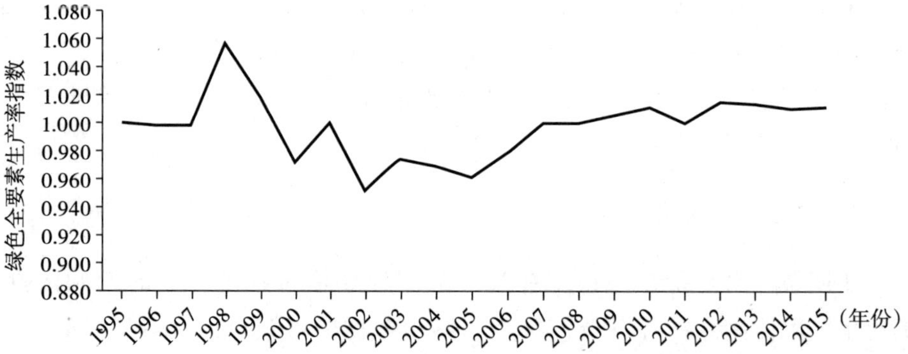

图 4-1 1995~2015 年绿色全要素生产率平均值变化趋势

1995~2005 年，我国地级市绿色全要素生产率指数平均值为 0.991，期间绿色全要素生产率增长率年平均下降 0.9 个百分点。同时本书注意到，1998 年绿色全要素生产率为 1.057，表明 1997~1998 年绿色全要素生产率增长了 5.7%，这可能是因为 1998 年我国出台了酸雨控制区与二氧化硫控制区“两控区”政策，对工业二氧化硫排放标准提出了更高的要求，环境污染处理技术得到较快提升，从而提高了绿色全要素生产率，但具体增长来源需要对绿色全要素生产率指数进行分解。而 2003~2005 年，我国地级市绿色全要素生产率下降趋势明显，三年平均值仅为 0.968，在该段时间内，我国经济总量规模持续提高，但是以高能耗、高污染为代价的。期间，采掘业、石油化工等重工业行业获得较快发展，污染排放量大幅增加（陈诗一，2009）。2003~2005 年，样本城市工业二氧化硫排放量从 1470 万吨增加到 1880 万吨，年均增加 13.1%。

2006~2015 年，我国地级市绿色全要素生产率指数呈现稳步上升趋势，年平均值为 1.004，期间绿色全要素生产率增长率年平均增长 0.4 个百分点。自 2005 年 12 月，国务院颁布《关于落实科学发展观加强环境保护的决定》之后，我国将环境保护工作提上了重要议程，主要表现在：2006 年“十一五”规划中确定了主要污染物总量控制目标，并将总量控制目标的完成情况与地方政府官员政绩挂钩，在一定程度上激发了地方政府加大环境保护的努力程度；党的十七大提出要转变经济发展方式，首次提出建设生态文明的战略任务，形成节约能源资源和保护生态环境的产业结构、增长方式和消费模式等；党的十八大再次将生态文明建设纳入中国特色社会主义“五位一体”总体布局，凸显了党和政府对环境污染治理的决心。该期间内，我国严格控制高耗能、高污染、高投入、低增加值相关污染密集型行业的投资，大力推进产业结构调整；同时开展了一系列的环保整治专项活动，加大企业偷排偷放处罚力度，提高污染排放标准和空气质量标准等，极大地降低了污染物排放量。2006~2015 年，样本城市工业二氧化硫排放量从 1860 万吨下降到 1330 万吨。同时，我们注意到 2010~2011 年我国绿色全要素生产率增长率有所下降，这可能与 2010 年我国出台的“四万亿”刺激计划有关，虽然实现了经济规模总量的提高，但也在一定程度上带来了过剩产能，从而降低了绿色全要素生产率增长率。

本书进一步研究了 1995~2015 年各个城市绿色全要素生产率表现的差异性，考察了期间有多少城市绿色全要素生产率得到改善、有多少城市绿色全要素生产率出现下降。统计分类结果见表 4-1。与绿色全要素生产率变化趋势类似，在 2006 年之前，绿色全要素生产率指数大于 1 的城市数量和比例呈现下降趋势，而在 2006 年之后，绿色全要素生产率指数大于 1 的城市数量和比例呈现稳步上升趋势。其中，2015 年绿色全要素生产率指数大于1的城市数量达到了170个，占样本城市的63.43%，意味着有超过一半的城市绿色全要素生产率得到了增长，我国城市经济增长质量正在稳步提高，绿色经济转型正在逐步推进与实现。

表4-1　1995~2015年绿色全要素生产率增长城市分类

年份	GTFP≥1		GTFP<1	
	绝对数（个）	占比（%）	绝对数（个）	占比（%）
1995	157	58.58	111	41.42
1996	141	52.61	127	47.39
1997	133	49.63	135	50.37
1998	181	67.54	87	32.46
1999	159	59.33	109	40.67
2000	113	42.16	155	57.84
2001	139	51.87	129	48.13
2002	80	29.85	188	70.15
2003	99	36.94	169	63.06
2004	89	33.21	179	66.79
2005	83	30.97	185	69.03
2006	122	45.52	146	54.48
2007	147	54.85	121	45.15
2008	152	56.72	116	43.28
2009	158	58.96	110	41.04
2010	189	70.52	79	29.48
2011	136	50.75	132	49.25
2012	191	71.27	77	28.73
2013	150	55.97	118	44.03
2014	178	66.42	90	33.58
2015	170	63.43	98	36.57

资料来源：笔者测算整理。

4.3.2 全国绿色全要素生产率分解

绿色技术进步水平提高和绿色技术效率改善是绿色全要素生产率增长的主要源泉，本书进一步将绿色全要素生产率分解为绿色技术进步指数和绿色技术效率指数，以考察1995~2015年我国地级市绿色全要素生产率增长的来源，分解结果见表4-2。结果显示，我国地级市1995~2005年绿色全要素生产率下降主要源于绿色技术进步水平（TECH）恶化，在此期间，绿色技术进步水平平均值为0.996，年均下降约0.4%。同时，本书注意到1998年绿色技术进步值为1.064，表明1998年绿色全要素生产率增长主要得益于绿色技术进步水平的提高，进一步验证了上文假设。

表4-2 1995~2015年绿色全要素生产率及其分解

年份	GTFP	EFFCH	TECH
1995	1.000	0.984	1.016
1996	0.999	1.020	0.983
1997	0.998	1.000	1.000
1998	1.057	0.997	1.064
1999	1.019	0.997	1.024
2000	0.972	0.997	0.978
2001	1.000	1.011	0.990
2002	0.952	1.056	0.903
2003	0.974	0.991	0.984
2004	0.969	0.982	0.989
2005	0.961	0.987	0.974
2006	0.978	1.019	0.962
2007	1.000	1.029	0.975
2008	1.000	0.952	1.052
2009	1.005	1.017	0.989
2010	1.011	0.999	1.012
2011	1.001	0.988	1.014
2012	1.015	1.006	1.011

续表

年份	GTFP	EFFCH	TECH
2013	1.013	1.045	0.973
2014	1.010	0.962	1.053
2015	1.011	1.034	0.979
平均值	0.997	1.003	0.996

资料来源：笔者测算整理。

绿色全要素生产率增长来源也呈现阶段变化特征，2006年之前，绿色全要素生产率增长主要源于绿色技术水平的提高，这可能是因为在前期企业治理污染更倾向于引进或更新先进污染处理技术以实现污染物达标排放，进而提高了绿色环保技术并促进了绿色全要素生产率增长；而2006年之后，绿色全要素生产率增长既来源于绿色技术水平的提高，也来源于绿色技术效率的改善，两者对绿色全要素生产率增长的贡献基本相当。在这段时期内，政府在加大环境规制力度的同时，给予环保研发一定的税收优惠和补贴，企业开始加大研发投入，开展绿色技术创新，推动了绿色技术水平的提高。同时，党和政府出台了一系列政策文件，推进环保管理、环境污染治理制度创新等，使企业劳动、资本、能源等要素配置效率得到提高，产生“追赶效应”，企业不断向生产前沿面接近，从而促进了绿色技术效率提高。

本书进一步对1995~2015年实现绿色全要素生产率改善的城市按照来源进行了分类统计，结果见表4-3。整体上来看，1995~2015年，我国地级市绿色全要素生产率得到改善的144个城市中，有97个城市绿色技术效率得到改善，占比67.36%，有115个城市绿色技术进步水平得到提高，占比79.86%，有68个城市既改善了绿色技术效率，同时也提升了绿色技术进步水平，占比47.22%，相比单纯的绿色技术进步和绿色效率改善城市占比，该比例偏低。从时间分段看，2006年之前，我国地级市绿色全要素生产率得到改善的城市中，平均有85个城市源自绿色技术效率的改善，占比68%，有90个城市源自绿色技术进步水平的提升，占比72%，两者均对城市绿色全要素生产率做出贡献的城市平均有50个，仅占比40%；2006年之后，我国地级市绿色全要素生产率得到改善的城市中，平均有104个城市绿色技术效率改善对绿色全要素生产率增长做出了贡献，占比65%，有108个城市绿色技术进步对绿色全要素生产率增长做出了贡献，占比 68%，两者均对城市绿色全要素生产率做出贡献的城市平均有 53 个，仅占比 33%。

表 4-3 绿色全要素生产率改善城市按来源分布

年份	GTFP≥1	EFFCH≥1		TECH≥1		EFFCH≥1 且 TECH≥1	
	绝对数（个）	绝对数（个）	占比（%）	绝对数（个）	占比（%）	绝对数（个）	占比（%）
1995	157	78	49.68	139	88.54	60	38.22
1996	141	119	84.40	83	58.87	61	43.26
1997	133	91	68.42	95	71.43	53	39.85
1998	181	101	55.80	155	85.64	75	41.44
1999	159	95	59.75	128	80.50	64	40.25
2000	113	76	67.26	79	69.91	42	37.17
2001	139	107	76.98	104	74.82	72	51.80
2002	80	77	96.25	15	18.75	12	15.00
2003	99	68	68.69	67	67.68	36	36.36
2004	89	60	67.42	70	78.65	41	46.07
2005	83	64	77.11	50	60.24	31	37.35
2006	122	90	73.77	66	54.10	34	27.87
2007	147	127	86.39	78	53.06	58	39.46
2008	152	38	25.00	150	98.68	36	23.68
2009	158	146	92.41	73	46.20	61	38.61
2010	189	118	62.43	165	87.30	94	49.74
2011	136	83	61.03	119	87.50	66	48.53
2012	191	99	51.83	155	81.15	63	32.98
2013	150	140	93.33	72	48.00	62	41.33
2014	178	48	26.97	166	93.26	36	20.22
2015	170	151	88.82	37	21.76	18	10.59
平均值	144	97	67.36	115	79.86	68	47.22

资料来源：笔者测算整理。

4.3.3 绿色全要素生产率区域比较

4.3.3.1 东中西部绿色全要素生产率比较

我国东中西部经济发展水平、发展方式、制度、自然与地理环境等存在较大差异，绿色全要素生产率是否也存在显著差异呢？本书首先考察了1995~2015年我国东中西部地级市绿色全要素生产率平均值差异[①]。①1995~2015年，我国东部地区地级市绿色全要素生产率平均值为1.019，表明东部地区地级市绿色全要素生产率得到显著改善，期间绿色全要素生产率年均增长1.9%；②1995~2015年，我国中部地区地级市绿色全要素生产率平均值为0.991，表明中部地区地级市绿色全要素生产率有所恶化，期间绿色全要素生产率年均下降0.9%；③1995~2015年，我国西部地区地级市绿色全要素生产率平均值为0.975，表明西部地区地级市绿色全要素生产率显著恶化，期间绿色全要素生产率年均下降2.5%。以上结果表明，1995~2015年，我国东中西部省份地级市绿色全要素生产率平均值存在显著差异，不存在条件收敛。整体上，只有东部省份得到改善，而中西部地区均有所恶化，西部地区恶化更为严重。这可能是因为我国东部省份相比中西部省份不仅具有先进环保技术优势，而且具有先进政策、制度、管理经验等，促进了绿色技术进步水平和绿色技术效率改善，均能显著促进绿色全要素生产率提高；中部地区经济发展仍然依靠高污染、高能耗、高投入等传统发展模式，产业结构单一，环境污染恶化，降低了绿色全要素生产率；而西部地区经济发展水平低，自然生态环境脆弱，同时西部地区在一定程度上承接了东部地区的污染密集型产业，从而导致环境污染恶化，环境效率和绿色全要素生产率下降。

因平均值只能观测到1995~2015年我国东中西部省份地级市绿色全要素生产率平均变化状况，而无法观察其动态变化，为此，本书进一步绘制了1995~2015年我国东中西部省份地级市绿色全要素生产率变化趋势，结

---

① 东部省份包括北京、天津、河北、辽宁、上海、江苏、浙江、福建、山东、广东和海南11个省份及所属地级市；中部地区包括山西、吉林、黑龙江、安徽、江西、河南、湖北、湖南8个省份及所属地级市；西部地区包括内蒙古、广西、重庆、四川、贵州、云南、陕西、甘肃、青海、宁夏、新疆11个省份及所属地级市（西藏除外）。

果见图4-2。结果显示，1995~2015年，我国东部省份地级市绿色全要素生产率指数几乎每年均显著高于中西部省份地级市绿色全要素生产率，且在2003年之后，东部省份绿色全要素生产率指数均大于1，一直处于绿色全要素生产率改善阶段。中部省份地级市绿色全要素生产率几乎每年均显著高于西部省份地级市绿色全要素生产率。西部绿色全要素生产率处于较低水平，但我们注意到2003年之后西部省份地级市绿色全要素生产率呈现显著上升趋势，且在2011年之后，绿色全要素生产率均大于1，绿色全要素生产率得到持续改善。这可能与我国推行的西部大开发战略有关，东部发达省份给予西部省份较多的环保技术支持，西部省份承接的产业转移也提高了劳动、资本等要素配置效率，促进了西部省份绿色技术进步水平的提高和绿色技术效率的改善，并进一步促进绿色全要素生产率提升。

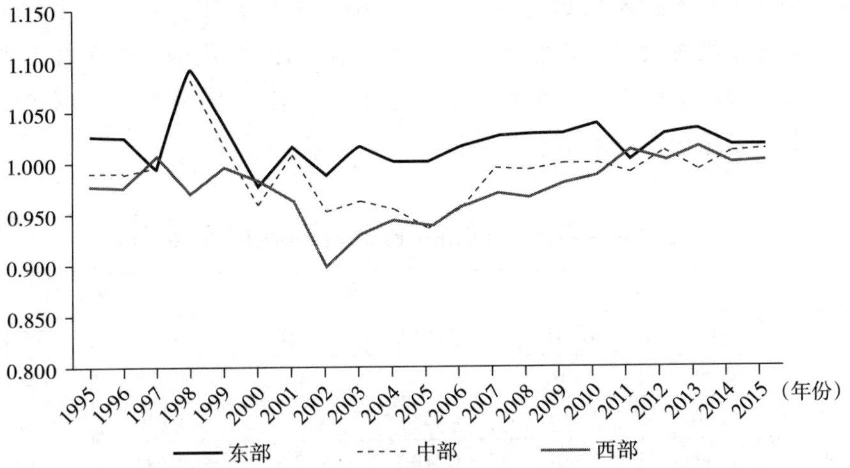

图4-2 1995~2015年东中西部绿色全要素生产率变化趋势

为了解我国东中西部省份地级市绿色全要素生产率增长或恶化来源，本书进一步将东中西部绿色全要素生产率指数分解为绿色技术进步指数和绿色技术效率改善指数，分解结果见表4-4。结果显示，对于东部省份地级市而言，1995~2015年，绿色技术进步指数平均值和绿色技术效率指数平均值均大于1，而且绿色技术进步指数平均值大于绿色技术效率指数平均值，意味着东部省份地级市绿色全要素生产率增长更多源自绿色技术水平的提升。从东部省份绿色技术进步指数与绿色技术效率指数动态变化看，大多数年份绿色技术进步指数大于绿色进步效率指数，进一步证实了东部地区城市绿色技术进步水平提高是绿色全要素生产率增长的主要因素。对于中部省份而言，1995~2015年，绿色技术进步指数平均值为0.990，小于1，绿色技术进步水平显著恶化，而绿色技术效率指数平均值为1.002，绿色技术效率得到微弱改善，表明期间中部省份绿色技术进步水平下降是导致绿色全要素生产率恶化的主要原因。从中部省份绿色技术进步指数与绿色技术效率指数动态变化看，绿色技术进步指数是否大于1决定了绿色全要素生产率是否大于1，表明对于中部省份地级市而言，提高绿色技术进步指数是提高绿色全要素生产率的关键。对于西部省份而言，1995~2015年，绿色技术进步指数平均值为0.973，小于1，绿色技术进步水平恶化严重，而绿色技术效率指数平均值为1.005，绿色技术效率呈现微弱改善，表明西部省份绿色技术进步水平下降是导致绿色全要素生产率恶化严重的主要原因。从西部省份绿色技术进步指数与绿色技术效率指数动态变化看，大多数年份绿色技术效率指数大于绿色技术进步指数，在2010年之前，绿色技术指数明显下降是绿色全要素生产率恶化的主要原因，在2010年之后，绿色效率指数的上升是绿色全要素生产率增长的主要源泉。

表4-4　1995~2015年我国东中西部绿色全要素生产率分解

年份	东部		中部		西部	
	EFFCH	TECH	EFFCH	TECH	EFFCH	TECH
1995	0.990	1.036	0.980	1.010	0.980	0.997
1996	1.018	1.008	1.023	0.971	1.019	0.961
1997	0.995	1.001	1.010	0.987	0.992	1.017
1998	0.991	1.110	1.003	1.080	0.997	0.975
1999	0.999	1.041	1.003	1.015	0.986	1.010
2000	1.012	0.966	0.984	0.979	0.993	0.992
2001	1.005	1.012	1.006	1.002	1.026	0.940
2002	1.081	0.917	1.052	0.905	1.026	0.877
2003	0.998	1.018	0.994	0.969	0.975	0.954
2004	0.971	1.032	0.984	0.971	0.995	0.952
2005	0.996	1.006	0.974	0.960	0.994	0.946
2006	1.026	0.992	0.999	0.958	1.039	0.925
2007	1.014	1.013	1.035	0.963	1.042	0.937

续表

年份	东部		中部		西部	
	EFFCH	TECH	EFFCH	TECH	EFFCH	TECH
2008	0.945	1.093	0.958	1.039	0.956	1.012
2009	1.021	1.007	1.017	0.983	1.010	0.971
2010	1.001	1.038	0.996	1.004	1.000	0.987
2011	0.975	1.029	0.984	1.008	1.012	0.999
2012	0.998	1.032	1.007	1.007	1.016	0.988
2013	1.057	0.979	1.022	0.973	1.059	0.965
2014	0.942	1.084	0.983	1.029	0.960	1.041
2015	1.040	0.978	1.039	0.976	1.018	0.985
平均值	1.004	1.019	1.002	0.990	1.005	0.973

资料来源：笔者测算整理。

4.3.3.2 省域绿色全要素生产率比较

东中西部绿色全要素生产率差异并不能反映区域内部省份是否存在差异，本书进一步测算了1995~2015年30个省份绿色全要素生产率及绿色技术进步和绿色技术效率平均值，以考察东中西部区域内部省份绿色全要素生产率是存在收敛趋势还是存在分化趋势，以及各省份绿色全要素生产率增长或下降的主要原因是什么。30个省份绿色全要素生产率及其分解平均值结果见表4-5。

表4-5 30个省份绿色全要素生产率及其分解平均值

省份	GTFP	EFFCH	TECH
北京	1.026	0.990	1.035
天津	1.047	1.008	1.039
河北	1.015	1.005	1.013
山西	0.985	1.005	0.983
内蒙古	0.993	1.003	0.992
辽宁	1.018	1.003	1.018
吉林	1.001	0.999	1.004

续表

省份	GTFP	EFFCH	TECH
黑龙江	0.986	1.010	0.979
上海	1.038	0.997	1.041
江苏	1.031	0.998	1.035
浙江	1.030	1.002	1.031
安徽	0.997	1.006	0.992
福建	1.014	0.999	1.017
江西	0.973	0.993	0.982
山东	1.024	1.004	1.023
河南	0.996	0.996	1.001
湖北	0.989	1.004	0.987
湖南	0.993	1.006	0.989
广东	1.006	1.008	1.002
广西	0.990	0.999	0.992
海南	1.019	1.027	0.995
重庆	1.006	0.976	1.032
四川	0.984	1.006	0.979
贵州	0.970	1.013	0.967
云南	0.956	0.999	0.960
陕西	0.963	1.002	0.966
甘肃	0.944	1.015	0.930
青海	0.990	0.996	0.994
宁夏	0.980	1.011	0.971
新疆	1.004	1.005	1.004

资料来源：笔者测算整理。

结果显示，1995~2015年我国东部地区所有省份绿色全要素生产率平均值均高于1，方差和变异系数分别为0.095和0.093，表明东部省份内部绿色全要素生产率存在一定的差异性，不存在俱乐部收敛①。1995~2015年，天津市绿色全要素生产率平均值达到了1.047，上海市、江苏省、浙江省绿

① 东部地区绝对β收敛计量估计系数为0.159，显著为正，表明东部地区绿色全要素生产率增长与其初始水平正相关，内部差距呈现扩大趋势。

色全要素生产率平均值分别为 1.038、1.031 和 1.030，均显著高于东部区域平均值。而广东省绿色全要素生产率平均值仅为 1.006，显著低于东部区域平均值。东部省份绿色全要素生产率增长源泉也存在明显差异，天津市、河北省、辽宁省、浙江省、山东省、广东省绿色技术效率指数和绿色技术进步指数均大于 1，除广东省外，其他地区绿色技术进步指数显著高于绿色技术效率指数，是天津市、河北省、辽宁省、浙江省、山东省绿色全要素生产率增长的主要贡献来源，而绿色技术效率改善是广东省绿色全要素生产率增长的主要原因；北京市、上海市、江苏省、福建省绿色技术效率指数小于 1，而绿色进步指数大于 1，表明绿色技术进步是上述省份绿色全要素生产率增长的主要原因；海南省绿色技术效率指数大于 1，而绿色技术进步指数小于 1，表明绿色技术效率改善是海南省绿色全要素生产率增长的主要原因。

1995~2015 年，除吉林省外，我国中部地区其他省份绿色全要素生产率平均值均小于 1，方差和变异系数分别为 0.100 和 0.101，表明中部省份内部绿色全要素生产率存在一定的差异性，不存在俱乐部收敛①。山西省、黑龙江省、江西省、湖北省绿色全要素生产率平均值分别为 0.985、0.986、0.973、0.989，期间绿色全要素生产率年平均下降速度分别为 1.5%、1.4%、2.7%、1.1%；吉林省绿色全要素生产率平均值分别为 1.001，略微有所改善；安徽省、河南省、湖南省绿色全要素生产率平均值分别为 0.997、0.996、0.993，略高于中部地区平均值。中部省份绿色全要素生产率下降原因也存在明显差异。具体来看，山西省、黑龙江省、安徽省和湖南省绿色技术效率指数大于 1，而绿色技术进步指数显著小于 1，表明绿色技术进步水平下降是上述地区绿色全要素生产率下降的主要原因；吉林省绿色技术进步指数大于 1，是绿色全要素生产率改善的源泉；江西省绿色技术进步指数和绿色技术效率指数均小于 1，但绿色技术指数仅为 0.982，恶化了江西省绿色全要素生产率；河南省绿色技术效率指数和绿色技术进步指数分别为 0.996 和 1.001，显然绿色技术效率恶化是河南省绿色全要素生产率下降的主要原因。

1995~2015 年，我国西部地区除重庆和新疆外，其他省份绿色全要素生产率平均值均小于 1，方差和变异系数分别为 0.116 和 0.119，表明西部省

① 中部地区绝对 β 收敛计量估计系数为 0.116，显著为正，表明中部地区绿色全要素生产率增长与其初始水平正相关，内部差距呈现扩大趋势。

份内部绿色全要素生产率差异性更为显著，不存在俱乐部收敛[①]。重庆和新疆绿色全要素生产率平均值分别为 1.006 和 1.004，绿色全要素生产率略微有所改善；内蒙古、广西、四川、青海、宁夏绿色全要素生产率平均值分别为 0.993、0.990、0.984、0.990、0.980，高于西部区域平均值；而贵州、云南、陕西、甘肃绿色全要素生产率平均值分别为 0.970、0.956、0.963、0.944，显著低于西部区域平均值。

西部省份绿色全要素生产率下降原因也存在明显差异。具体来看，内蒙古、四川、贵州、陕西、甘肃和宁夏绿色技术效率指数大于 1，而绿色技术进步指数显著小于 1，绿色技术进步水平下降导致上述地区绿色全要素生产率显著下降；重庆绿色技术进步指数大于 1，是绿色全要素生产率改善的主要原因；广西、云南和青海绿色技术进步指数和绿色技术效率指数均小于 1，但绿色技术进步指数相比更低，恶化了上述地区绿色全要素生产率；新疆绿色技术效率指数和绿色技术进步指数分别为 1.005 和 1.004，显然绿色技术效率改善是新疆绿色全要素生产率增长的主要原因。

4.4 小　结

绿色全要素生产率测算是后文实证分析的基础，本章在介绍并比较了绿色全要素生产率测算主要方法的基础上，最终选取非参数混合径向 EBM 模型结合 Malmquist-Luenberger 指数对我国 268 个地级市 1994~2015 年绿色全要素生产率进行了测算。研究发现：

第一，1994~2015 年样本期内绿色全要素生产率指数平均值为 0.997，绿色全要素生产率年平均下降 0.3 个百分点；期间我国地级市绿色全要素生产率基本呈现先波动下降后稳步上升的变化趋势，大体可以划分为 1995~2005 年和 2006~2015 年两个阶段，2006 年之后绿色全要素生产率增长率年平均增长 0.4 个百分点；2015 年绿色全要素生产率指数大于 1 的城市数量达到了 170 个，占样本城市的 63.43%，表明我国大部分城市经济增长质量

① 西部地区绝对 β 收敛计量估计系数为 0.089，显著为正，表明西部地区绿色全要素生产率增长与其初始水平正相关，内部差距呈现扩大趋势。

正在稳步提高。

第二，进一步将绿色全要素生产率分解为绿色技术进步和绿色技术效率指数，发现 1995~2005 年绿色全要素生产率下降主要源于绿色技术进步水平恶化；绿色全要素生产率增长来源呈现阶段变化特征，2006 年之前，绿色全要素生产率增长主要源于绿色技术水平的提高，而在 2006 年之后，绿色全要素生产率增长主要源于绿色技术进步或绿色技术效率的改善，两者呈现同步改善的城市占比处于较低水平。

第三，1995~2015 年我国东中西部地级市绿色全要素生产率存在显著差异，不存在条件收敛。东部地区明显高于中部和西部地区；东部地区城市绿色技术进步水平提高是绿色全要素生产率增长的主要因素，对于中西部省份地级市而言，提高绿色技术进步指数是提升绿色全要素生产率的关键。

第四，东中西部区域内部省份绿色全要素生产率及绿色全要素生产率增长或恶化来源均存在显著差异，不存在俱乐部收敛，不同省份未来实现绿色全要素生产率提升的着力点应有所差异。

5　环境规制对绿色全要素生产率的影响

绿色全要素生产率作为衡量经济发展质量和绿色经济发展效率的重要测度指标，全面提高绿色全要素生产率是经济新形势下实现我国绿色经济转型和经济可持续发展的重要途径，是实现经济与生态协调共生的重要途径。为此，我国构建了一系列的环境治理、监督、管理机制体制，制定了“大气十条”“土十条”“水十条”等相关法律法规，2018 年 1 月 1 日起，《中华人民共和国环境保护税法》也正式实施。上述环境规制手段组合能否促进我国绿色全要素生产率提升，实现绿色经济转型呢？本章将以 1998 年我国实施的酸雨控制区和二氧化硫控制区“两控区”政策构造准自然实验，深入探讨环境规制对绿色全要素生产率的影响。

5.1　模型设定、变量说明与数据来源

5.1.1　模型设定

环境规制是社会性规制的一项重要内容，是指政府通过制定相应的政策与措施对企业经济活动进行调节，降低企业生产活动导致的环境污染负外部性，实现环境与经济协调发展（张红凤，2012）①。一个地区的环境规制往往是命令控制型、市场激励型和自愿参与型等环境规制类型的综合体，

① 张红凤. 环境规制理论研究［M］. 北京：北京大学出版社，2012：13.

在实证研究环境规制对经济社会变量，包括绿色全要素生产率的影响时，往往难以获取环境规制较为准确的指代变量。现有研究中，不同的学者采用不同的指标来度量环境规制：一是综合指数法。如林季红和刘莹（2013）、李梦洁和杜威剑（2014）、原毅军和谢荣辉（2015）综合二氧化硫去除率、工业烟粉尘去除率等各种指标构建了环境规制综合指数[①②③]。二是污染投资占企业运行成本比重。Lanoie 等（2008）、张成等（2011）、王勇等（2013）、范洪敏和穆怀中（2017）、穆怀中和范洪敏（2016）、陈超凡（2016）将治理工业污染总投资额占规模以上企业主营业务成本比重或工业增加值比重作为环境规制强度指标[④⑤⑥⑦⑧⑨]。三是污染投资绩效。闫文娟等（2012）采用污染治理投资占工业废水排放量[⑩]，张华等（2014）采用二氧化硫去除率衡量环境规制[⑪]。四是污染治理或排污费征收费用。如谭娟等（2011）采用工业污染源治理投资额[⑫]，雷明等（2013）、范洪敏和穆怀中

① 林季红，刘莹. 内生的环境规制："污染天堂假说"在中国的再检验［J］. 中国人口·资源与环境，2013（1）：13-18.

② 李梦洁，杜威剑. 环境规制与就业的双重红利适用于中国现阶段吗？——基于省际面板数据的经验分析［J］. 经济科学，2014（4）：14-26.

③ 原毅军，谢荣辉. FDI、环境规制与中国工业绿色全要素生产率增长——基于 Luenberger 指数的实证研究［J］. 国际贸易问题，2015（8）：84-93.

④ Lanoie P.，Patry M.，Lajeunesse R. Environmental Regulation and Productivity：Testing the Porter Hypothesis［J］. Journal of Productivity Analysis，2008，30（2）：121-128.

⑤ 张成，陆旸，郭路，于同申. 环境规制强度和生产技术进步［J］. 经济研究，2011（2）：113-124.

⑥ 王勇，施美程，李建民. 环境规制对就业的影响——基于中国工业行业面板数据的分析［J］. 中国人口科学，2013（3）：54-64.

⑦ 范洪敏，穆怀中. 环境规制对城镇二元劳动力就业的影响——基于劳动力市场分割视角［J］. 经济理论与经济管理，2017，36（2）：34-47.

⑧ 穆怀中，范洪敏. 环境规制对农民工就业的门槛效应研究［J］. 经济学动态，2016（10）：4-14.

⑨ 陈超凡. 中国工业绿色全要素生产率及其影响因素——基于 ML 生产率指数及动态面板模型的实证研究［J］. 统计研究，2016，33（3）：53-62.

⑩ 闫文娟，郭树龙，史亚东. 环境规制、产业结构升级与就业效应：线性还是非线性？［J］. 经济科学，2012（6）：23-32.

⑪ 张华，魏晓平. 绿色悖论抑或倒逼减排——环境规制对碳排放影响的双重效应［J］. 中国人口·资源与环境，2014（9）：21-29.

⑫ 谭娟，陈晓春. 基于产业结构视角的政府环境规制对低碳经济影响分析［J］. 经济学家，2011（10）：91-97.

(2017)、范洪敏(2017)采用排污费征收额来衡量环境规制强度[①][②][③]。上述学者基于不同的研究选取不同的指标作为环境规制的代理变量，均存在代理变量与研究变量的内生性问题，如环境污染治理成本在实际中比较难以清晰地界定，采用该指标衡量环境规制强度可能存在测量误差问题（Berman and Bui，2001）[④]，从而产生内生性问题。但到目前为止，学者也没有找到比较好的工具变量来处理内生性问题，导致现有实证估计结果多为有偏且不一致的，并没有准确、有效识别环境规制与经济社会变量之间的因果关系。我国于1998年设立的酸雨控制区和二氧化硫控制区“两控区”政策作为一次绝佳的外生冲击，本书将依托该准自然实验，采用DID（Difference in Difference）方法进行因果识别，得到环境规制对绿色全要素生产率影响净效应，来检验环境规制对绿色全要素生产率的影响。上述方法能够有效解决替代变量与研究变量存在内生性问题而导致的估计偏误问题，并得到更为稳健可靠的结论。

本书首先将不受“两控区”政策影响的城市设置为对照组，将划分为“两控区”并受“两控区”政策影响的城市设置为处理组。其次，以“两控区”政策实施年份为节点[⑤][⑥]，将样本的时间序列区间（1994~2015年）划分为“两控区”政策实施前、后两个时期。最后设置了treated和t两个哑变量，其中，变量trcated在处理组赋值为1，在对照组赋值为0，变量t在“两控区”政策实施之前（1994~1999年）赋值为0，在“两控区”政策实

① 雷明，虞晓雯．地方财政支出、环境规制与我国低碳经济转型［J］．经济科学，2013（5）：47-61.

② 范洪敏，穆怀中．环境规制对城镇二元劳动力就业的影响——基于劳动力市场分割视角［J］．经济理论与经济管理，2017，36（2）：34-47.

③ 范洪敏．环境规制会抑制农民工城镇就业吗［J］．人口与经济，2017（5）：45-46.

④ Berman E.，Bui L. T. M. Environmental Regulation and Productivity：Evidence from Oil Refineries［J］. Review of Economics & Statistics，2001，83（3）：498-510.

⑤ “两控区”政策出台的主要目标之一是控制二氧化硫排放总量，而且重点是限制火电企业的二氧化硫排放总量。国务院有关“两控区”政策答复文件中要求燃煤含硫量大于1%的火电企业在2000年之前必须安装脱硫设施。同时，《“两控区”酸雨和二氧化硫污染防治“十五”计划》中将计划基准年设定为2000年，要求2005年“两控区”内二氧化硫排放量比2000年减少20%，控制在1053.2万吨以内。此外，环境规制政策出台到正式实施具有一定的滞后性，虽然“两控区”政策在1998年出台，但政策实施的真正时间应滞后两年，设定为2000年。因此，本书借鉴史贝贝等（2017）的分析策略，将“两控区”政策实施设定为2000年。

⑥ 史贝贝，冯晨，张妍，杨菲．环境规制红利的边际递增效应［J］．中国工业经济，2017（12）：40-58.

施之后（2000~2015 年）赋值为 1。据此，本书设定基准回归方程如下：

$$GTFP_{it}=\beta_0+\beta_1 t_{it}+\beta_2 treated_{it}+\beta_3 TCZ_{it}+\sum control_{it}+\varepsilon_{it} \quad (5-1)$$

其中，$GTFP_{it}$表示第 i 城市 t 年的绿色全要素生产率水平，采用前文测算的各城市 EBM-Malmquist-Luenberger 指数来度量；β_1反映了“两控区”政策实施前后，除去“两控区”政策之外的其他不随时间变化的因素对于处理组城市绿色全要素生产率的影响。β_2反映了处理组城市绿色全要素生产率相对于对照组城市不随时间变化的差异；control 表示影响绿色全要素生产率的其他控制变量，包括产业集聚、劳均资本存量、人力资本水平等；ε_{it}表示随机扰动项，TCZ 表示 t * treated。

当 treated=0 时，只有参照组城市纳入回归方程中

$$GTFP_{it}=\beta_0+\beta_1 t_{it}+\sum control_{it}+\varepsilon_{it} \quad (5-2)$$

据此得到，当 t=0 时，$GTFP_{treated=0}=\beta_0$，当 t=1 时，$GTFP_{treated=0}=\beta_0+\beta_1$，则意味着参照组城市在 2000 年前后 GTFP 的单差值 $Diff_1=\beta_0+\beta_1-\beta_0=\beta_1$，可表示为排除“两控区”政策的其他政策的影响。

当 treated=1 时，只有对照组城市纳入回归方程中

$$GTFP_{it}=\beta_0+\beta_1 t_{it}+\beta_2 treated_{it}+\beta_3 TCZ_{it}\sum control_{it}+\varepsilon_{it} \quad (5-3)$$

据此得到，当 t=0 时，$GTFP_{treated=1}=\beta_0+\beta_2$，当 t=1 时，$GTFP_{treated=1}=\beta_0+\beta_1+\beta_2+\beta_3$，则意味着对照组城市在 2000 年前后 GTFP 的单差值 $Diff_2=\beta_0+\beta_1+\beta_2+\beta_3-\beta_0-\beta_2=\beta_1+\beta_3$，体现了“两控区”政策的影响 β_3和其他政策的影响 β_1。TCZ 表示双重差分估计量，$Diff=Diff_2-Diff_1=\beta_1+\beta_3-\beta_1=\beta_3$，回归系数 β_3反映了“两控区”政策实施对城市绿色全要素生产率的“净”效应。

为进一步控制城市固定效应和年份固定效应，同时检验结论的稳健性，本书另外设定基准回归方程如下：

$$GTFP_{it}=\alpha_0+\alpha_1 TCZ_{it}+\sum control_{it}+\mu_i+\delta_t+\varepsilon_{it} \quad (5-4)$$

其中，$GTFP_{it}$表示第 i 城市 t 年的绿色全要素生产率水平，采用前文测算的各城市 EBM-Malmquist-Luenberger 指数来度量[①]；TCZ 表示 t * treated，

① 需要说明的是，许多学者采用累积 GTFP 作为绿色全要素生产率水平，但其假定研究基期所有城市均为 1，这不仅不符合现实，而且可能会对双重差分估计结果产生较大影响。故本书借鉴李树和陈刚（2013）、王鹏和尤继红（2016）的做法采用测算的生产率指数表征绿色全要素生产率。

表示某城市在2000年之后是否属于“两控区”政策试点城市，若属于，取值为1，不属于，则为0；control表示影响绿色全要素生产率的其他控制变量，包括产业集聚、劳均资本存量、人力资本水平等；μ_i 表示城市固定效应，δ_t 表示年份固定效应，ε_{it}表示随机扰动项。

5.1.2 变量说明

被解释变量：绿色全要素生产率（GTFP）。本书采用前文笔者测算的各个城市的EBM-Malmquist-Luenberger指数来度量。该值越大，意味着该城市绿色全要素生产率增长越快，经济增长质量越高，绿色经济转型程度也越高。

核心解释变量：TCZ。TCZ取值为0或1分别意味着2000年之后该城市不属于“两控区”或属于“两控区”政策实施城市。

其他控制变量：本书主要考察环境规制对绿色全要素生产率的影响，在借鉴殷宝庆（2012）、李斌等（2013）、蔡乌赶和周小亮（2017）、原毅军和谢荣辉（2015）、陈超凡（2016）、魏守华等（2016）、于斌斌（2015）等学者研究的基础上①②③④⑤⑥⑦，同时鉴于城市数据的可获得性和完备性，本书选取的控制变量包括：

（1）产业集聚（agg）。城市产业空间集聚水平的提升不仅可以产生规模经济效应，形成专业化分工和产业关联，还可以产生技术外溢等促进城市绿色全要素生产率的提升。本书采用区位熵指数来衡量城市制造业集聚

① 殷宝庆. 环境规制与我国制造业绿色全要素生产率——基于国际垂直专业化视角的实证［J］. 中国人口·资源与环境，2012，22（12）：62-68.

② 李斌，彭星，欧阳铭珂. 环境规制、绿色全要素生产率与中国工业发展方式转变——基于36个工业行业数据的实证研究［J］. 中国工业经济，2013（4）：56-68.

③ 蔡乌赶，周小亮. 中国环境规制对绿色全要素生产率的双重效应［J］. 经济学家，2017（9）：27-35.

④ 原毅军，谢荣辉. FDI、环境规制与中国工业绿色全要素生产率增长——基于Luenberger指数的实证研究［J］. 国际贸易问题，2015（8）：84-93.

⑤ 陈超凡. 中国工业绿色全要素生产率及其影响因素——基于ML生产率指数及动态面板模型的实证研究［J］. 统计研究，2016，33（3）：53-62.

⑥ 魏守华，陈扬科，陆思桦. 城市蔓延、多中心集聚与生产率［J］. 中国工业经济，2016（8）：58-75.

⑦ 于斌斌. 产业结构调整与生产率提升的经济增长效应——基于中国城市动态空间面板模型的分析［J］. 中国工业经济，2015（12）：83-98.

水平，其中区位熵指数公式如下：

$$agg(t)=\frac{e_{ij}(t)}{\sum_{i} e_{ij}(t)}\Big/\frac{\sum_{j} E_{ij}(t)}{\sum_{i}\sum_{j} E_{ij}(t)}$$

其中，agg（t）表示 t 时期 i 城市制造业 j 的集聚水平，e_{ij}（t）表示 t 时期 i 城市制造业 j 的就业人数，$\sum_{i} e_{ij}(t)$ 表示 t 时期全国所有城市制造业 j 的就业人数；$\sum_{j} E_{ij}(t)$ 表示 t 时期 i 城市所有产业的就业人数，$\sum_{i}\sum_{j} E_{ij}(t)$ 表示 t 时期全国所有城市所有产业的就业总人数。

（2）要素禀赋结构（kl）。本书采用资本—劳动比指标衡量一个城市的要素禀赋结构，其中资本用永续存盘法得到的资本存量表示，劳动用年末从业人数衡量，资本—劳动比值的上升意味着城市资本深化水平的提高，可能会促进绿色全要素生产率的提升。

（3）对外开放程度（fdi）。随着经济全球化的不断深入，一个国家或地区可以通过外商直接投资获取国外先进的技术和知识，产生技术扩散效应、人力资本外溢效应、管理示范与市场竞争效应提高本国家或地区技术水平，促进绿色全要素生产率提高。但也有可能由于国内较为宽松的环境规制政策，而导致高污染、高耗能污染行业转移到我国，使我国成为“污染避难所”，从而抑制绿色全要素生产率提升。本书采用实际利用外商直接投资额占 GDP 比重衡量，其中实际利用外商直接投资额采用人民币对美元中间汇率进行换算，并用固定资产投资价格指数平减为 1994 年为基期水平。此外，城市地区生产总值同样采用国内生产总值指数平减为 1994 年为基期水平。

（4）人力资本水平（hc）。人力资本投资与知识积累可以提高物质资本等其他要素投入的边际生产率和使用效率，减缓其他要素投入边际生产率的下降趋势，产生外部效应，促进绿色全要素生产率持续提升。本书借鉴魏守华等（2016）的做法，采用高等学校在校学生人数占总人口比重衡量一个城市的人力资本水平。

（5）技术进步（rd）。技术进步与技术创新是提高总产出、降低能源消耗、实现资源集约有效利用、减少污染排放、提高绿色全要素生产率，最终实现绿色经济转型的根本动力。本书采用科学技术支出水平占地区财政支出水平比重来衡量一个地区的技术进步水平。

（6）产业结构升级（ui）。在我国，较高的资源和污染密集型产业比重是环境污染较为严重、生产率较低的原因之一。随着第三产业，尤其是高新技术产业等技术密集型产业的发展，生产要素从生产率较低的污染密集型产业转向生产率较高的清洁生产行业，并产生技术外溢效应，导致整体单位 GDP 能耗降低，污染排放减少，技术进步和技术效率提高，从而促进绿色全要素生产率提高。本书采用徐敏和姜勇（2015）构建的产业结构升级指数表征一个地区的产业结构升级程度①，其测算公式为 $ui = \sum_{i=1}^{3} x_i \times i$，其中 x_i 表示第 i 产业产值占 GDP 比重。

（7）人口密度（popd）。人口密度不仅反映了城市蔓延程度（魏守华等，2016），而且反映了人口空间集聚程度。人口空间密度的增加可能会促进资源有效利用，产生规模集聚效应，从而促进绿色全要素生产率提升。但人口空间密度的提高也可能会加大资源环境承载力并产生拥挤外部效应，从而不利于绿色全要素生产率提升。本书用年末总人口数除以市区行政面积衡量人口密度。

（8）政府干预程度（gov）。在财政分权体制下，地区的经济发展状况往往与政府官员晋升有较大关联，一个地区的政府往往会采用经济、行政和法律等手段对经济社会发展包括环境治理进行干预。张建华和李先枝（2017）研究发现，一个地区的政府干预程度越强，当地政府越倾向于采用行政命令型环境规制手段强迫企业进行污染治理，导致资源扭曲和资源错配，抑制绿色全要素生产率提升。由于政府行政和法律干预程度无法衡量，本书采用政府财政支出占 GDP 比重表征一个地区政府经济干预程度②。

5.1.3 数据来源

本书以“两控区”政策出台作为外生冲击并构造准自然实验，运用中国 268 个地级市 1994~2015 年面板数据，分析了环境规制对绿色全要素生

① 徐敏，姜勇．中国产业结构升级能缩小城乡消费差距吗？［J］．数量经济技术经济研究，2015，32（3）：3-21.

② 张建华，李先枝．政府干预、环境规制与绿色全要素生产率——来自中国 30 个省、市、自治区的经验证据［J］．商业研究，2017（10）：162-170.

产率的影响。本书所有指标来自 1994~2015 年《中国城市统计年鉴》、《中国统计年鉴》和各地级市统计年鉴，个别缺失值采用线性插值或者均值进行补充或代替。

5.2 实证分析

5.2.1 “两控区”与非“两控区”绿色全要素生产率变化趋势

在实证检验“两控区”政策对绿色全要素生产率影响之前，本书首先考察了“两控区”与非“两控区”城市 1994~2015 年绿色全要素生产率平均值、中位数、差值变化趋势，以从直观上观察“两控区”与非“两控区”城市的绿色全要素生产率在 2000 年之前是否存在共同变化趋势，而在 2000 年之后是否存在显著差异。

其中，图 5-1 为 1995~2015 年“两控区”与非“两控区”绿色全要素生产率平均数变化趋势。该图显示，1995 年“两控区”城市绿色全要素生产率平均值明显大于非“两控区”，而 1995 年之后两者变化趋势基本一致。

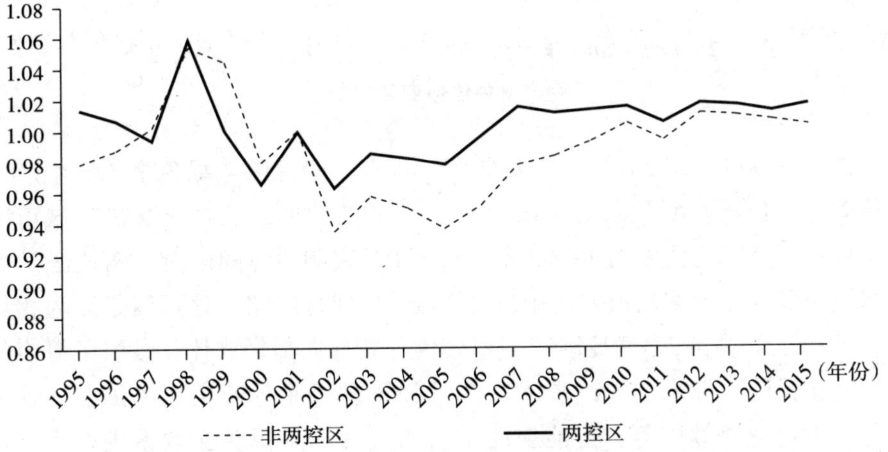

图 5-1　1995~2015 年“两控区”与非“两控区”绿色全要素生产率平均数变化趋势

1998~2000年，非“两控区”城市绿色全要素生产率平均值大于“两控区”城市，2001年之后，“两控区”城市绿色全要素生产率平均值开始逐渐大于并一直大于非“两控区”城市绿色全要素生产率。

图5-2为1995~2015年“两控区”与非“两控区”绿色全要素生产率中位数变化趋势。该图显示，1995年“两控区”城市绿色全要素生产率中位数值明显大于非“两控区”，1995年之后两者变化趋势基本一致。与平均值变化趋势类似，1998~2000年，非“两控区”城市绿色全要素生产率中位数值大于“两控区”城市，2001年之后，“两控区”城市绿色全要素生产率中位数值开始逐渐大于也基本上一直大于非“两控区”城市绿色全要素生产率。

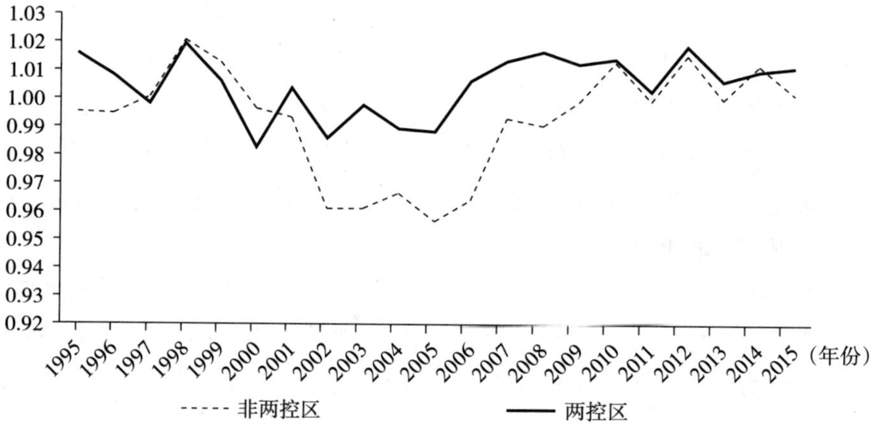

图5-2　1995~2015年“两控区”与非“两控区”绿色全要素生产率中位数变化趋势

图5-3为1995~2015年“两控区”与非“两控区”绿色全要素生产率均值差与中位数差变化趋势。该图显示，1995~1996年“两控区”城市绿色全要素生产率均值差与中位数差均大于0，表明该时间段内“两控区”城市绿色全要素生产率均值差与中位数大于非“两控区”，这可能是因为相比非“两控区”城市，“两控区”城市多为外贸导向型经济体，吸引了更多的外商直接投资，带来的先进技术、知识和管理经验等产生技术扩散、管理示范与市场竞争效应等，可能提高了“两控区”的绿色全要素生产率。除1998年“两控区”城市与非“两控区”城市绿色全要素生产率均值差大于0外，1997~2000年，“两控区”城市与非“两控区”城市绿色全要素生产

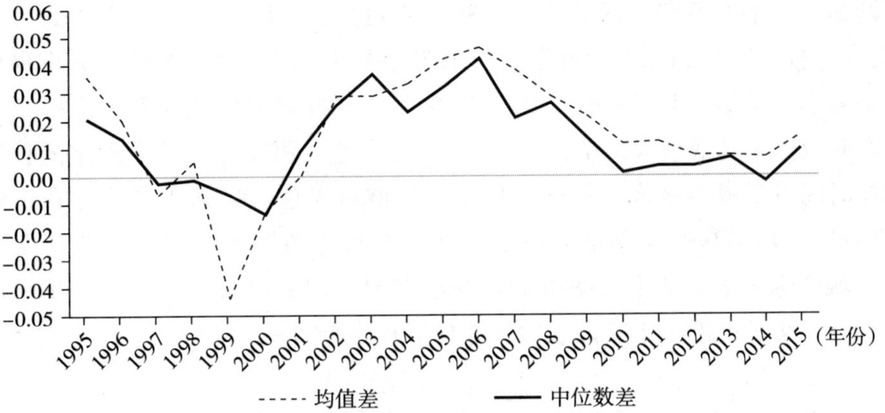

图 5-3　1995~2015 年"两控区"与非"两控区"绿色全要素生产率均值差与中位数差变化趋势

率均值差和中位数差均小于 0，意味着非"两控区"城市绿色全要素生产率高于"两控区"城市，这可能是因为该时间段内外商直接投资减少，样本中"两控区"城市实际利用外商直接投资额占 GDP 比重由 1996 年的 3.68% 下降为 2000 年的 2.33%，这意味着"两控区"城市享受外商直接投资带来的技术进步、管理示范和竞争效应降低，从而导致"两控区"城市绿色全要素生产率出现短暂下降①。而 2001~2015 年，"两控区"与非"两控区"城市绿色全要素生产率均值差与中位数差值基本均大于 0。具体来看，2001~2009 年，"两控区"与非"两控区"城市绿色全要素生产率均值差与中位数差值明显，呈现先上升后下降的倒"U"型变化趋势，而 2010~2015 年，"两控区"与非"两控区"城市绿色全要素生产率均值差与中位数差值

---

① 这里需要说明的是：1997~2000 年，"两控区"城市和非"两控区"城市实际利用外商直接投资均出现下降，其中非"两控区"城市实际利用外商直接投资额占 GDP 比重从 1996 年的 2.50%下降为 1.87%，相比"两控区"城市下降幅度较小；2000 年之后，整体上"两控区"城市外商直接投资占 GDP 比重不断下降，而非"两控区"城市外商直接投资占 GDP 比重不断上升；"两控区"城市与非"两控区"城市实际利用外商直接投资开始出现下降是在 1997 年，是在实施"两控区"政策前一年，这表明该时间段内外商直接投资下降不一定是由《酸雨控制区和二氧化硫污染控制区划分方案》和《国务院关于酸雨控制区和二氧化硫污染控制区有关问题的批复》文件出台导致的，而可能更多是 1997 年爆发的亚洲金融危机导致的，因此在本章后文实证分析"两控区"政策对绿色全要素生产率影响净效应时不仅需要加入外商直接投资作为重要控制变量，而且需要剔除亚洲金融危机的影响。同时，在第 6 章需要进一步详细讨论环境规制是否会通过外商直接投资渠道影响绿色全要素生产率提升。

逐渐缩小，基本不存在显著差异。初步表明：①“两控区”政策正式实施后，“两控区”城市绿色全要素生产率明显提升，与非“两控区”城市绿色全要素生产率形成明显差异；②“两控区”政策对绿色全要素生产率影响存在时效性，其效应大约会在2010年，也就是“两控区”政策设定的长期目标时间点变得不显著；③非“两控区”城市绿色全要素生产率存在追赶“两控区”城市绿色全要素生产率趋势，表明“两控区”城市对非“两控区”城市绿色全要素生产率可能存在辐射和空间溢出效应。上述初步结论还有待后文进行进一步实证检验，并分析具体原因。

5.2.2 “两控区”政策对绿色全要素生产率的直接影响

5.2.2.1 “两控区”政策对绿色全要素生产率的直接影响：DID方法估计

本书首先运用双向固定效应模型分别考察了“两控区”政策对经济增长和工业二氧化硫排放的影响，检验“两控区”政策实施能否实现环境质量改善与经济增长“双赢”，回归估计结果见表5-1。结果显示，当回归方程未纳入任何控制变量时（表5-1中模型1和模型3），“两控区”政策变量TCZ回归估计系数分别在1%显著性水平上为正和为负；而当回归方程纳入产业集聚、禀赋结构等控制变量时（表5-1中模型2和模型4），“两控区”政策变量TCZ回归估计系数仍然分别在1%水平上显著为正和显著为负。从估计系数大小看，“两控区”政策实施后，“两控区”城市人均GDP提高了大约1.9%，而“两控区”城市工业二氧化硫排放量降低了24.3%。上述回归估计结果表明，“两控区”政策的实施不仅降低了工业二氧化硫排放，而且促进了城市经济增长，意味着实施严格的环境规制不仅不会抑制中国经济增长，反而会在改善环境质量的同时实现经济同步增长的“双赢”。

表5-1 “两控区”政策对经济增长和工业二氧化硫排放影响估计结果

变量	模型1 lnGDP	模型2 lnGDP	模型3 $lnSO_2$	模型4 $lnSO_2$
TCZ	0.0245*** (8.100)	0.0191*** (6.360)	-0.366*** (-11.58)	-0.243*** (-7.706)

续表

变量	模型 1 lnGDP	模型 2 lnGDP	模型 3 $lnSO_2$	模型 4 $lnSO_2$
agg	—	0. 00648 *** (2. 906)	—	0. 0523 ** (2. 238)
kl	—	0. 0199 *** (13. 51)	—	−0. 00211 (−0. 137)
hc	—	0. 334 *** (4. 528)	—	−10. 61 *** (−13. 73)
fdi	—	0. 0524 ** (1. 963)	—	1. 525 *** (5. 454)
popd	—	0. 00807 *** (2. 768)	—	−0. 0141 (−0. 462)
ui	—	0. 0689 *** (7. 459)	—	−0. 848 *** (−8. 757)
rd	—	0. 394 *** (5. 561)	—	−2. 535 *** (−3. 412)
gov		−0. 148 *** (−9. 819)		−0. 0954 (−0. 605)
城市固定效应	YES	YES	YES	YES
年份固定效应	YES	YES	YES	YES
常数项	4. 488 *** (1440)	4. 124 *** (162. 9)	9. 681 *** (297. 4)	11. 54 *** (43. 49)
N	5896	5896	5896	5896
R^2	0. 995	0. 995	0. 295	0. 346

注：*** 、** 分别表示在 1%、5%水平上显著；括号内为 T 值。

本书进一步采用 OLS 回归估计模型和双向固定效应模型对“两控区”政策对绿色全要素生产率的影响进行了实证分析，具体检验结果见表 5−2。其中，模型 1 至模型 3 为 OLS 估计结果，模型 1 为未加入控制变量和城市哑变量、年份哑变量的估计结果，模型 2 为未加入控制变量但加入城市哑变量、年份哑变量的估计结果，模型 3 为加入产业集聚、禀赋结构、对外开放程度、人力资本、技术进步等影响绿色全要素生产率的控制变量的估计结果。估计结果均显示，“两控区”政策 TCZ（t * treated）变量在 1%水平上显著为正。表5-2中，模型4和模型5为双向固定效应回归估计结果。结果显示，“两控区”政策TCZ同样在1%显著性水平上为正。模型1至模型5估计结果显示，“两控区”政策实施后，“两控区”城市绿色全要素生产率得到较快提高，意味着环境规制对绿色全要素生产率具有显著促进作用。综合“两控区”政策对经济增长、工业二氧化硫排放和绿色全要素生产率的影响估计结果，我们可以发现，严格的环境规制不仅可以促进经济增长、降低污染物排放、改善环境质量，还可以促进绿色全要素生产率提升，实现经济增长质量提高和绿色经济转型，最终实现多赢。

表5-2 “两控区”政策对绿色全要素生产率影响估计结果（DID估计）

变量	模型1 GTFP	模型2 GTFP	模型3 GTFP	模型4 GTFP	模型5 GTFP
TCZ	0.0175*** (2.671)	0.0175*** (2.828)	0.0169*** (2.644)	0.0175*** (2.828)	0.0197*** (3.093)
t	-0.0326*** (-6.510)	0.00146 (0.160)	-0.0924*** (-14.74)	—	—
treated	0.00210 (0.367)	0.0135 (0.442)	-0.0120** (-2.136)	—	—
agg	—	—	0.00832*** (2.759)	—	0.0119*** (2.603)
kl	—	—	0.0248*** (15.51)	—	0.0205*** (6.640)
hc	—	—	0.249*** (2.664)	—	0.145 (0.959)
fdi	—	—	-0.00352 (-0.0953)	—	-0.0526 (-0.901)
popd	—	—	0.0101*** (5.764)	—	0.00566 (0.932)
ui	—	—	-0.00491 (-0.410)	—	-0.0268 (-1.382)
rd	—	—	0.329*** (2.806)	—	-0.0230 (-0.163)

续表

变量	模型 1 GTFP	模型 2 GTFP	模型 3 GTFP	模型 4 GTFP	模型 5 GTFP
gov	—	—	-0.0619*** (-2.947)	—	-0.0347 (-1.144)
城市固定效应	NO	YES	NO	YES	YES
年份固定效应	NO	YES	NO	YES	YES
常数项	1.013*** (232.0)	1.009*** (45.35)	0.735*** (27.60)	1.000*** (167.7)	0.838*** (15.33)
N	5628	5628	5628	5628	5628
R^2	0.015	0.166	0.090	0.056	0.066

注：***、** 分别表示在1%、5%水平上显著；括号内为T值。

从控制变量估计结果看，产业集聚水平的提高有助于促进城市绿色全要素生产率的提高；随着资本—劳动比水平的提高，资本深化程度不断加深，显著促进了城市绿色全要素生产率提高；人力资本水平估计系数在1%水平通过显著性检验，表明提高人力资本水平是促进城市绿色全要素生产率的重要着力点；技术进步估计系数显著为正，说明加大研发投入，提高科技水平有助于促进绿色全要素生产率，而政府干预估计系数显著为负，意味着政府过多的经济干预会阻碍绿色全要素生产率提高。

按照“两控区”的划分标准，可以将“两控区”具体划分为“酸雨控制区”和“二氧化硫控制区”，两类不同控制区对绿色全要素生产率的影响可能存在差异。为考察两类不同控制区所产生的环境规制效应及其差异，本书进一步采用双向固定效应模型分析了“酸雨控制区”和“二氧化硫控制区”对城市绿色全要素生产率的影响，具体结果见表5-3。其中，模型1和模型2为二氧化硫控制区设立对绿色全要素生产率影响估计结果，回归估计结果显示，二氧化硫控制区设立对城市绿色全要素生产率具有显著的促进作用，在逐步加入其他控制变量之后，二氧化硫控制区设立对城市绿色全要素生产率的促进作用仍然显著。模型3和模型4为酸雨控制区设立对城市绿色全要素生产率影响估计结果，回归估计结果显示，酸雨控制区设立对城市绿色全要素生产率同样具有促进作用，但并不显著，在逐步加入其他控制变量之后，酸雨控制区设立对城市绿色全要素生产率的促进作用也仍然不显著。

表 5-3 酸雨控制区与二氧化硫控制区对绿色全要素生产率影响估计结果

变量	模型 1 GTFP	模型 2 GTFP	模型 3 GTFP	模型 4 GTFP
$tczSO_2$	0.0214 *** (2.905)	0.0220 *** (2.960)	—	—
tczacid	—	—	0.00253 (0.398)	0.00361 (0.560)
agg	—	0.0126 *** (2.760)	—	0.0126 *** (2.738)
kl	—	0.0200 *** (6.489)	—	0.0200 *** (6.466)
hc	—	0.163 (1.078)	—	0.211 (1.407)
fdi	—	-0.0612 (-1.045)	—	-0.0462 (-0.791)
popd	—	0.00616 (1.015)	—	0.00659 (1.085)
ui	—	-0.0262 (-1.348)	—	-0.0255 (-1.313)
rd	—	0.0201 (0.142)	—	-0.00264 (-0.0186)
gov	—	-0.0370 (-1.222)	—	-0.0395 (-1.302)
城市固定效应	YES	YES	YES	YES
年份固定效应	YES	YES	YES	YES
常数项	1.000 *** (167.7)	0.837 *** (15.32)	1.000 *** (167.6)	0.833 *** (15.24)
N	5628	5628	5628	5628
R^2	0.056	0.066	0.054	0.064

注：*** 表示在 1%水平上显著；括号内为 T 值。

5.2.2.2 “两控区”政策对绿色全要素生产率的直接影响：PSM-DID 方法估计

上文直接采用 DID 方法实证探讨了环境规制对城市绿色全要素生产率的影响，发现环境规制对绿色全要素生产率具有显著促进作用，得到的结论是比较可靠的，但是尚未考虑 DID 研究设计中样本匹配的问题。我们如果需要得到准确的 DID 估计结果，需要满足“两控区”城市和非“两控区”城市在政策实施之前具有可比性，即存在较小的异质性。但“两控区”政策涉及城市广泛分布于我国东部、中部、西部各个省份，各个地区之间经济发展水平、制度环境等存在较大差异性，而这种差异性一方面可能会违背 DID 研究设计所要求的平行趋势假设，另一方面可能会导致我们的政策评估结果出现偏差。为排除样本之间存在的差异而导致的结果偏差，进一步采用倾向得分匹配（PSM）方法对“两控区”城市和非“两控区”城市的特征进行匹配，并进行稳健性检验。

首先以样本城市是否受到“两控区”政策干预为因变量，选取城市经济社会发展特征变量作为自变量，并利用 Probit 模型估计倾向得分值。倾向得分值计算方法为：

$$p(X_i)=Pr[D_i=1|X_i]=E[D_i|X_i]$$

其中，X_i表示 i 城市的多个维度特征，D_i表示 i 城市是否受到“两控区”政策干预，属于“两控区”城市时取值为 1，不属于则取值为 0。为了能够依靠多维度的匹配从非“两控区”城市中找到“两控区”城市样本的匹配对象，本书基于样本城市经济社会发展特征，选取了国内生产总值、年末就业人数、工业总产值、第二产业产值比重、第三产业产值比重、人均道路面积、资本—劳动比、工业二氧化硫排放量等因素作为自变量，进一步运用 Probit 模型估计了倾向得分估计值，估计结果见表 5-4。估计结果显示，Probit 模型适用于估计样本的倾向得分值，国内生产总值、年末就业人数、工业总产值、第二产业产值比重、第三产业产值比重、人均道路面积、资本—劳动比、工业二氧化硫排放量等变量是影响该城市是否作为“两控区”城市的显著性因素。

表 5-4 Probit 模型估计结果

变量	系数	Z 值	P 值
gdp	0.0005583	8.39	0.000
labor	0.001432	4.95	0.000
industry	-6.36E-09	-2.8	0.005
ter_ ind	0.0330296	13.87	0.000
sec_ ind	0.0478155	15.09	0.000
road	-0.019355	-4.58	0.000
kl	-1.58E-06	-8.85	0.000
pollution	9.73E-06	16.57	0.000
常数项	-3.414752	-18.11	0.000
Prob > chi2 = 0.0000			
Pseudo R^2 = 0.2029			

进一步根据 Probit 模型计算的倾向得分值，采用半径匹配法对“两控区”的各个城市匹配与其相似的非“两控区”内样本城市。国内生产总值、年末就业人数、工业总产值、第二产业产值比重、第三产业产值比重、人均道路面积、资本—劳动比、工业二氧化硫排放量等主要变量在匹配前后特征差异及匹配平衡性检验结果见表 5-5。结果显示，根据 T 值检验结果，在采用倾向得分匹配（PSM）之前，除了资本—劳动比变量均值不存在显著性差异外，国内生产总值、年末就业人数、工业总产值、第二产业产值比重、第三产业产值比重、人均道路面积、资本—劳动比、工业二氧化硫排放量等主要变量均值均存在显著性差异。而经过倾向得分匹配之后，各变量均值均不存在显著性差异。同时我们发现，匹配后各个变量的标准化偏差均小于 5%。整体上来讲，匹配的估计结果是可靠的。

表 5-5 变量匹配前后差异对比

变量	样本匹配	均值		标准化偏差	T 检验	
		处理组	控制组		T 值	P 值
gdp	unmatched	850.39	346.5	52.8	17.92	0.000
	matched	473.88	459.97	1.5	0.90	0.369

续表

变量	样本匹配	均值		标准化偏差	T 检验	
		处理组	控制组		T 值	P 值
labor	unmatched	121. 04	63. 909	47. 8	16. 38	0. 000
	matched	77. 875	78. 487	-0. 5	-0. 25	0. 803
industry	unmatched	2. 00E+07	8. 30E+06	43. 5	14. 82	0. 000
	matched	1. 10E+07	1. 00E+07	1. 8	1. 04	0. 299
ter_ ind	unmatched	49. 088	45. 321	32. 9	12. 29	0. 000
	matched	48. 617	48. 275	3. 0	0. 99	0. 320
sec_ ind	unmatched	37. 072	33. 76	40. 4	14. 68	0. 000
	matched	35. 187	35. 116	0. 9	0. 28	0. 777
road	unmatched	8. 6901	7. 8475	9. 8	3. 74	0. 000
	matched	8. 0959	7. 9213	2. 0	1. 00	0. 317
kl	unmatched	1. 50E+05	1. 50E+05	2. 0	0. 73	0. 467
	matched	1. 50E+05	1. 50E+05	-0. 3	-0. 11	0. 913
pollution	unmatched	73497	32876	69. 4	23. 69	0. 000
	matched	48390	50019	-2. 8	-1. 41	0. 159

经过匹配，删除了样本中未能匹配的城市，在此基础上进一步进行 DID 估计，回归估计结果见表 5-6。模型 1 和模型 3 为 OLS 模型估计结果，其中模型 1 为未加入控制变量估计结果，模型 3 为加入控制变量估计结果，结果均显示，"两控区" 政策变量 TCZ 在 5%水平上显著为正。模型 2 和模型 4 为双向固定效应估计结果，无论是否加入控制变量，"两控区" 政策变量 TCZ 在 5%显著性水平上为正。模型 1 至模型 4 估计结果表明，"两控区" 政策对城市绿色全要素生产率的促进作用依然显著。与表 5-2 中常规双重差分（DID）回归估计结果相比，PSM-DID 回归估计系数并没有发生明显变化，在一定程度上表明，城市之间个体特征和样本选择对政策评估结果并未产生严重偏误。

表 5-6 “两控区”政策对绿色全要素生产率影响估计结果（PSM-DID 估计）

变量	模型 1 GTFP	模型 2 GTFP	模型 3 GTFP	模型 4 GTFP
TCZ	0.0183** (2.474)	0.0183** (2.474)	0.0177** (2.373)	0.0188** (2.541)
t	0.00421 (0.396)	—	-0.132*** (-7.643)	—
treated	0.158*** (2.643)	—	-0.0144** (-2.173)	—
agg	—	—	0.00597* (1.701)	0.0153*** (2.815)
kl	—	—	0.0320*** (10.87)	0.0224*** (5.860)
hc	—	—	0.351*** (2.615)	0.0778 (0.376)
fdi	—	—	-0.146*** (-2.778)	-0.132* (-1.765)
popd	—	—	0.0113*** (5.603)	0.000592 (0.0633)
ui	—	—	-0.00529 (-0.342)	-0.0350 (-1.329)
rd	—	—	0.263* (1.819)	-0.0569 (-0.346)
gov	—	—	-0.0941*** (-3.370)	-0.0473 (-1.191)
城市固定效应	YES	YES	YES	YES
年份固定效应	YES	YES	YES	YES
常数项	1.007*** (39.47)	0.995*** (145.1)	0.677*** (17.89)	0.867*** (12.24)
N	3983	3983	3983	3983
R^2	0.209	0.059	0.109	0.071

注：***、**、*分别表示在1%、5%、10%水平上显著；括号内为T值。

5.2.3 “两控区”政策对绿色全要素生产率的动态影响

上文分别采用常规DID方法和PSM-DID方法检验了“两控区”政策对绿色全要素生产率的影响，结果表明，“两控区”政策显著提升了城市绿色全要素生产率。但是由于t变量在2000年及以后时期赋值为1，因此，上文只是得到了“两控区”政策之后（2000~2015年）相对于“两控区”政策实施之前（1994~1999年），“两控区”环境规制政策实施对于“两控区”城市绿色全要素生产率的平均影响。然而，任何环境规制政策的效应发挥均具有一定的时效性和滞后性。具体来讲，时效性是指环境政策实施具有一定的持续性，当外在条件发生变化时，环境规制政策效应可能会部分甚至全部失效；滞后性是指环境规制的经济社会效应并不一定是当期有效的，而是存在一定的滞后性。前文中，通过直观比较“两控区”与非“两控区”城市绿色全要素生产率差异，初步发现，2001~2010年，两者的差异先上升后下降，2010年之后两者差异变得不太显著。因此，对于“两控区”环境规制政策而言，其实施对于城市绿色全要素生产率促进效应可能具有一定的滞后性和时效性。为验证这一理论预期，本书进一步检验了“两控区”政策对于城市绿色全要素生产率影响的动态效应，以把握环境政策效应的阶段性特征。

本书在回归估计基本方程（5-1）和方程（5-4）的基础上进行了扩展，并建立回归方程（5-5）和方程（5-6），具体形式如下：

$$GTFP_{it} = \beta_0 + \beta_1 t_{it} + \beta_2 treated_{it} + \sum_{j=1}^{15} \beta_j TCZ_{it} \times year^j + \sum control_{it} + \varepsilon_{it} \tag{5-5}$$

其中，$year^j$表示试点城市实施环境规制政策后第j年的年度哑变量（j=1，2，3，4，…，15），在第j年赋值是1，其他年份是0。因本书“两控区”政策在2000年正式实施，在2001年是j=1，变量$TCZ_{it} * year^1 = 1$，其余年份赋值均为0；在2002年是j=2，变量$TCZ_{it} * year^2 = 1$，其余年份赋值均为0，依此类推。β_j回归估计系数大小反映了“两控区”正式实施第j年后，其对城市绿色全要素生产率影响效应。

$$GTFP_{it} = \beta_0 + \sum_{j=1}^{15} \beta_j TCZ_{it}^j + \sum control_{it} + u^i + \delta_t + \varepsilon_{it} \tag{5-6}$$

其中，TCZ^j表示试点城市实施环境规制政策后第 j 年的年度哑变量（j=1，2，3，4，…，15），在第 j 年赋值是 1，其他年份是 0。与回归方程(5-5)类似，因本书“两控区”政策在 2000 年正式实施，在 2001 年是 j=1，变量 $TCZ_{it}^1=1$，其余年份赋值均为 0。β_j回归估计系数大小反映了“两控区”正式实施第 j 年后，“两控区”政策实施对城市绿色全要素生产率影响效应大小。

在此基础上，本书分别采用 OLS 回归估计模型和双向固定效应模型对方程（5-5）和方程（5-6）进行了回归分析，估计结果见表 5-7。其中，模型 1 为 OLS 模型估计结果，结果显示，TCZ^1回归估计系数为正，但未通过显著性检验，TCZ^2、TCZ^3、TCZ^4、TCZ^5、TCZ^6、TCZ^7、TCZ^8、TCZ^9回归估计系数均在较高显著性水平上为正，而 TCZ^{10}、TCZ^{11}、TCZ^{12}、TCZ^{13}、TCZ^{14}、TCZ^{15}回归估计系数为正，但未通过显著性检验。模型 2 和模型 3 分别为未纳入控制变量和纳入所有控制变量的双向固定效应回归估计结果，结果均显示，TCZ^1回归估计系数为正，但未通过显著性检验，TCZ^2、TCZ^3、TCZ^4、TCZ^5、TCZ^6、TCZ^7、TCZ^8、TCZ^9回归估计系数显著为正，而 TCZ^{10}、TCZ^{11}、TCZ^{12}、TCZ^{13}、TCZ^{14}、TCZ^{15}回归估计系数虽然为正，但未通过显著性检验。综合模型 1、模型 2 和模型 3 估计结果，本书发现，在 2001 年，“两控区”政策对绿色全要素生产率的促进作用是不显著的，在 2002~2009 年，“两控区”政策对绿色全要素生产率具有显著的促进作用，而在 2010 年之后，“两控区”政策对绿色全要素生产率的促进作用再次变得不显著。以上结果基本验证了上文所提的理论预期：第一，环境规制的绿色全要素生产率提升效应存在滞后性。对于“两控区”环境政策而言，“两控区”政策实施对城市绿色全要素生产率的促进作用并不是当期有效的，而是存在 1 年左右的时滞；第二，环境规制的绿色全要素生产率提升效应存在时效性。对于“两控区”这一命令控制型环境政策而言，“两控区”政策实施对城市绿色全要素生产率的促进作用存在明显的时效性，其效应在 2010 年便全部失效。这可能是因为“两控区”政策出台时的长期目标就定在 2010 年，2010 年之后“两控区”政策可能被其他的环境政策所替代。

表 5-7 “两控区”政策对绿色全要素生产率影响（动态性检验）

变量	模型 1 GTFP	模型 2 GTFP	模型 3 GTFP
t	0. 00301 (0. 225)	—	—
treated	0. 0110 (0. 500)	—	—
TCZ^1	0. 000624 (0. 0316)	0. 000624 (0. 0314)	0. 000671 (0. 0516)
TCZ^2	0. 0291 ** (2. 112)	0. 0291 ** (2. 120)	0. 0296 ** (2. 277)
TCZ^3	0. 0290 ** (2. 186)	0. 0290 ** (2. 156)	0. 0291 ** (2. 234)
TCZ^4	0. 0335 *** (2. 901)	0. 0335 *** (2. 718)	0. 0351 *** (2. 688)
TCZ^5	0. 0425 *** (3. 457)	0. 0425 *** (3. 037)	0. 0442 *** (3. 383)
TCZ^6	0. 0466 *** (3. 758)	0. 0466 *** (3. 556)	0. 0483 *** (3. 696)
TCZ^7	0. 0386 *** (3. 911)	0. 0386 *** (3. 564)	0. 0404 *** (3. 085)
TCZ^8	0. 0289 *** (3. 032)	0. 0289 *** (2. 679)	0. 0315 ** (2. 402)
TCZ^9	0. 0219 ** (2. 391)	0. 0219 ** (2. 235)	0. 0250 * (1. 905)
TCZ^{10}	0. 0119 (1. 174)	0. 0119 (1. 075)	0. 0160 (1. 220)
TCZ^{11}	0. 0127 (0. 854)	0. 0127 (0. 832)	0. 0176 (1. 342)
TCZ^{12}	0. 00773 (0. 678)	0. 00773 (0. 628)	0. 0130 (0. 991)
TCZ^{13}	0. 00775 (0. 494)	0. 00775 (0. 466)	0. 0135 (1. 026)
TCZ^{14}	0. 00706 (0. 603)	0. 00706 (0. 572)	0. 0129 (0. 980)

续表

变量	模型 1 GTFP	模型 2 GTFP	模型 3 GTFP
TCZ^{15}	0.0149 (1.022)	0.0149 (1.053)	0.0203 (1.535)
控制变量	NO	NO	YES
城市固定效应	YES	YES	YES
年份固定效应	YES	YES	YES
常数项	1.010*** (74.60)	1.000*** (215.5)	0.839*** (15.34)
N	5628	5628	5628
R^2	0.170	0.060	0.070

注：***、**、* 分别表示在 1%、5%、10%水平上显著；括号内为 T 值。

为更好地呈现“两控区”政策对城市绿色全要素生产率影响的动态变化，本书绘制了“两控区”政策对绿色全要素生产率影响动态效应趋势图（见图 5-4）。结果显示，“两控区”政策对绿色全要素生产率促进效应并非呈现长期递增趋势，而是基本呈现先上升后下降的倒“U”型变化，拐点年份出现在 2006 年，在 2001~2006 年回归估计系数不断增大，处于上升阶段，在 2006~2015 年估计系数不断减小，处于下降阶段。

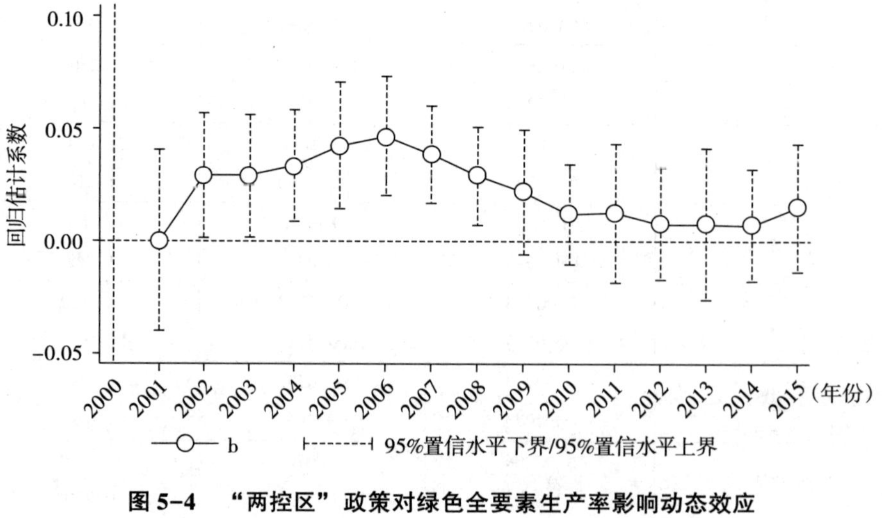

图 5-4　“两控区”政策对绿色全要素生产率影响动态效应

5.2.4 “两控区”与其他规制政策组合效应分析

现实中，环境规制政策并不是唯一的，而是市场激励型、命令控制型、公众参与型等多种环境规制政策并存。相比命令控制型环境规制政策，市场激励型环境规制政策更能内生激发企业技术研发创新，减少污染排放。“两控区”政策作为典型的命令控制型环境规制政策，若引入市场激励型环境规制政策，形成环境规制工具组合，是否同样会对城市绿色全要素生产率产生促进作用呢？能否扭转“两控区”政策对城市绿色全要素生产率影响下降态势呢？为回答上述问题，本小节将考察2002年开始的二氧化硫排污权交易试点政策这一典型的市场激励型环境政策与“两控区”政策组合对城市绿色全要素生产率的影响。

2002年3月，原国家环保局发布了《关于开展“推动中国二氧化硫排放总量控制及排放权交易政策实施的研究项目”示范工作的通知》，决定在山东省、山西省、江苏省、河南省、上海市、天津市、柳州市开展二氧化硫排放总量控制排污权交易示范工作，后来又追加了中国华能集团公司作为示范单位，形成“4+3+1”的项目试点范围（4省3市1公司）。2005年12月，国务院发布了《国务院关于落实科学发展观加强环境保护的决定》(国发〔2005〕39号)，提出“有条件的地区和单位”可实行二氧化硫等排污权交易。2007年开始，江苏省、浙江省、天津市、湖北省、湖南省、内蒙古自治区、山西省、重庆市、陕西省、河北省和河南省11省（市）被列入国家排污权交易试点地区，二氧化硫排污权交易试点范围逐渐扩大。

因二氧化硫排污权交易试点省市和试点开始年份并非一致，本书收集了不同省份二氧化硫排污权交易试点起始年份，以对试点时间dt变量进行赋值（见表5-8），在试点年份之前dt赋值为0，在试点年份之后dt赋值为1；将2002年开始试点的山东省、山西省、江苏省、河南省、上海市、天津市、柳州市及2007年以后国家新纳入的湖北省、湖南省、浙江省、内蒙古自治区、河北省、陕西省等省份及所属地级市作为二氧化硫排污权交易政策处理组，并赋值du=1，其余未纳入二氧化硫排污权交易省份及地级市作为二氧化硫排污权交易政策对照组，并赋值du=0。据此，本书设置了二氧化硫排污权交易试点环境规制政策PRT（dt * du)，并设定以下回归方程考察“两控区”政策与二氧化硫排污权交易试点政策组合对城市绿色全要素生产率的影响：

$$GTFP_{it} = \alpha_0 + \alpha_1 TCZ_{it} + \alpha_2 PRT + \alpha_3 TCZ * PRT + \sum control_{it} + \mu_i + \delta_t + \varepsilon_{it} \tag{5-7}$$

其中，TCZ * PRT 表示“两控区”政策与二氧化硫排污权交易政策的交互项，α_3系数大小及方向衡量了两个政策组合对城市绿色全要素生产率的影响。

表 5-8　二氧化硫排污权交易试点省市、试点年份及相关政策文件或报道

试点省市	试点年份	相关政策文件或报道
山东省	2002	原国家环境保护总局《关于开展“推动中国二氧化硫排放总量控制及排放权交易政策实施的研究项目”示范工作的通知》
山西省	2002	
江苏省	2002	
河南省	2002	
上海市	2002	
天津市	2002	
柳州市	2002	
湖北省	2008	《湖北省主要污染物排污权交易试行办法》
长沙市、株洲市、湘潭市	2010	《湖南省主要污染物排污权有偿使用和交易管理暂行办法》
浙江省	2010	《浙江省排污权有偿使用和交易试点工作暂行办法》
内蒙古自治区	2011	《内蒙古自治区主要污染物有偿使用和交易管理办法（试行）》
河北省	2011	《河北省主要污染物排放权交易管理办法（试行）》
陕西省	2012	《陕西省主要污染物排污权有偿使用和交易试点实施方案》
衡阳市、郴州市、永州市、岳阳市、娄底市	2013	《湖南日报》，“排污权交易将覆盖全省”，2013 年 7 月 11 日

资料来源：笔者整理。

本书采用双向固定效应模型对回归方程（5-7）进行了实证分析，回归估计结果见表 5-9。其中，模型 1 为未纳入控制变量的回归估计结果，模型

2 为 PSM-DID 回归估计结果，模型 3 为纳入所有控制变量的回归估计结果。结果显示，模型 1 至模型 3 的 PRT 回归估计系数为正，未通过显著性检验，说明二氧化硫排污权交易政策并没有显著促进城市绿色全要素生产率提高，这进一步验证并补充了涂正革和谌仁俊（2015）的研究结论，即低效运转的市场和整体较弱的环境规制导致排污权交易机制并没有实现波特效应①。而“两控区”政策与二氧化硫排污权政策交互项（TCZ * PRT）回归估计系数为负，未通过显著性检验，表明两者政策组合并没有促进城市绿色全要素生产率提升，这可能是因为二氧化硫排污权交易制度不完善，二级市场也并不活跃，没能充分激发企业技术创新。

那么，两者政策组合能否降低工业二氧化硫排放？本书进一步探讨了排污权交易政策及两者政策组合对工业二氧化硫排放影响，回归估计结果见表 5-9 模型 4 至模型 6。模型 4、模型 5 和模型 6 估计结果显示，无论采取 DID 估计方法还是 PSM-DID 估计方法，且无论是否加入控制变量，PRT 回归估计系数为正，但未通过显著性检验，说明二氧化硫排污权交易政策并没有降低工业二氧化硫排放而达到实际减排效果，这进一步验证了涂正革和谌仁俊（2015）、李永友和沈坤荣（2008）得到的结论②。而“两控区”政策与二氧化硫排污权政策交互项（TCZ * PRT）回归估计系数在 1%水平上显著为负，表明两者政策组合显著降低了工业二氧化硫排放，在一定程度表明市场激励型和命令控制型环境规制政策组合对于降低污染物排放、实现环境质量改善发挥了重要的作用。

表 5-9　“两控区”政策与排污权交易政策组合对绿色全要素生产率影响

变量	模型 1	模型 2	模型 3	模型 4	模型 5	模型 6
	GTFP	GTFP	GTFP	$\ln SO_2$	$\ln SO_2$	$\ln SO_2$
TCZ	0.0223**	0.0212**	0.0225***	−0.263***	−0.0885**	−0.164***
	(2.502)	(2.115)	(3.285)	(−3.170)	(−2.067)	(−4.850)
PRT	0.0160	0.0122	0.00856	0.0708	0.0401	0.0296
	(1.415)	(1.101)	(1.078)	(0.708)	(0.873)	(0.727)

① 涂正革，谌仁俊. 排污权交易机制在中国能否实现波特效应？[J]. 经济研究，2015（7）：160-173.

② 李永友，沈坤荣. 我国污染控制政策的减排效果——基于省际工业污染数据的实证分析[J]. 管理世界，2008（7）：7-17.

续表

变量	模型 1 GTFP	模型 2 GTFP	模型 3 GTFP	模型 4 $lnSO_2$	模型 5 $lnSO_2$	模型 6 $lnSO_2$
TCZ * PRT	-0. 0181 (-1. 469)	-0. 00958 (-0. 727)	-0. 0108 (-1. 104)	-0. 382 *** (-3. 533)	-0. 268 *** (-4. 356)	-0. 314 *** (-6. 261)
agg	—	—	0. 0113 ** (2. 448)	—	—	0. 0465 ** (1. 989)
kl	—	—	0. 0203 *** (6. 546)	—	—	-0. 00198 (-0. 129)
hc	—	—	0. 151 (0. 993)	—	—	-10. 11 *** (-13. 14)
fdi	—	—	-0. 0544 (-0. 930)	—	—	1. 666 *** (5. 975)
popd	—	—	0. 00533 (0. 877)	—	—	-0. 0109 (-0. 360)
ui	—	—	-0. 0266 (-1. 368)	—	—	-0. 863 *** (-8. 968)
rd	—	—	-0. 0197 (-0. 139)	—	—	-2. 292 *** (-3. 103)
gov	—	—	-0. 0341 (-1. 124)	—	—	-0. 144 (-0. 916)
城市固定效应	YES	YES	YES	YES	YES	YES
年份固定效应	YES	YES	YES	YES	YES	YES
常数项	1. 000 *** (216. 6)	0. 995 *** (195. 9)	0. 842 *** (15. 37)	9. 681 *** (239. 8)	9. 645 *** (259. 0)	11. 55 *** (43. 74)
N	5628	3983	5628	5896	3983	5896
R^2	0. 056	0. 059	0. 066	0. 306	0. 301	0. 354

注：*** 、** 分别表示在 1%、5%水平上显著；括号内为 T 值。

此外，本书实证检验了“两控区”政策与排污权交易政策组合对绿色全要素生产率的动态影响，发现样本期间内政策组合并没有显著促进城市绿色全要素生产率，未能扭转“两控区”政策对绿色全要素生产率影响的下降态势。

5.3 稳健性检验

本书使用 DID 方法估计了“两控区”政策对绿色全要素生产率的影响，但使用 DID 方法需要满足一定的前提条件才能保证“两控区”政策对绿色全要素生产率影响是准确的，本节稳健性检验部分将对 DID 方法前提假设进行逐一分析。

5.3.1 平行趋势检验

5.3.1.1 处理组与控制组同质性检验

“两控区”政策处理组和控制组首先需要满足平行趋势假设，即存在同质性，本书设定以下回归方程对“两控区”政策实施前的年份效应进行检验：

$$GTFP_{it} = \beta_0 + \sum_{k=1}^{4} \beta_k TCZ_{it}^{-k} + \sum control_{it} + \mu_i + \delta_t + \varepsilon_{it} \tag{5-8}$$

其中，TCZ^{-k}表示试点城市实施环境规制政策前第 k 年的年度哑变量（k=1，2，3，4），在第 k 年赋值是 1，其他年份是 0。因本书“两控区”政策在 2000 年正式实施，在 1999 年是 k=1，变量 $TCZ_{it}^{-1}=1$，其余年份赋值均为 0。回归估计系数 β_k大小反映了“两控区”实施第 k 年前“两控区”政策实施对城市绿色全要素生产率影响效应大小。本书采用双向固定效应模型对方程（5-8）进行了回归估计，估计结果见表 5-10。模型 1 为未加入控制变量估计结果，模型 2 为加入控制变量估计结果，结果均显示 $Treat^{-1}$、$Treat^{-2}$、$Treat^{-3}$、$Treat^{-4}$回归估计系数均不显著，在一定程度上表明处理组与控制区之间满足平行趋势假设。

表 5-10　处理组与控制组平行趋势检验

变量	模型 1 GTFP	模型 2 GTFP
$Treat^{-4}$	0. 00371 (0. 298)	0. 00575 (0. 571)
$Treat^{-3}$	-0. 000952 (-0. 0764)	-0. 00344 (-0. 259)
$Treat^{-2}$	-0. 00759 (-0. 609)	-0. 0139 (-0. 804)
$Treat^{-1}$	-0. 0196 (-1. 570)	-0. 0256 (-1. 146)
agg	—	0. 0179 *** (3. 704)
kl	—	0. 0288 *** (7. 079)
hc	—	0. 127 (0. 848)
fdi	—	-0. 111 * (-1. 693)
popd	—	0. 00744 (0. 868)
ui	—	-0. 0424 * (-1. 809)
rd	—	0. 228 (1. 521)
gov	—	-0. 0549 (-1. 509)
城市固定效应	YES	YES
年份固定效应	YES	YES
常数项	1. 006 *** (168. 5)	0. 791 *** (13. 03)
N	5628	5628
R^2	0. 058	0. 078

注：*** 、* 分别表示在 1%、10%水平上显著；括号内为 T 值。

5.3.1.2 联合固定效应

为进一步证明处理组与控制组平行趋势假设，本书进一步使用联合固定效应进行了实证检验。考虑到即使我们控制了城市固定效应和年份固定效应，“两控区”城市和非“两控区”城市绿色全要素生产率差异仍可能是城市自身特定的时间趋势导致的，因此，第一，本书加入了城市时间趋势变量来排除城市自身特定的时间趋势对回归估计结果的干扰，准确、有效识别“两控区”对绿色全要素生产率的影响。具体做法是在回归方程中加入各个城市虚拟变量与年份的交互项，避免遗漏变量可能导致的时间趋势不一致的影响，回归估计结果见表 5-11 中模型 1 和模型 2。模型 1 和模型 2 估计结果显示，在加入城市虚拟变量与年份的交互项之后，无论是否纳入控制变量，“两控区”政策 TCZ 回归估计系数依然在高水平上显著为正。第二，考虑到加入城市虚拟变量与年份的交互项大大减少了自由度，因此本书进一步从省份层面着手，在回归估计方程中引入省份虚拟变量与年份的交互项，回归估计结果见表 5-11 中模型 3 和模型 4。模型 3 和模型 4 估计结果显示，在加入省份虚拟变量与年份的交互项之后，无论是否控制其他变量，“两控区”政策 TCZ 回归估计系数同样依然在高水平上显著为正。模型 1 至模型 4 估计结果表明，无论是加入城市虚拟变量与年份交互项还是加入省份虚拟变量与年份交互项来控制随时间变化的因素，“两控区”政策对城市绿色全要素生产率的促进作用依然显著，进一步证明处理组和控制组满足平行趋势假设。

表 5-11 联合固定效应估计结果

变量	模型 1 GTFP	模型 2 GTFP	模型 3 GTFP	模型 4 GTFP
TCZ	0.0275*** (3.046)	0.0211** (2.309)	0.0152** (2.316)	0.0164** (2.450)
agg	—	0.0153*** (2.882)	—	0.0118** (2.456)
kl	—	0.0104** (2.536)	—	0.0190*** (5.572)

续表

变量	模型 1 GTFP	模型 2 GTFP	模型 3 GTFP	模型 4 GTFP
hc	—	0.735** (2.068)	—	0.151 (0.965)
fdi	—	-0.191** (-2.186)	—	-0.0942 (-1.320)
popd	—	0.00596 (0.762)	—	0.00182 (0.287)
ui	—	0.0410 (1.621)	—	-0.00676 (-0.325)
rd	—	0.124 (0.715)	—	0.112 (0.740)
gov	—	0.0514 (1.253)	—	-0.0302 (-0.944)
city * year	YES	YES	NO	NO
province * year	NO	NO	YES	YES
城市固定效应	YES	YES	YES	YES
年份固定效应	YES	YES	YES	YES
常数项	1.432 (1.459)	8.058*** (3.866)	0.717 (0.777)	8.662*** (4.830)
N	5628	5628	5628	5628
R^2	0.135	0.141	0.069	0.077

注：*** 、** 分别表示在1%、5%水平上显著；括号内为T值。

5.3.2 反事实检验

5.3.2.1 时间反事实检验

双重差分法另一个前提条件是政策干预时间的随机性和控制组不受干预政策的影响。首先，本书将“两控区”政策实施的具体时间分别提前2~3年来进行时间反事实检验。如果“两控区”政策估计系数通过显著性检验，表明“两控区”对绿色全要素生产率仍具有显著促进作用，在一定程度上说明绿色全要素生产率还受到其他经济、社会政策或者其他随机性因素的干扰；反之，若未通过显著性检验，表明绿色全要素生产率完全受“两控区”政策影响。

表 5-12 中模型 1 和模型 2 列出了时间反事实估计结果。其中，模型 1 为“两控区”政策正式实施时间提前到 1997 年时的回归估计结果，结果显示，“两控区”政策回归估计系数为正，且通过显著性检验；模型 2 为“两控区”政策正式实施时间提前到 1998 年后的回归估计结果。结果同样显示，“两控区”政策回归估计系数显著为正。模型 1 和模型 2 估计结果表明，“两控区”政策正式实施时间提前仍然对城市绿色全要素生产率具有显著的促进作用，这在一定程度上表明，城市绿色全要素生产率增长并不完全来自于“两控区”政策的实施，这意味着城市绿色全要素生产率受到了其他经济、社会政策或者其他随机性因素的影响。因此，有必要将其他政策或随机性因素对“两控区”政策的效果的干扰剔除掉。考虑到 1997 年或 1998 年发生的重要历史事件，有可能是 1997 年的亚洲金融危机导致外商投资减少对城市经济发展产生影响，并对政策评估效果产生影响，本书后文将剔除亚洲金融危机影响，以纠正政策评估出现的偏误。

表 5-12 反事实检验估计结果

变量	时间反事实		地区反事实	
	模型 1 GTFP	模型 2 GTFP	模型 3 GTFP	模型 4 GTFP
TCZ_{1997}	0.0103** (2.433)	—	—	—
TCZ_{1998}	—	0.0121*** (2.888)	—	—
TCZrich	—	—	0.000075 (0.0103)	—
TCZpoor	—	—	—	-0.00128 (-0.0961)
城市固定效应	YES	YES	YES	YES
年份固定效应	YES	YES	YES	YES

续表

变量	时间反事实		地区反事实	
	模型 1 GTFP	模型 2 GTFP	模型 3 GTFP	模型 4 GTFP
常数项	1.000*** (161.1)	1.000*** (161.2)	1.000*** (167.6)	1.000*** (167.6)
N	5628	5628	5628	5628
R^2	0.054	0.054	0.054	0.054

注：*** 、** 分别表示在1%、5%水平上显著；括号内为T值。

5.3.2.2 地区反事实检验

本书进一步构造了地区反事实来检验控制组并不会受到“两控区”政策的影响。本书借鉴史贝贝等（2017）的做法，分别选取了广东、江苏、浙江和山东等发达省份所属城市及甘肃、青海、宁夏、新疆等省份所属城市构造假想“两控区”政策干预组，并检验“两控区”政策对假想试点城市绿色全要素生产的影响。回归估计结果见表5-12中模型3和模型4 。模型3和模型4估计结果均显示，“两控区”政策变量回归系数未通过显著性检验，表明无论是发达省份还是欠发达省份所属城市作为处理组，“两控区”政策对假想试点城市的绿色全要素生产率均不具有显著性影响，这在一定程度上表明了“两控区”政策并没有对控制组内样本城市绿色全要素生产率产生影响，进一步验证了控制组并不会受到“两控区”环境规制政策的影响的假设。

5.3.3 政策实施唯一性检验

5.3.3.1 剔除金融危机冲击影响

上文时间反事实检验中，本书发现在评估“两控区”政策对城市绿色全要素生产率的影响时，可能受到了1997年亚洲金融危机事件的干扰而导致“两控区”政策评估出现偏差。基于此，本书试图剔除亚洲金融危机冲击对结果的干扰。考虑到亚洲金融危机对外向型经济地区影响可能更大，而珠江三角洲地区对外开放程度高，外向型经济特征明显，相比其他地区受到亚洲金融危机影响更为严重。本书构造了亚洲金融危机冲击变量（FC），将受金融危机较为严重的东莞市、中山市、广州市、惠州市、汕头市、汕尾市、江门市、深圳市、珠海市、肇庆市和茂名市作为金融危机处理组，而将其他城市作为金融危机影响控制组；在1997年之前设置为0，1997年及之后设置为1。将构造的金融危机冲击变量对城市绿色全要素生产率影响控制住，观察“两控区”政策变量系数大小和方向是否发生变化，并试图得到，“两控区”政策对绿色全要素生产率影响的纯净效应。回归估计结果见表5-13中模型1和模型2。模型1和模型2估计结果显示，金融危机（FC）回归估计系数并未通过显著性检验，表明金融危机对城市绿色全要素生产率并未造成显著性影响。我们同时注意到，“两控区”政策变量（TCZ）仍然在较高显著性水平上为正，而且系数大小并未发生较大变化，表明在剔除金融危机冲击影响下，“两控区”政策对城市绿色全要素生产率仍然具有显著的促进作用。

表5-13　政策实施唯一性检验估计结果

变量	剔除金融危机冲击影响		剔除二氧化硫排污权交易政策影响		剔除总量控制政策影响	
	模型1	模型2	模型3	模型4	模型5	模型6
	GTFP	GTFP	GTFP	GTFP	GTFP	GTFP
TCZ	0.0176*** (2.826)	0.0196** (2.346)	0.0175*** (2.821)	0.0197*** (3.096)	0.0179** (2.442)	0.0178** (2.414)
FC	−0.00185 (−0.0825)	0.00392 (0.361)	—	—	—	—
PRT	—	—	0.00496 (0.958)	0.00195 (0.374)	—	—
TPC	—	—	—	—	0.000577 (0.0925)	−0.00328 (−0.515)
agg	—	0.0119** (2.175)	—	0.0118** (2.574)	—	0.0120*** (2.615)
kl	—	0.0206*** (5.299)	—	0.0205*** (6.614)	—	0.0207*** (6.660)

续表

变量	剔除金融危机冲击影响		剔除二氧化硫排污权交易政策影响		剔除总量控制政策影响	
	模型 1	模型 2	模型 3	模型 4	模型 5	模型 6
	GTFP	GTFP	GTFP	GTFP	GTFP	GTFP
hc	—	0. 146 (0. 992)	—	0. 142 (0. 938)	—	0. 140 (0. 923)
fdi	—	-0. 0515 (-0. 827)	—	-0. 0542 (-0. 927)	—	-0. 0524 (-0. 899)
popd	—	0. 00561 (0. 753)	—	0. 00555 (0. 914)	—	0. 00559 (0. 920)
ui	—	-0. 0267 (-1. 147)	—	-0. 0266 (-1. 367)	—	-0. 0263 (-1. 355)
rd	—	-0. 0234 (-0. 158)	—	-0. 0241 (-0. 170)	—	-0. 0311 (-0. 218)
gov	—	-0. 0345 (-0. 894)	—	-0. 0341 (-1. 123)	—	-0. 0332 (-1. 090)
城市固定效应	YES	YES	YES	YES	YES	YES
年份固定效应	YES	YES	YES	YES	YES	YES
常数项	1. 000 *** (167. 7)	0. 837 *** (12. 97)	1. 000 *** (167. 7)	0. 838 *** (15. 33)	1. 000 *** (167. 7)	0. 836 *** (15. 27)
N	5628	5628	5628	5628	5628	5628
R^2	0. 056	0. 066	0. 056	0. 066	0. 056	0. 066

注：*** 、** 分别表示在 1%、5%水平上显著；括号内为 T 值。

5. 3. 3. 2 剔除二氧化硫排污权交易政策影响

前文分析到，2002 年开始，二氧化硫排污权交易试点作为典型的市场型环境规制政策与“两控区”等命令控制型环境规制政策等共同组合成为我国重要的环境规制工具和手段。“两控区”政策对城市绿色全要素生产率影响效应也有可能会受到二氧化硫排污权交易试点政策的“污染”而导致实证分析结果出现偏误。为剔除排污权交易试点政策对绿色全要素生产率的影响，本书同样控制二氧化硫排污权交易试点政策变量（PCT），考察

“两控区”政策系数大小和方向是否会发生明显改变，并试图得到“两控区”政策对绿色全要素生产率影响的纯净效应。回归估计结果见表 5-13 中模型 3 和模型 4。模型 3 和模型 4 估计结果显示，二氧化硫排污权交易政策（PRT）回归估计系数为正，但并未通过显著性检验，表明排污权交易政策对城市绿色全要素生产率的促进效应并不显著。我们同时注意到，“两控区”政策变量（TCZ）仍然显著为正，而且系数大小并未发生较大变化，表明在剔除排污权交易政策影响下，“两控区”政策对城市绿色全要素生产率仍然具有显著的促进作用。

5.3.3.3 剔除总量控制政策影响

自 2006 年国家开始全面实施污染物总量控制，尤其是“十一五”规划中将污染物总量减排目标作为约束性指标，并将其完成情况与当地政府官员政绩挂钩，这可能导致非“两控区”城市也开始注重污染物减排，提高能源和资源利用效率，可能会对绿色全要素生产率产生影响，从而对“两控区”政策对城市绿色全要素生产率的效果产生干扰。本书设置总量控制政策变量（TPC），力图纠正由于总量控制政策所引起的“两控区”政策对绿色全要素生产率影响偏误。由于总量控制政策涉及全国范围内所有城市，并不存在所谓的干预组和控制组。考虑到总量控制更可能会对非“两控区”城市产生影响，而对“两控区”政策无实质影响，本书将非“两控区”城市设置为处理组，将“两控区”城市设置为对照组，2006 年之前设置为 0，2006 年及之后设置为 1，将构造的总量控制政策变量（TPC）对城市绿色全要素生产率影响控制住，观察“两控区”政策变量系数大小和方向是否发生变化，以试图得到“两控区”政策对绿色全要素生产率影响的纯净效应。回归估计结果见表 5-13 中模型 5 和模型 6。模型 5 和模型 6 估计结果显示，总量控制政策（FC）回归估计系数并未通过显著性检验，表明总量控制政策对城市绿色全要素生产率并未造成显著性影响。而“两控区”政策变量（TCZ）在 5%显著性水平上为正，只是系数大小有所降低。从检验结果可以得到，在剔除总量控制政策影响后，“两控区”政策对城市绿色全要素生产率仍然具有显著的促进作用。

5.3.4 其他检验

本书除对双重差分法需要满足的前提条件进行检验以外，还对“两控区”政策的绿色全要素生产率促进效应进行了进一步稳健性检验。

5.3.4.1 变量替换

考虑到因变量量纲可能会对回归估计结果产生影响，本书借鉴（Cai et al.，2017）的处理方法，对因变量绿色全要素生产率进行对数处理①，重新进行回归估计。回归估计结果见表5-14中模型1。结果显示，“两控区”政策变量TCZ回归估计系数仍在1%显著性水平上为正，结论依然稳健可靠。

5.3.4.2 删除地区异质性样本

我国东部、西部和中部省份在地区经济发展水平、制度环境、气候条件等诸多方面存在差异，为排除地区经济发展不均衡或其他差异性而引起样本选择造成的评估偏误，本书依次删除东部省份、中部省份和西部省份样本，分别进行回归估计，回归估计结果见表5-14中模型2、模型3和模型4。其中，模型2为删除东部省份城市样本估计结果，模型3为删除中部省份城市样本估计结果，模型4为删除西部省份城市样本估计结果。结果显示，模型2、模型3和模型4中，“两控区”政策变量TCZ回归估计系数均显著为正，进一步证实了“两控区”政策对城市绿色全要素生产率促进效应的稳健性。

5.3.4.3 减少样本自选择效应

市容环境卫生状况是国家卫生城市考核的重要指标，获得“国家卫生城市”称号的城市可能会更倾向于主动提高城市绿化覆盖率，改善城市环境质量等，从而导致样本出现自选择效应。为减少样本自选择效应，本书删除了获得“国家卫生城市”称号的城市样本，重新进行回归估计，回归估计结果见表5-14中模型5。估计结果显示，“两控区”政策TCZ回归估

---

① Cai X., Gong J., Lu Y., et al. Recover Overnight? Work Interruption and Worker Productivity [J]. Management Science, 2017, 64 (8): 3489-3500.

计系数仍然显著为正。

此外，原国家环保局还根据《国家环境保护“九五”计划和2010年远景目标》提出了“国家环境保护模范城市”，截至2017年，全国已经有84个城市获得“国家环境保护模范城市”称号。国家每三年会对已经获得“国家环境保护模范城市”的城市或地区进行复查，主要考核城市社会经济、环境质量、环境建设、环境管理四个方面，因此，与获得“国家卫生城市”称号的城市一样，获得“国家环境保护模范城市”的地级市同样会主动改善环境质量、提高资源利用效率、降低单位能源消耗、转变经济发展方式等，从而导致样本自选择效应。为减少“国家环境保护模范城市”样本的自选择效应，本书同样删除获得“国家环境保护模范城市”称号的样本，重新进行回归估计，回归估计结果见表5-14中模型6。估计结果显示，“两控区”政策TCZ回归估计系数仍然显著为正。模型5和模型6估计结果表明，“两控区”政策对绿色全要素生产率仍然具有显著的促进作用。

表5-14 其他检验结果

变量	因变量改变	删除东部省份	删除中部省份	删除西部省份	删除国家卫生城市	删除国家环保模范城市
	模型1	模型2	模型3	模型4	模型5	模型6
	lnGTFP	GTFP	GTFP	GTFP	GTFP	GTFP
TCZ	0.0223*** (3.353)	0.0208** (2.554)	0.0106** (2.022)	0.0218*** (3.097)	0.0253** (2.512)	0.0231*** (3.239)
agg	0.0133*** (2.780)	0.0233*** (3.268)	0.00536 (1.302)	0.0134*** (2.812)	0.0289*** (3.127)	0.0140** (2.444)
kl	0.0203*** (6.267)	0.0233*** (5.683)	0.0284*** (8.518)	0.0198*** (5.698)	0.0127** (2.503)	0.0230*** (6.361)
hc	0.178 (1.124)	0.209 (1.005)	0.278** (2.093)	0.0796 (0.475)	0.371 (1.434)	0.289 (1.575)
fdi	−0.0287 (−0.471)	0.0318 (0.261)	−0.0109 (−0.237)	−0.133** (−2.182)	−0.0581 (−0.405)	0.0104 (0.128)
popd	0.00942 (1.485)	0.00188 (0.283)	0.0141*** (5.070)	−0.00505 (−0.497)	0.0119 (1.429)	0.00260 (0.404)

续表

变量	因变量改变	删除东部省份	删除中部省份	删除西部省份	删除国家卫生城市	删除国家环保模范城市
	模型 1	模型 2	模型 3	模型 4	模型 5	模型 6
	lnGTFP	GTFP	GTFP	GTFP	GTFP	GTFP
ui	−0.0206 (−1.017)	−0.00290 (−0.123)	−0.0121 (−0.704)	−0.0438* (−1.881)	−0.0554* (−1.716)	−0.0153 (−0.735)
rd	−0.0122 (−0.0827)	−0.121 (−0.626)	0.384** (2.136)	−0.00878 (−0.0608)	0.113 (0.561)	−0.0932 (−0.536)
gov	−0.0281 (−0.886)	−0.0601* (−1.733)	−0.0160 (−0.435)	−0.0518 (−1.526)	0.0219 (0.379)	−0.0320 (−1.003)
城市固定效应	YES	YES	YES	YES	YES	YES
年份固定效应	YES	YES	YES	YES	YES	YES
常数项	−0.202*** (−3.541)	0.765*** (11.91)	0.692*** (16.61)	0.954*** (12.79)	0.907*** (10.40)	0.803*** (13.50)
N	5628	3507	3570	4179	2436	4557
R^2	0.059	0.083	0.0459	0.085	0.087	0.073

注：***、**、* 分别表示在 1%、5%、10%水平上显著；括号内为 T 值。

5.4 小 结

本章以“两控区”的设立构造准自然实验，运用双重差分法实证探讨了“两控区”环境规制政策对绿色全要素生产率的直接影响、动态影响及其与其他规制组合的效应，并进行了严谨的稳健性检验，研究发现：

第一，“两控区”环境规制政策不仅可以促进地区经济增长、降低污染物排放、改善环境质量，还可以促进绿色全要素生产率提升，实现经济增长质量提高和绿色经济转型，最终实现多赢。“酸雨控制区”和“二氧化硫控制区”对绿色全要素生产率的影响存在差异性，其中二氧化硫控制区设立对城市绿色全要素生产率具有显著的促进作用，而酸雨控制区设立对城市绿色全要素生产率的促进作用并不显著。

第二，本章进一步采用倾向得分匹配（PSM）方法对“两控区”城市和非“两控区”城市的特征进行匹配，删除掉未匹配成功样本之后，重新进行回归估计，发现与常规双重差分（DID）回归估计结果相比，PSM-DID回归估计系数并没有发生明显变化，在一定程度上表明，城市之间个体特征和样本选择对政策评估结果并未产生严重偏误，结论是可靠的。

第三，通过考察“两控区”政策对绿色全要素生产率动态影响发现，“两控区”政策实施对城市绿色全要素生产率促进作用并不是当期有效的，而是存在一年左右的时滞，并且“两控区”政策实施对城市绿色全要素生产率的促进作用存在明显的时效性，其效应在2010年便全部失效。“两控区”政策对绿色全要素生产率影响动态效应趋势图显示，“两控区”政策对绿色全要素生产率促进效应并非呈现长期递增趋势，而是基本呈现先上升后下降的倒“U”型变化，拐点年份出现在2006年，2001~2006年回归估计系数不断增大，处于上升阶段，2006~2015年估计系数不断减小，处于下降阶段。

第四，二氧化硫排污权交易试点政策这一典型的市场激励型环境规制政策没有显著促进城市绿色全要素生产率提升；“两控区”环境规制政策与二氧化硫排污权环境规制政策组合也没有促进城市绿色全要素生产率提升，这可能是因为二氧化硫排污权交易制度不完善，二级市场也不活跃，没能充分激发企业技术创新。但是两者组合显著降低了工业二氧化硫排放。

第五，本章对于“两控区”政策的绿色全要素生产率促进效应进行了平行趋势检验、时间和地区反事实检验、政策实施唯一性检验、其他检验等一系列稳健性检验，结果表明，“两控区”政策实施有助于促进绿色全要素生产率提升，这一结论是稳健可靠的。

6 环境规制对绿色全要素生产率影响机制

环境规制实施对于绿色全要素生产率具有显著促进作用，那么其中的传导机制或影响渠道有哪些呢？前文理论分析部分详细阐述了环境规制对绿色全要素生产率影响的产业结构升级和产业集聚机制、外商直接投资机制、技术创新机制、要素结构升级机制和成本上升机制，本章借鉴 Tanaka (2015)①、刘瑞明和赵仁杰（2015）② 的实证分析思路，结合 1994~2015 年 268 个地级市面板数据对上述机制进行逐一探讨③。

6.1 产业结构升级和集聚机制

6.1.1 产业结构升级机制检验

环境规制政策实施是否会促进产业结构升级或产业集聚，进而提升绿色全要素生产率？借鉴 Tanaka（2015）、刘瑞明和赵仁杰（2015）的实证分析思路，本书构建以下计量模型对产业结构升级机制进行实证检验：

① Tanaka S. Environmental Regulations on Air Pollution in China and Their Impact on Infant Mortality [J]. Journal of Health Economics, 2015, 42 (3): 90.

② 刘瑞明，赵仁杰. 西部大开发：增长驱动还是政策陷阱——基于 PSM-DID 方法的研究 [J]. 中国工业经济，2015 (6): 32-43.

③ 鉴于微观企业生产成本数据无法获取，本章暂时没有探讨成本上升机制，这将是笔者以后要完善的工作之一。

$$UI_{it} = \beta_0 + \beta_1 t_{it} + \beta_2 treated_{it} + \beta_3 TCZ_{it} + \varepsilon_{it} \qquad (6-1)$$

$$UI_{it} = \beta_0 + \beta_1 TCZ_{it} + \sum control_{it} + \mu_i + \delta_t + \varepsilon_{it} \qquad (6-2)$$

其中，UI_{it}表示 i 城市 t 年的产业结构升级水平，TCZ 表示“两控区”政策，control 表示影响产业结构升级的其他控制变量，包括产业集聚、劳均资本存量、人力资本水平等；μ_i 表示城市固定效应，δ_t 表示年份固定效应，ε_{it}表示随机扰动项。

本书采用 OLS 估计模型对式（6-1）和双向固定效应模型对式（6-2）进行了估计，回归估计结果见表 6-1。其中，模型 1 为 OLS 估计结果，结果显示，“两控区”政策变量 TCZ 回归估计系数为正，且通过显著性检验；模型 2 为未纳入控制变量的双向固定效应估计结果，结果显示，“两控区”政策变量 TCZ 回归估计系数显著为正；模型 4 为纳入控制变量的双向固定效应估计结果，结果显示，“两控区”政策变量 TCZ 回归估计系数同样显著为正。模型 1、模型 2 和模型 4 估计结果表明，“两控区”政策实施显著促进了城市产业结构升级。

表 6-1　产业结构升级机制检验估计结果

变量	模型 1 UI	模型 2 UI	模型 3 UI_ S	模型 4 UI
TCZ	0.0194** (2.408)	0.0190*** (4.329)	0.0856*** (7.096)	0.00773* (1.775)
t	0.191*** (15.14)	—	—	—
treated	0.0878*** (12.77)	—	—	—
agg	—	—	—	0.00873*** (2.709)
kl	—	—	—	0.0258*** (12.27)
hc	—	—	—	0.685*** (6.442)
fdi	—	—	—	-0.156*** (-4.052)

续表

变量	模型 1 UI	模型 2 UI	模型 3 UI_ S	模型 4 UI
popd	—	—	—	0. 0634 *** (15. 35)
rd	—	—	—	0. 324 *** (3. 163)
gov	—	—	—	-0. 104 *** (-4. 802)
城市固定效应	YES	YES	YES	YES
年份固定效应	YES	YES	YES	YES
常数项	2. 037 *** (221. 2)	2. 088 *** (462. 1)	0. 749 *** (61. 15)	1. 496 *** (48. 76)
N	5896	5896	5822	5896
R^2	0. 230	0. 363	0. 093	0. 415

注：*** 、** 、* 分别表示在 1%、5%、10%水平上显著；括号内为 T 值。

为进一步验证“两控区”政策促进产业结构升级是否稳健，本书采用“第三产业产值比重与第二产业产值比重之比”指标衡量产业结构升级，并进行回归估计，估计结果见模型 3。结果显示，“两控区”政策变量 TCZ 回归估计系数为正，且在 1%水平上通过显著性检验，进一步表明“两控区”政策实施对产业结构升级具有显著的促进作用，并且是稳健的。

6. 1. 2 产业集聚机制检验

本书进一步构建以下计量模型对产业集聚机制进行实证检验：

$$agg_{it} = \beta_0 + \beta_1 t_{it} + \beta_2 treated_{it} + \beta_3 TCZ_{it} + \varepsilon_{it} \tag{6-3}$$

$$agg_{it} = \beta_0 + \beta_1 TCZ_{it} + \sum control_{it} + \mu_i + \delta_t + \varepsilon_{it} \tag{6-4}$$

其中，agg_{it}表示 i 城市 t 年的产业集聚水平，TCZ 表示“两控区”政策，control 表示影响产业集聚的其他控制变量，包括产业结构升级、劳均资本存量、人力资本水平等；μ_i 表示城市固定效应，δ_t 表示年份固定效应，ε_{it}表示随机扰动项。

本书采用 OLS 估计模型对式（6-3）和双向固定效应模型对式(6-4)进行了估计，回归估计结果见表6-2。其中，模型1为OLS估计结果，结果显示，“两控区”政策变量TCZ回归估计系数为正，且通过显著性检验；模型2和模型3分别为未纳入控制变量和纳入控制变量的双向固定效应估计结果，结果均显示，“两控区”政策变量TCZ回归估计系数显著为正。模型1、模型2和模型3估计结果表明，“两控区”政策实施对产业集聚具有显著的促进作用。

表 6-2　产业集聚机制检验估计结果

变量	模型 1 agg	模型 2 agg	模型 3 agg
TCZ	0.113*** (4.165)	0.113*** (6.367)	0.0951*** (5.278)
t	-0.0721* (-1.696)	—	—
treated	0.140*** (6.051)	—	—
kl	—	—	0.0625*** (7.123)
hc	—	—	-0.155 (-0.351)
fdi	—	—	-0.495*** (-3.094)
popd	—	—	0.168*** (9.674)
rd	—	—	1.216*** (2.861)
gov	—	—	-0.396*** (-4.397)
ui	—	—	0.150*** (2.709)
城市固定效应	YES	YES	YES
年份固定效应	YES	YES	YES

续表

变量	模型 1	模型 2	模型 3
	agg	agg	agg
常数项	0.851 ***	0.932 ***	-0.859 ***
	(27.47)	(51.02)	(-5.674)
N	5896	5896	5896
R^2	0.071	0.044	0.077

注：*** 、* 分别表示在 1%、10%水平上显著；括号内为 T 值。

6.1.3 产业集聚机制动态检验

任何环境规制政策效应发挥均具有一定的时效性和滞后性。前文分析得到“两控区”政策的绿色全要素生产率促进效应具有明显的时效性和滞后性，那么“两控区”政策对绿色全要素生产率的产业集聚机制是否同样存在时效性和滞后性？

本书在式（6-3）和式（6-4）的基础上进行了扩展，并建立回归方程（6-5）和方程（6-6），具体形式如下：

$$agg_{it} = \beta_0 + \beta_1 t_{it} + \beta_2 treated_{it} + \sum_{j=1}^{15} \beta_j TCZ_{it} \times year^j + \sum control_{it} + \varepsilon_{it} \tag{6-5}$$

其中，$year^j$ 表示试点城市实施环境规制政策后第 j 年的年度哑变量（j=1，2，3，4，…，15），在第 j 年赋值是 1，其他年份是 0。因本书“两控区”政策在 2000 年正式实施，在 2001 年是 j=1，变量 $TCZ_{it} * year^1 = 1$，其余年份赋值均为 0；在 2002 年是 j=2，变量 $TCZ_{it} * year^2 = 1$，其余年份赋值均为 0；依此类推。回归估计系数 β_j 大小反映了“两控区”政策正式实施第 j 年后，其对城市产业集聚影响效应大小。

$$agg_{it} = \beta_0 + \sum_{j=1}^{15} \beta_j TCZ_{it}^j + \sum control_{it} + u_i + \delta_t + \varepsilon_{it} \tag{6-6}$$

其中，TCZ^j 表示试点城市实施环境规制政策后第 j 年的年度哑变量（j=1，2，3，4，…，15），在第 j 年赋值是 1，其他年份是 0。与回归方程（5-5）类似，因本书“两控区”政策在 2000 年正式实施，在 2001 年是 j=1，变量 $TCZ_{it}{}^1 = 1$，其余年份赋值均为 0。β_j 回归估计系数大小反映了“两控区”政策正式实施第 j 年后，其对城市产业集聚影响效应大小。

在此基础上，本书分别采用 OLS 回归估计模型和双向固定效应模型对式（6-5）和式（6-6）进行了回归分析，估计结果见表 6-3。其中，模型 1 为 OLS 模型估计结果，结果显示，TCZ^1、TCZ^2、TCZ^3、TCZ^4、TCZ^5、TCZ^6、TCZ^7、TCZ^8、TCZ^9 回归估计系数均显著为正，而 TCZ^{10}、TCZ^{11}、TCZ^{12}、TCZ^{13}、TCZ^{14}、TCZ^{15} 回归估计系数为正，但未通过显著性检验。模型 2 和模型 3 分别为未纳入控制变量和纳入所有控制变量的双向固定效应回归估计结果，结果均显示，TCZ^1、TCZ^2、TCZ^3、TCZ^4、TCZ^5、TCZ^6、TCZ^7、TCZ^8、TCZ^9 回归估计系数显著为正，而 TCZ^{10}①、TCZ^{11}、TCZ^{12}、TCZ^{13}、TCZ^{14}、TCZ^{15} 回归估计系数为正，但未通过显著性检验。综合模型 1、模型 2 和模型 3 估计结果，本书发现，2001～2009 年，“两控区”政策对产业集聚具有显著的促进作用，而 2010 年之后，“两控区”政策对产业集聚促进作用变得不显著。以上结果表明：第一，环境规制对产业集聚的促进效应不存在滞后性；第二，环境规制对产业集聚的促进效应存在时效性。对于“两控区”这一命令控制型环境政策而言，其效应在 2010 年便全部失效。

表 6-3　产业集聚机制动态检验估计结果

变量	模型 1	模型 2	模型 3
	agg	agg	agg
TCZ^1	0.118**	0.118***	0.109***
	(2.203)	(3.566)	(3.322)
TCZ^2	0.0990*	0.0989**	0.0825**
	(1.761)	(2.571)	(2.149)
TCZ^3	0.113*	0.113***	0.0962**
	(1.924)	(2.648)	(2.245)
TCZ^4	0.110*	0.110**	0.0982**
	(1.852)	(2.518)	(2.268)
TCZ^5	0.130**	0.130***	0.121**
	(2.084)	(2.729)	(2.557)

① 未纳入控制变量时通过显著性检验。

续表

变量	模型 1 agg	模型 2 agg	模型 3 agg
TCZ^6	0.118* (1.860)	0.118** (2.415)	0.107** (2.187)
TCZ^7	0.117* (1.813)	0.117** (2.309)	0.0984* (1.929)
TCZ^8	0.117* (1.737)	0.117** (2.194)	0.0986* (1.830)
TCZ^9	0.122* (1.771)	0.122** (2.240)	0.0979* (1.785)
TCZ^{10}	0.111 (1.568)	0.111** (1.988)	0.0903 (1.601)
TCZ^{11}	0.0837 (1.255)	0.0836 (1.592)	0.0642 (1.198)
TCZ^{12}	0.0715 (1.091)	0.0714 (1.386)	0.0473 (0.896)
TCZ^{13}	0.0288 (0.462)	0.0288 (0.572)	0.00268 (0.0548)
TCZ^{14}	0.0129 (0.192)	0.0129 (0.227)	-0.0158 (-0.286)
TCZ^{15}	0.0157 (0.241)	0.0156 (0.285)	-0.0169 (-0.307)
t	-0.0156 (-0.336)	—	—
treated	0.160*** (9.795)	—	—
控制变量	NO	NO	YES
城市固定效应	YES	YES	YES
年份固定效应	YES	YES	YES
常数项	0.840*** (78.26)	0.932*** (42.17)	-0.845*** (-3.015)

续表

变量	模型 1 agg	模型 2 agg	模型 3 agg
N	5896	5896	5896
R^2	0.071	0.045	0.079

注：*** 、** 、* 分别表示在 1%、5%、10%水平上显著；括号内为 T 值。

为更好地呈现“两控区”政策对产业集聚影响的动态变化，本书绘制了“两控区”政策对产业集聚影响动态效应趋势图（见图 6-1）。结果显示，“两控区”政策对产业集聚促进效应基本呈现不断下降的趋势，表明“两控区”政策的产业集聚促进效应随着政策实施年份的推移而不断降低。

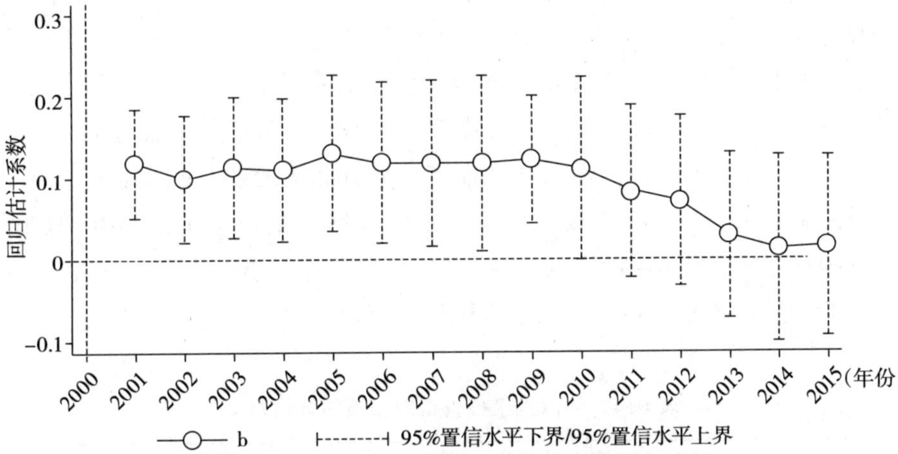

图 6-1　“两控区”政策对产业集聚影响动态效应

综上，本书发现，环境规制政策实施引起的产业结构升级和产业集聚是环境规制促进绿色全要素生产率的重要渠道。其中，环境规制对产业集聚促进机制存在时效性和递减性，其效应不仅在 2010 年消失，而且促进效应随着政策实施年份的推移而不断降低。

6.2　外商直接投资机制

环境规制政策实施是会抑制外商直接投资而降低绿色全要素生产率，

还是会促进外商直接投资而提高绿色全要素生产率？本书构建以下计量模型对外商直接投资机制进行实证检验：

$$FDI_{it} = \beta_0 + \beta_1 t_{it} + \beta_2 treated_{it} + \beta_3 TCZ_{it} + \varepsilon_{it} \quad (6-7)$$

$$FDI_{it} = \beta_0 + \beta_1 TCZ_{it} + \sum control_{it} + \mu_i + \delta_t + \varepsilon_{it} \quad (6-8)$$

其中，FDI_{it}表示 i 城市 t 年的外商直接投资水平，TCZ 表示“两控区”政策，control 表示影响外商直接投资的其他控制变量，包括产业集聚、劳均资本存量、人力资本水平等；μ_i 表示城市固定效应，δ_t 表示年份固定效应，ε_{it}表示随机扰动项。

本书采用 OLS 估计模型对式（6-7）和双向固定效应模型对式（6-8）进行了估计，回归估计结果见表 6-4。其中，模型 1 为 OLS 回归估计结果，结果显示，“两控区”政策变量 TCZ 回归估计系数为负，但未通过显著性检验；模型 2 和模型 3 分别为未纳入控制变量和纳入控制变量的双向固定效应估计结果，结果均显示，“两控区”政策变量 TCZ 回归估计系数为负，且未通过显著性检验。模型 1、模型 2 和模型 3 估计结果表明，“两控区”政策实施并未显著抑制外商直接投资。虽然“两控区”的政策未能显著抑制外商直接投资进入，但抑制了外商直接投资所能带来的先进环保技术和环保管理经验的外溢效应，在一定程度上阻碍了绿色全要素生产率提升。

表 6-4　外商直接投资机制检验估计结果

变量	模型 1 FDI	模型 2 FDI	模型 3 FDI
TCZ	-0.00231 (-0.981)	-0.00227 (-1.521)	-0.00429 (-0.984)
t	-0.0180*** (-4.893)	—	—
treated	0.00759*** (-3.787)	—	—
agg	—	—	-0.00267 (-0.988)
kl	—	—	0.000705 (-0.592)

续表

变量	模型 1 FDI	模型 2 FDI	模型 3 FDI
hc	—	—	−0.413* (−1.883)
popd	—	—	0.00186 (−0.146)
rd	—	—	−0.148* (−1.799)
gov	—	—	0.00375 (−0.232)
ui	—	—	−0.0283 (−1.021)
城市固定效应	YES	YES	YES
年份固定效应	YES	YES	YES
常数项	0.0310*** (−11.54)	0.0354*** (−23)	0.076 (−0.96)
N	5896	5896	5896
R^2	0.024	0.047	0.073

注：***、* 分别表示在 1%、10%水平上显著；括号内为 T 值。

6.3　技术创新机制

6.3.1　技术创新机制检验

理论分析发现，环境规制强度提高引致的技术创新是促进绿色全要素生产率的重要机制。那么，环境规制政策实施是否会促进技术创新进而提升绿色全要素生产率？本书构建以下计量模型对技术创新机制进行实证检验：

$$RD_{it} = \beta_0 + \beta_1 t_{it} + \beta_2 treated_{it} + \beta_3 TCZ_{it} + \varepsilon_{it} \quad (6-9)$$

$$RD_{it} = \beta_0 + \beta_1 TCZ_{it} + \sum control_{it} + \mu_i + \delta_t + \varepsilon_{it} \quad (6-10)$$

其中，RD_{it}表示 i 城市 t 年的技术进步水平，TCZ 表示“两控区”政策，control 表示影响技术进步的其他控制变量，包括产业集聚、劳均资本存量、人力资本水平等；μ_i 表示城市固定效应，δ_t 表示年份固定效应，ε_{it}表示随机扰动项。

本书采用 OLS 估计模型对式（6-9）和双向固定效应模型对式（6-10）进行了估计，回归估计结果见表 6-5。其中，模型 1 为 OLS 估计结果，结果显示，“两控区”政策变量 TCZ 回归估计系数为正，且通过显著性检验；模型 2 为未纳入控制变量的双向固定效应估计结果，结果显示，“两控区”政策变量 TCZ 回归估计系数显著为正；模型 3 为纳入控制变量的双向固定效应估计结果，结果显示，“两控区”政策变量 TCZ 回归估计系数同样显著为正。模型 1、模型 2 和模型 3 估计结果表明，“两控区”政策实施显著促进了技术进步水平。

表 6-5 技术创新机制检验估计结果

变量	模型 1 RD	模型 2 RD	模型 3 RD
TCZ	0.00552*** (8.453)	0.00552*** (9.706)	0.00275*** (4.855)
t	0.00437*** (4.271)	—	—
treated	-0.000724 (-1.301)	—	—
agg	—	—	0.00120*** (2.861)
kl	—	—	-0.00164*** (-5.931)
hc	—	—	0.190*** (13.87)
fdi	—	—	-0.0192*** (-3.816)

续表

变量	模型 1	模型 2	模型 3
	RD	RD	RD
popd	—	—	0.00118 **
			(2.141)
ui	—	—	0.00550 ***
			(3.163)
gov	—	—	-0.0136 ***
			(-4.797)
城市固定效应	YES	YES	YES
年份固定效应	YES	YES	YES
常数项	0.0111 ***	0.0107 ***	0.00606
	(14.92)	(18.28)	(1.270)
N	5896	5896	5896
R^2	0.220	0.265	0.318

注：***、** 分别表示在 1%、5%水平上显著；括号内为 T 值。

6.3.2 技术创新机制动态检验

前文分析得到，“两控区”政策对绿色全要素生产率的产业集聚机制具有明显的时效性，而且一般情况下，环境规制政策效应发挥均具有一定的时效性和滞后性。那么，“两控区”政策对绿色全要素生产率影响的技术创新机制是否同样存在时效性和滞后性？

本书在式（6-9）和式（6-10）的基础上进行了扩展，并建立回归方程（6-11）和方程（6-12），具体形式如下：

$$RD_{it} = \beta_0 + \beta_1 t_{it} + \beta_2 treated_{it} + \sum_{j=1}^{15} \beta_j TCZ_{it} \times year^j + \sum control_{it} + \varepsilon_{it} \tag{6-11}$$

其中，$year^j$表示试点城市实施环境规制政策后第 j 年的年度哑变量（j=1，2，3，4，…，15），在第 j 年赋值是 1，其他年份是 0。因本书“两控区”政策在 2000 年正式实施，在 2001 年是 j=1，变量 $TCZ_{it} * year^1 = 1$，其余年份赋值均为 0；在 2002 年是 j=2，变量 $TCZ_{it} * year^2 = 1$，其余年份赋值均为0；依此类推。回归估计系数β_j大小反映了“两控区”政策正式实施第j年后，其对技术进步影响效应大小。

$$RD_{it} = \beta_0 + \sum_{j=1}^{15} \beta_j TCZ_{it}^{j} + \sum control_{it} + \mu_i + \delta_t + \varepsilon_{it} \qquad (6-12)$$

其中，TCZ^j表示试点城市实施环境规制政策后第j年的年度哑变量（j=1，2，3，4，…，15），在第j年赋值是1，其他年份是0。与回归方程（5-5）类似，因本书“两控区”政策在2000年正式实施，在2001年是j=1，变量$TCZ_{it}{}^{1}=1$，其余年份赋值均为0。回归估计系数β_j大小反映了“两控区”政策正式实施第j年后，其对技术进步影响效应大小。

与前文分析类似，在此基础上，本书分别采用OLS回归估计模型和双向固定效应模型对式（6-11）和式（6-12）进行了回归分析，估计结果见表6-6。其中，模型1为OLS估计结果，结果显示，TCZ^1、TCZ^2、TCZ^3、TCZ^4、TCZ^5、TCZ^6回归估计系数为正，但均未通过显著性检验，而TCZ^7、TCZ^8、TCZ^9、TCZ^{10}、TCZ^{11}、TCZ^{12}、TCZ^{13}、TCZ^{14}、TCZ^{15}回归估计系数为正，且通过高水平显著性检验。模型2和模型3分别为未纳入控制变量和纳入所有控制变量的双向固定效应回归估计结果，结果均显示，TCZ^1、TCZ^2、TCZ^3、TCZ^4、TCZ^5、TCZ^6回归估计系数为正，但均未通过显著性检验，而TCZ^7、TCZ^8、TCZ^9、TCZ^{10}、TCZ^{11}、TCZ^{12}、TCZ^{13}、TCZ^{14}、TCZ^{15}回归估计系数显著为正。

表6-6 技术创新机制动态检验估计结果

变量	模型1	模型2	模型3
	RD	RD	RD
TCZ^1	0.00112	0.00112	0.000933
	(0.775)	(0.893)	(0.754)
TCZ^2	0.00162	0.00162	0.00123
	(1.124)	(1.296)	(0.992)
TCZ^3	0.00110	0.00110	0.000688
	(0.763)	(0.880)	(0.556)
TCZ^4	0.000643	0.000643	0.000119
	(0.445)	(0.513)	(0.0960)

续表

变量	模型 1 RD	模型 2 RD	模型 3 RD
TCZ^5	0.000744 (0.515)	0.000744 (0.594)	0.000133 (0.108)
TCZ^6	0.00122 (0.842)	0.00122 (0.971)	0.000467 (0.377)
TCZ^7	0.00693*** (4.795)	0.00693*** (5.527)	0.00604*** (4.871)
TCZ^8	0.00748*** (5.178)	0.00748*** (5.969)	0.00647*** (5.213)
TCZ^9	0.00798*** (5.525)	0.00798*** (6.369)	0.00676*** (5.435)
TCZ^{10}	0.00745*** (5.154)	0.00745*** (5.941)	0.00612*** (4.919)
TCZ^{11}	0.00773*** (5.349)	0.00773*** (6.166)	0.00638*** (5.129)
TCZ^{12}	0.00872*** (6.039)	0.00872*** (6.962)	0.00719*** (5.777)
TCZ^{13}	0.00955*** (6.609)	0.00955*** (7.618)	0.00799*** (6.407)
TCZ^{14}	0.00938*** (6.491)	0.00938*** (7.483)	0.00772*** (6.187)
TCZ^{15}	0.0107*** (7.395)	0.0107*** (8.525)	0.00895*** (7.171)
t	0.00136 (1.079)	—	—
treated	-0.000455 (-0.890)	—	—
控制变量	NO	NO	YES
城市固定效应	YES	YES	YES
年份固定效应	YES	YES	YES
常数项	0.0110*** (15.05)	0.0107*** (18.52)	0.0294*** (12.43)

续表

变量	模型 1	模型 2	模型 3
	RD	RD	RD
N	5896	5896	5896
R^2	0.236	0.285	0.304

注：*** 表示在1%水平上显著；括号内为T值。

结合模型1、模型2和模型3估计结果，本书发现，2001～2006年，“两控区”政策对技术进步的促进作用是不显著的，而在2007年之后，“两控区”政策对技术进步具有显著的促进作用。上述结果表明：第一，环境规制的技术进步提升效应存在滞后性。对于“两控区”环境政策而言，“两控区”政策实施对城市技术进步水平提升作用并不是当期有效的，而是存在6年左右的时滞，这可能是因为环境规制政策对企业研发创新激励存在阈值。在环境规制政策实施前期，鉴于研发成本和风险较大，政府强制监管力度较低，企业更倾向于采取购买或升级末端污染物处理设备实现污染物达标排放；而随着环保部门监管力度加大，企业减排边际成本提高，不断倒逼企业进行研发投入和绿色技术创新等，此时，环境规制政策对企业绿色技术创新的激励作用才开始发挥。第二，环境规制的技术进步提升效应并不存在时效性。“两控区”政策实施对城市技术进步开始表现出显著促进作用，之后在样本期内均表现出显著的促进作用，并未出现效应中断或不显著现象。

为了更好地呈现“两控区”政策对技术进步影响的动态变化，本书绘制了“两控区”政策对技术进步影响动态效应趋势图（见图6-2）。结果显示，“两控区”政策对技术进步促进效应在2006年之前变化平稳，在2006年之后呈现不断上升的趋势，表明“两控区”政策的技术进步促进效应随着政策实施年份的推移呈现从不显著到显著、从低到高的变化趋势。

综上，本书发现，环境规制政策实施所引致的技术创新是环境规制政策能够促进绿色全要素生产率的重要机制。此外，环境规制对技术创新促进机制存在显著滞后性和递增性，表现在“两控区”政策实施对技术进步提升效应存在6年左右的时滞，之后该效应随着政策实施年份的推移而不断提高。

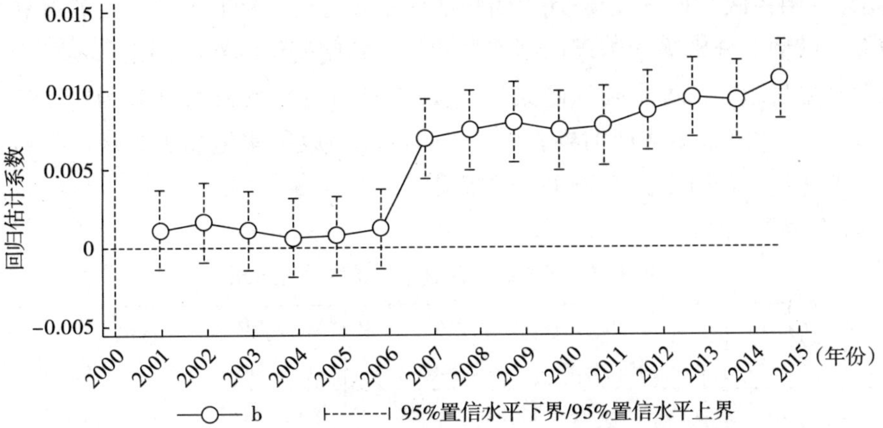

图 6-2 “两控区”政策对技术进步影响动态效应

6.4 要素结构升级机制

6.4.1 要素结构升级机制检验

环境规制强度提高导致企业要素投入结构和要素需求结构升级，提升高技能劳动力比例是促进绿色全要素生产率的重要机制。那么，环境规制政策实施是否会促进人力资本水平提高进而提高绿色全要素生产率？本书构建以下计量模型对要素结构升级机制进行实证检验：

$$HC_{it} = \beta_0 + \beta_1 t_{it} + \beta_2 treated_{it} + \beta_3 TCZ_{it} + \varepsilon_{it} \quad (6-13)$$

$$HC_{it} = \beta_0 + \beta_1 TCZ_{it} + \sum control_{it} + \mu_i + \delta_t + \varepsilon_{it} \quad (6-14)$$

其中，HC_{it}表示 i 城市 t 年的人力资本水平，TCZ 表示“两控区”政策，control 表示影响人力资本水平的其他控制变量，包括产业集聚、劳均资本存量、产业升级等；μ_i 表示城市固定效应，δ_t 表示年份固定效应，ε_{it}表示随机扰动项。

本书采用 OLS 估计模型对式（6-13）和双向固定效应模型对式(6-14)进行了估计，回归估计结果见表 6-7。其中，模型 1 为 OLS 估计结果，结果显示，“两控区”政策变量TCZ回归估计系数为正，且通过显著性检验；模型2和模型3分别为未纳入控制变量和纳入控制变量的双向固定效应估计结果，结果显示，“两控区”政策变量TCZ回归估计系数均显著为正。模型1、模型2和模型3估计结果表明，“两控区”政策实施显著提高了高技能劳动者比例，促进了人力资本水平提升。

表6-7 要素结构升级机制检验估计结果

变量	模型1 HC	模型2 HC	模型3 HC	模型4 HC_ edu
TCZ	0. 00901 *** (9. 381)	0. 00902 *** (15. 97)	0. 00617 *** (11. 44)	0. 854 *** (8. 863)
t	0. 00986 *** (6. 545)	—	—	—
treated	0. 000109 (0. 133)	—	—	—
agg	—	—	-0. 000142 (-0. 351)	-0. 0846 (-1. 255)
kl	—	—	-0. 00430 *** (-16. 51)	-0. 666 *** (-14. 18)
fdi	—	—	-0. 0348 *** (-7. 230)	-6. 690 *** (-7. 824)
popd	—	—	0. 00344 *** (6. 535)	0. 799 *** (6. 574)
ui	—	—	0. 0107 *** (6. 442)	1. 778 *** (5. 472)
rd	—	—	0. 175 *** (13. 87)	26. 37 *** (12. 13)
gov	—	—	-0. 00886 *** (-3. 251)	-1. 958 *** (-4. 399)
城市固定效应	YES	YES	YES	YES
年份固定效应	YES	YES	YES	YES

续表

变量	模型 1 HC	模型 2 HC	模型 3 HC	模型 4 HC_ edu
常数项	0.00497*** (4.528)	0.00503*** (8.650)	-0.000398 (-0.0867)	-0.633 (-0.718)
N	5896	5896	5896	5435
R^2	0.150	0.290	0.383	0.400

注：*** 分别表示在 1%水平上显著；括号内为 T 值。

为进一步验证“两控区”政策促进人力资本水平提升是否稳健，本书借鉴于斌斌（2016）的方法对各地区人均受教育年限进行了测算①。首先设定小学受教育年限为 6 年，中学为 12 年，高等教育为 16 年，然后以不同受教育程度人口在总人口中的比例作为权数，计算得到各地级市人均受教育年限。在此基础上，本书进一步用平均受教育年限替代人力资本水平变量并进行回归估计，回归估计结果见模型 4。结果显示，“两控区”政策变量 TCZ 回归估计系数为正，且在 1%水平上通过显著性检验，进一步表明“两控区”政策实施对人力资本水平提升具有显著的促进作用，并且是稳健的。

6.4.2 要素结构升级机制动态检验

如前文所证实，一般情况下，环境规制政策效应发挥均具有一定的时效性和滞后性。那么，“两控区”政策对绿色全要素生产率影响的要素结构升级机制是否同样存在时效性和滞后性？

本书在式（6-13）和式（6-14）的基础上进行了扩展，并建立回归方程（6-15）和方程（6-16），具体形式如下：

$$HC_{it} = \beta_0 + \beta_1 t_{it} + \beta_2 treated_{it} + \sum_{j=1}^{15} \beta_j TCZ_{it} \times year^j + \sum control_{it} + \varepsilon_{it} \tag{6-15}$$

① 于斌斌. 中国城市生产性服务业集聚模式选择的经济增长效应——基于行业、地区与城市规模异质性的空间杜宾模型分析［J］. 经济理论与经济管理，2016，36（1）：98-112.

其中，$year^j$表示试点城市实施环境规制政策后第 j 年的年度哑变量（j=1，2，3，4，…，15），在第 j 年赋值是 1，其他年份是 0。因本书“两控区”政策在 2000 年正式实施，在 2001 年是 j=1，变量 $TCZ_{it} * year^1=1$，其余年份赋值均为 0；在 2002 年是 j=2，变量 $TCZ_{it} * year^2=1$，其余年份赋值均为 0；依此类推。回归估计系数 β_j大小反映了“两控区”政策正式实施第 j 年后，其对人力资本水平影响效应大小。

$$HC_{it} = \beta_0 + \sum_{j=1}^{15} \beta_j TCZ_{it}^j + \sum control_{it} + \mu_i + \delta_t + \varepsilon_{it} \tag{6-16}$$

其中，TCZ^j表示试点城市实施环境规制政策后第 j 年的年度哑变量（j=1，2，3，4，…，15），在第 j 年赋值是 1，其他年份是 0。与回归方程（5-5）类似，因本书“两控区”政策在 2000 年正式实施，在 2001 年是 j=1，变量 ${TCZ_{it}}^1=1$，其余年份赋值均为 0。回归估计系数 β_j大小反映了“两控区”政策正式实施第 j 年后，其对人力资本水平影响效应大小。

与前文分析类似，在此基础上，本书分别采用 OLS 回归估计模型和双向固定效应模型对式（6-15）和式（6-16）进行了回归分析，估计结果见表 6-8。其中，模型 1 为 OLS 估计结果，结果显示，TCZ^1、TCZ^2、TCZ^3、TCZ^4、TCZ^5、TCZ^6、TCZ^7、TCZ^8、TCZ^9、TCZ^{10}、TCZ^{11}、TCZ^{12}、TCZ^{13}、TCZ^{14}、TCZ^{15}回归估计系数为正，且通过高水平显著性检验。模型 2 和模型 3 分别为未纳入控制变量和纳入所有控制变量的双向固定效应回归估计结果，结果均显示，TCZ^1、TCZ^2、TCZ^3、TCZ^4、TCZ^5、TCZ^6、TCZ^7、TCZ^8、TCZ^9、TCZ^{10}、TCZ^{11}、TCZ^{12}、TCZ^{13}、TCZ^{14}、TCZ^{15}回归估计系数显著为正。模型 1、模型 2 和模型 3 估计结果表明，2001~2015 年，“两控区”政策对人力资本水平均具有显著的促进作用。

表 6-8　要素结构升级机制动态检验估计结果

变量	模型 1 HC	模型 2 HC	模型 3 HC
TCZ^1	0.00343 *** (3.732)	0.00343 *** (2.742)	0.00273 ** (2.317)
TCZ^2	0.00447 *** (4.044)	0.00447 *** (3.573)	0.00328 *** (2.788)

续表

变量	模型 1	模型 2	模型 3
	HC	HC	HC
TCZ^3	0.00623 *** (4.764)	0.00624 *** (4.981)	0.00518 *** (4.399)
TCZ^4	0.00706 *** (4.511)	0.00706 *** (5.636)	0.00575 *** (4.889)
TCZ^5	0.00830 *** (4.490)	0.00831 *** (6.632)	0.00691 *** (5.870)
TCZ^6	0.00940 *** (4.821)	0.00941 *** (7.512)	0.00777 *** (6.598)
TCZ^7	0.00973 *** (4.618)	0.00974 *** (7.773)	0.00707 *** (5.987)
TCZ^8	0.00988 *** (4.475)	0.00988 *** (7.889)	0.00690 *** (5.844)
TCZ^9	0.0104 *** (4.391)	0.0104 *** (8.303)	0.00699 *** (5.903)
TCZ^{10}	0.0106 *** (4.349)	0.0106 *** (8.456)	0.00704 *** (5.947)
TCZ^{11}	0.0104 *** (4.188)	0.0104 *** (8.298)	0.00663 *** (5.602)
TCZ^{12}	0.0106 *** (4.158)	0.0106 *** (8.493)	0.00644 *** (5.432)
TCZ^{13}	0.0116 *** (4.233)	0.0116 *** (9.259)	0.00718 *** (6.039)
TCZ^{14}	0.0115 *** (4.097)	0.0115 *** (9.148)	0.00694 *** (5.835)
TCZ^{15}	0.0118 *** (4.079)	0.0118 *** (9.387)	0.00699 *** (5.864)
t	0.00827 *** (5.227)	—	—
treated	0.000515 ** (2.091)	—	—

续表

变量	模型 1 HC	模型 2 HC	模型 3 HC
控制变量	NO	NO	YES
城市固定效应	YES	YES	YES
年份固定效应	YES	YES	YES
常数项	0.00474*** (14.37)	0.00503*** (8.711)	-0.00198 (-0.431)
N	5896	5896	5896
R^2	0.154	0.301	0.387

注：***、**分别表示在1%、5%水平上显著；括号内为T值。

上述结果表明：环境规制的人力资本水平提升效应不存在滞后性和时效性。对于“两控区”环境政策而言，“两控区”政策实施对地区人力资本水平提升作用是当期有效的，而且在样本期内均表现出显著的促进作用，并未出现效应中断或不显著现象。这可能是因为无论是在环境规制政策实施初期，企业倾向于选择安装末端污染处理设备实现污染达标排放，还是在环境规制政策实施中后期，企业倾向于选择环保技术升级改造或加大研发投入和绿色技术创新，以降低各个生产过程中的污染排放或循环利用，实现清洁生产，均会增加对熟练技术工人和研发创新等高技能人力资本的需求。因此，环境规制对要素结构升级的促进效应在当期即可生效并具有持续性。

为更好地呈现“两控区”政策对人力资本水平影响的动态变化，本书绘制了“两控区”政策对人力资本水平影响动态效应趋势图（见图6-3）。结果显示，“两控区”政策对人力资本水平提升效应呈现不断上升变化趋势，表明，“两控区”政策的人力资本水平提升效应随着政策实施年份的推移呈现不断增加的趋势。尤其是在政策实施后期，企业处于倾向于绿色技术研发创新阶段，对高技能劳动力需求更高，因此，环境规制政策对人力资本水平提升效应进一步提高。

综上，本书发现，环境规制政策实施所引致的人力资本水平提升，实现要素结构升级是环境规制政策能够促进绿色全要素生产率的重要机制。

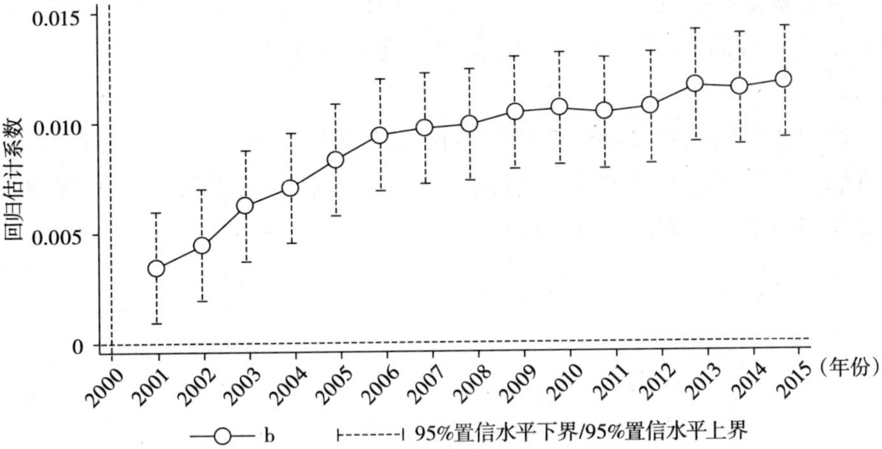

图 6-3　“两控区”政策对人力资本水平影响动态效应

此外，环境规制对人力资本水平提升机制不存在显著滞后性和时效性，而是在当期生效并表现出显著的持续性。

6.5　小　结

在前文理论分析的基础上，本章运用 1994～2015 年 268 个地级市面板数据逐一实证检验了环境规制对绿色全要素生产率影响的产业结构升级和产业集聚机制、外商直接投资机制、技术创新机制、要素结构升级机制，研究发现：

第一，环境规制政策实施能够促进产业结构升级和产业集聚，其为环境规制促进绿色全要素生产率的重要机制，但该机制存在时效性和递减性，其效应不仅在 2010 年消失，而且随着政策实施年份的推移而不断降低。

第二，环境规制政策实施未能显著抑制外商直接投资进入，但阻碍了外商直接投资所能带来的先进环保技术和环保管理经验的外溢效应发挥，在一定程度上抑制了绿色全要素生产率提升。

第三，环境规制政策实施所引致的技术创新是环境规制政策能够促进绿色全要素生产率的重要机制。该机制存在显著滞后性和递增性，其效应存在6年左右的时滞，但之后促进效应随着政策实施年份的推移而不断提高。

第四，环境规制政策实施所引致的要素结构升级是环境规制政策能够促进绿色全要素生产率的重要机制。该机制不存在显著滞后性和时效性，而是在当期生效并表现出显著的持续性。

7　环境规制下绿色全要素生产率空间溢出效应

任何经济体并不是独立存在的，经典“地理学第一定律”认为，任何事物都是存在空间关联的，并表现出一定的空间依赖性或空间自相关性（Anselin and Getis，1992）①。本书是从地级市层面研究“两控区”环境规制对绿色全要素生产率影响，因此不能忽视绿色全要素生产率和“两控区”试点与非“两控区”城市环境政策执行方面存在一定的空间相关性。现实中，“两控区”政策将城市空间划分为“两控区”试点城市与非“两控区”城市而产生环境规制政策异质性，“两控区”政策试点城市邻近城市既有“两控区”试点城市，又有非“两控区”试点城市，那么“两控区”城市对于周边非“两控区”城市绿色全要素生产率是否存在空间辐射效应？辐射范围是否存在空间边界？“两控区”城市与周边同样属于“两控区”城市是否存在绿色全要素生产率提升的协同集聚效应？绿色全要素生产率是否存在空间外溢效应？为回答上述问题，本章将基于空间视角，对“两控区”政策下的绿色全要素生产率空间溢出效应进行分析。

7.1　空间相关分析

7.1.1　绿色全要素生产率空间分布格局

本书首先考察了城市绿色全要素生产率空间分布格局，初步观察绿色

① Anselin L., Getis A. Spatial Statistical Analysis and Geographic Information Systems [J]. Annals of Regional Science, 1992, 26 (1): 19-33.

全要素生产率是否存在一定的空间相关性。鉴于研究时段较长，本书只展现了样本期间内城市绿色全要素生产率均值空间分布状况。第一，大部分城市绿色全要素生产率存在空间集聚现象，绿色全要素生产率较高的城市的周边城市绿色全要素生产率一般较高，而绿色全要素生产率较低的城市的周边城市一般较低。第二，相对较高绿色全要素生产率的城市分布与“两控区”试点城市存在一定程度的吻合。具体来看，样本城市中有 90 个“两控区”试点城市绿色全要素生产率处在 1.0015～1.0875，处于第一梯队。第三，东部省份城市和部分中部城市绿色全要素生产率相对较高。整体上来讲，城市绿色全要素生产率存在空间集聚现象，在一定程度上存在空间相关和空间依赖性。

7.1.2 绿色全要素生产率空间自相关检验

绿色全要素生产率的空间分布格局在一定程度上展现了绿色全要素生产率的空间相关性，本书有必要进一步考察绿色全要素生产率是否存在空间自相关性，满足空间自相关性是进行空间层面分析的基础。

通常情况下，学者采用 Moran's I 指数来检验经济社会变量是否存在空间自相关性，莫兰指数是由 Moran 在 1950 年提出来的①，该指数主要反映的是观测值及空间滞后的相关系数大小，其计算公式如下：

$$\text{Moran's I} = \sum_{i=1}^{n}\sum_{j=1}^{n} W_{ij}(Y_i - \bar{Y})(Y_j - \bar{Y}) / S^2 \sum_{i=1}^{n}\sum_{j=1}^{n} W_{ij} \tag{7-1}$$

其中，$S^2=\sum_{i=1}^{n}(Y_i-\bar{Y})^2$ 表示样本方差，$\bar{Y}=\sum_{i=1}^{n}Y_i/n$ 表示样本均值，Y_i 表示第 i 个城市的绿色全要素生产率，n 为样本城市个数，W_{ij} 为 N 阶空间权重矩阵，$\sum_{i=1}^{n}\sum_{j=1}^{n}W_{ij}$ 表示所有空间权重之和。

常见的空间权重矩阵包括 0-1 空间邻接权重矩阵、经济权重矩阵、地理空间距离权重矩阵、经济权重与地理空间距离权重相结合的嵌套矩阵（王守坤，2013）②。考虑到城市绿色全要素生产率空间溢出效应完全取决于距离远近，如果两个地级市之间距离很近，则两者之间绿色全要素生产率

① Moran P. A. P. Notes on Continuous Stochastic Phenomena[J]. Biometrika, 1950, 37(1): 17-23.

② 王守坤. 空间计量模型中权重矩阵的类型与选择［J］. 经济数学，2013，30（3）：57-63.

空间效应较强；反之，若两个地级市之间距离很远，则两者之间绿色全要素生产率空间效应较弱，意味着两个城市之间的空间效应随着距离的疏远而逐渐减弱。而传统的邻接权重只考虑了两个相互毗邻的城市之间的相互影响和相互作用，忽略了地理距离接近但不相邻的两个城市之间的相互影响和相互作用，因此本书主要采用地理距离空间权重。地理距离空间权重 W_i 矩阵基本形式为：

$$W_{ij}=\begin{cases}1/d_{ij},\ i\neq j\\0,\ i=j\end{cases}\tag{7-2}$$

其中，W_{ij} 是包含 i 行和 j 列元素的矩阵，行与列均对应相关的地理单元，i≠j 表示城市 i 和城市 j 拥有共同边界，i=j 表示城市 i 和城市 j 无共同边界，对角线上元素均为 0，$1/d_{ij}$ 为城市 i 和城市 j 之间的地理距离的倒数，本书采用经纬度数据计算的地表距离衡量城市 i 和城市 j 之间的地理距离。此外，该权重矩阵进行了行标准化处理，使权重矩阵 W 每行之和为 1，并将权重矩阵变为零量纲，使权重矩阵只反映空间相关结构。

根据式（7-1）可得到绿色全要素生产率的莫兰指数。莫兰指数取值范围是［-1，1］，如果大于 0，表示各个城市绿色全要素生产率之间存在正向相关关系，同时也表明绿色全要素生产率存在空间集聚现象，意味着随着城市分布距离的聚集，绿色全要素生产率之间的相关性变得越来越显著；而如果小于 0，表示各个城市绿色全要素生产率之间存在负向相关关系，同时也表明绿色全要素生产率存在空间排斥现象，意味着随着城市分布距离的聚集，绿色全要素生产率之间的相关性反而变得越来越不显著；如果等于 0，表明各个城市绿色全要素生产率之间是相互独立的，并不存在任何相关关系。本书对 268 个地级市的绿色全要素生产率的莫兰指数进行了测算，结果见表 7-1。

表 7-1　1995~2015 年城市绿色全要素生产率莫兰指数

年份	I	SD（I）	Z	p 值
1995	0.006	0.006	1.545	0.122
1996	0.016	0.007	2.941	0.003
1997	0.005	0.007	1.326	0.185
1998	0.036	0.007	5.924	0.000

续表

年份	I	SD（I）	Z	p 值
1999	0.076	0.007	11.891	0.000
2000	-0.008	0.007	-0.684	0.494
2001	-0.017	0.007	-2.005	0.045
2002	0.045	0.007	7.218	0.000
2003	0.036	0.006	6.261	0.000
2004	0.022	0.007	3.897	0.000
2005	0.023	0.007	4.049	0.000
2006	0.019	0.007	3.467	0.001
2007	0.045	0.007	7.267	0.000
2008	0.029	0.007	4.933	0.000
2009	0.036	0.007	5.905	0.000
2010	0.033	0.007	5.470	0.000
2011	0.002	0.007	0.853	0.393
2012	0.025	0.007	4.290	0.000
2013	0.003	0.006	1.018	0.309
2014	-0.007	0.007	-0.487	0.627
2015	-0.002	0.006	0.297	0.766

结果显示，1995~2015 年，大部分年份城市绿色全要素生产率莫兰指数大于 0，且通过显著性检验，表明城市绿色全要素生产率在空间分布上并不是随机分布的，而是存在空间集聚，并表现出一定的正向空间自相关性，表明具有较高绿色全要素生产率的城市趋于与较高绿色全要素生产率的城市相邻，意味着绿色全要素生产率具有外溢性和正向外部性，经济增长质量较高、绿色经济转型程度较高的城市在空间上表现出“绿色发展模式”良性集聚；而具有较低绿色全要素生产率的城市趋于与较低绿色全要素生产率的城市相邻，经济增长质量较低、绿色经济转型程度较低的城市在空间上表现出“传统发展模式”恶性集聚。

7.1.3 “两控区”与非“两控区”城市环境管制的空间关联

一个地区的绿色全要素生产率不仅会受到本地区环境规制强度的影响，而且会受到周边地区环境规制强度的影响。我国出台的“两控区”政策在行政管理层面人为将地级市分割为“两控区”试点城市与非“两控区”试点城市，导致“两控区”试点城市周边城市可能同属于“两控区”试点城市或属于非“两控区”试点城市。

对于“两控区”试点城市与周边非“两控区”城市组合而言，一方面，“两控区”城市环境规制强度的提高，既有可能倒逼企业进行技术创新，开发新产品，也有可能导致那些污染密集型产业鉴于污染减排和技术改造成本而就近转移到环境规制相对宽松的非“两控区”城市；另一方面，环境污染具有明显的区域性特征，尤其是大气污染和水污染跨区域流动和扩散性强，当“两控区”城市因为实施严格的环境规制而导致污染物排放减少，环境治理技术水平和技术效率提升时，周边的非“两控区”城市可以得到“搭便车”的福利，污染排放总量减少，环境治理技术和技术效率由于空间溢出也得到提高。但由于“晋升锦标赛”，非“两控区”城市地方政府可能片面追求经济增长，而且环保部门隶属于当地政府，地方政府可能选择减少环保支出，并引进“两控区”城市的污染密集型产业，产生污染排放总量增加等“道德风险”。

对于“两控区”试点城市与周边“两控区”试点城市组合而言，一方面，“两控区”试点城市与周边“两控区”试点城市可能都会选择实施严格的环境规制强度来实现污染物排放降低，倒逼企业加大研发投入，促进技术创新等，形成协同集聚效应，共同促进绿色全要素生产率的提升；但另一方面，“两控区”城市与“两控区”城市的空间集聚还可能导致两城市之间在原材料、高技能劳动力、外商直接投资等方面形成激烈竞争，从而产生竞争或虹吸效应，并不能共同促进绿色全要素生产率的提升。此外，“两控区”试点城市实施严格的环境规制强度，周边的“两控区”试点城市在环境政策执行、环保治理投资等方面也可能存在道德风险，同样不利于共同促进环境质量改善和绿色全要素生产率提升。

7.2 “两控区”对非“两控区”的空间辐射效应

7.2.1 “两控区”对非“两控区”空间辐射平均效应

第5章详细探讨了“两控区”政策的绿色全要素生产率的促进效应，这其实得到的是“两控区”政策实施前后“两控区”城市与非“两控区”城市绿色全要素生产率的平均差异，控制组是所有距离范围内的非“两控区”城市，并没有考虑与“两控区”城市距离。本节将基于空间视角，将控制组按照与“两控区”的地理距离远近进行分组，重新对“两控区”对绿色全要素生产率影响进行估计，以观察“两控区”政策效应在空间范围内的变化。

考虑到样本数量和省域边界的影响，本书按照非“两控区”城市与“两控区”城市的距离远近选取了6组控制组，6个控制区以“两控区”城市为中心，空间范围不断扩大，形成“同心圆”格局。控制组1：距离“两控区”城市100公里之内的非“两控区”城市。控制组2：距离“两控区”城市200公里之内的非“两控区”城市。控制组3：距离“两控区”城市300公里之内的非“两控区”城市。控制组4：距离“两控区”城市400公里之内的非“两控区”城市。控制组5：距离“两控区”城市500公里之内的非“两控区”城市。控制组6：距离“两控区”城市600公里之内的非“两控区”城市。

进一步，本书采用双重差分法对“同心圆”距离模式下不同控制组下的“两控区”政策效应分别进行回归估计，估计结果见表7-2。估计结果显示，不同距离范围内控制组的“两控区”政策变量（TCZ）回归估计系数均在较高显著性水平上为正，这也再次从空间的角度证实了“两控区”环境规制政策对城市绿色全要素生产率具有显著促进作用。具体来看，以不同距离范围内的非“两控区”城市作为控制组，估计系数大小存在一定的差异。若以距离“两控区”城市100公里内、200公里内、300公里内的非“两控区”城市为控制组，“两控区”政策变量（TCZ）回归估计系数分别为 0.0186、0.0181、0.0200，系数估计值比较波动（见表 7-2 中模型 1、模型 2 和模型 3）。而若分别以距离“两控区”城市 400 公里内、500 公里内、600 公里内的非“两控区”城市作为控制组，“两控区”政策变量（TCZ）回归估计系数分别为 0.0195、0.0197 和 0.0197，估计系数显著性水平和估计值大小与第 5 章基准回归结果非常接近，并未发生较大的改变（见表 7-2 中模型 4、模型 5 和模型 6）。初步表明，距离“两控区”城市 300 公里以外区域的非“两控区”城市对估计结果的影响不大，几乎可以忽略。

表 7-2 控制组为同心圆距离模式下“两控区”政策效应估计结果

变量	100 公里内	200 公里内	300 公里内	400 公里内	500 公里内	600 公里内
	模型 1 GTFP	模型 2 GTFP	模型 3 GTFP	模型 4 GTFP	模型 5 GTFP	模型 6 GTFP
TCZ	0.0186** (2.246)	0.0181*** (2.674)	0.0200*** (3.061)	0.0195*** (3.006)	0.0197*** (3.080)	0.0197*** (3.093)
agg	0.0120** (2.437)	0.0112** (2.382)	0.0125*** (2.714)	0.0120*** (2.583)	0.0121*** (2.632)	0.0119*** (2.603)
kl	0.0217*** (6.082)	0.0220*** (6.695)	0.0214*** (6.738)	0.0202*** (6.411)	0.0204*** (6.568)	0.0205*** (6.640)
hc	0.166 (1.026)	0.155 (1.005)	0.146 (0.956)	0.144 (0.942)	0.151 (0.994)	0.145 (0.959)
fdi	-0.111 (-1.490)	-0.103 (-1.514)	-0.0580 (-0.991)	-0.0528 (-0.900)	-0.0516 (-0.884)	-0.0526 (-0.901)
popd	-0.000610 (-0.0714)	0.00458 (0.730)	0.00548 (0.900)	0.00563 (0.923)	0.00553 (0.910)	0.00566 (0.932)
ui	0.00704 (0.278)	-0.0413** (-2.016)	-0.0443** (-2.220)	-0.0385* (-1.942)	-0.0321* (-1.646)	-0.0268 (-1.382)
rd	-0.0582 (-0.360)	-0.0571 (-0.369)	-0.0235 (-0.152)	-0.00708 (-0.0456)	-0.0228 (-0.161)	-0.0230 (-0.163)
gov	0.0580 (1.252)	0.00734 (0.191)	0.0160 (0.424)	0.00624 (0.165)	-0.0123 (-0.341)	-0.0347 (-1.144)

续表

变量	100公里内	200公里内	300公里内	400公里内	500公里内	600公里内
	模型1 GTFP	模型2 GTFP	模型3 GTFP	模型4 GTFP	模型5 GTFP	模型6 GTFP
城市固定效应	YES	YES	YES	YES	YES	YES
年份固定效应	YES	YES	YES	YES	YES	YES
常数项	0.791*** (11.09)	0.861*** (14.89)	0.864*** (15.51)	0.862*** (15.50)	0.849*** (15.48)	0.838*** (15.33)
N	4305	5145	5418	5502	5607	5628
R^2	0.074	0.070	0.069	0.066	0.066	0.066

注：***、**、*分别表示在1%、5%、10%水平上显著；括号内为T值。

上述结果在一定程度上同时表明，“两控区”政策效应影响作用是有限的，可能存在空间边界。因上文“同心圆”模式中不同控制组是相互包含的，无法准确判别“两控区”政策效应的空间辐射范围。为进一步判别“两控区”政策效应空间辐射距离，本书按照与“两控区”的城市距离远近再次选取不同的控制组，6个控制组以“两控区”城市为中心，形成0~100公里、100~200公里、200~300公里、300~400公里、400~500公里、500~600公里的“同心环”，并分别作为控制组。具体为：控制组1：距离“两控区”城市100公里之内的非“两控区”城市。控制组2：与“两控区”城市距离在100~200公里环形区域之内的非“两控区”城市。控制组3：与“两控区”城市距离在200~300公里环形区域之内的非“两控区”城市。控制组4：与“两控区”城市距离在300~400公里环形区域之内的非“两控区”城市。控制组5：与“两控区”城市距离在400~500公里环形区域之内的非“两控区”城市。控制组6：与“两控区”城市距离在500~600公里环形区域之内的非“两控区”城市。

本书进一步采用双重差分法对“同心环”距离模式不同控制组下的“两控区”政策效应分别进行回归估计，估计结果见表7-3。估计结果显示，不同同心环距离范围内，“两控区”政策变量（TCZ）回归估计系数大小和显著性水平存在明显差异。具体来看：①分别以距离“两控区”城市

0~100公里、100~200公里、200~300公里的非“两控区”城市作为控制组，“两控区”政策变量（TCZ）回归估计系数为正且通过显著性检验，回归估计系数值分别为0.0186、0.0205、0.0368，估计系数值不断提高；②分别以距离“两控区”城市300~400公里、400~500公里、500~600公里的非“两控区”城市作为控制组，“两控区”政策变量（TCZ）回归估计系数为正但未通过显著性检验，“两控区”政策对绿色全要素生产率的促进效应已经消失。

表7-3 控制组为“同心环”距离模式下“两控区”政策效应估计结果

变量	0~100公里	100~200公里	200~300公里	300~400公里	400~500公里	500~600公里
	模型1 GTFP	模型2 GTFP	模型3 GTFP	模型4 GTFP	模型5 GTFP	模型6 GTFP
TCZ	0.0186** (2.246)	0.0205* (1.779)	0.0368*** (2.794)	0.0226 (1.002)	0.0267 (1.305)	0.0743 (1.603)
agg	0.0120** (2.437)	0.0102* (1.725)	0.0139*** (2.792)	0.0109** (2.145)	0.0116** (2.340)	0.0114** (2.278)
kl	0.0217*** (6.082)	0.0216*** (4.878)	0.0187*** (5.214)	0.0185*** (5.013)	0.0206*** (5.650)	0.0208*** (5.639)
hc	0.166 (1.026)	0.0880 (0.565)	0.0761 (0.500)	0.103 (0.668)	0.115 (0.763)	0.0967 (0.638)
fdi	-0.111 (-1.490)	-0.179*** (-2.784)	-0.108* (-1.799)	-0.196*** (-2.695)	-0.202*** (-2.816)	-0.205*** (-2.851)
popd	-0.000610 (-0.0714)	0.000609 (0.0768)	-0.00479 (-0.542)	-0.0120 (-1.234)	-0.0127 (-1.327)	-0.0127 (-1.313)
ui	0.00704 (0.278)	-0.0531** (-2.040)	-0.0124 (-0.506)	0.0128 (0.505)	0.0143 (0.578)	0.0176 (0.699)
rd	-0.0582 (-0.360)	-0.0513 (-0.254)	0.00134 (0.00826)	-0.0260 (-0.161)	-0.0768 (-0.540)	-0.0505 (-0.315)
gov	0.0580 (1.252)	0.0185 (0.290)	0.105** (2.054)	0.0713 (1.345)	0.0454 (0.947)	0.0198 (0.521)
城市固定效应	YES	YES	YES	YES	YES	YES

续表

变量	0~100公里	100~200公里	200~300公里	300~400公里	400~500公里	500~600公里
	模型1 GTFP	模型2 GTFP	模型3 GTFP	模型4 GTFP	模型5 GTFP	模型6 GTFP
年份固定效应	YES	YES	YES	YES	YES	YES
常数项	0.791*** (11.09)	0.924*** (13.27)	0.887*** (12.43)	0.887*** (11.64)	0.871*** (11.63)	0.864*** (11.43)
N	4305	4116	3549	3360	3381	3297
R^2	0.074	0.066	0.068	0.067	0.071	0.072

注：***、**、*分别表示在1%、5%、10%水平上显著；括号内为T值。

表7-3中模型1至模型6"两控区"政策变量估计系数由小变大、由显著变为不显著，此估计结果进一步证实了"两控区"政策效应空间边界范围为300公里。在距离"两控区"城市300公里范围内，距离越远，回归估计系数越大，表明"两控区"试点城市与范围内的非"两控区"城市绿色全要素生产率差异越大，间接表明"两控区"政策存在正外部性。"两控区"城市与非"两控区"城市距离越近，非"两控区"城市越容易享受"搭便车"福利（Deng et al.，2012；王鹏和尤济红，2016）①②。一方面，由于环境污染的区域扩散性，"两控区"城市大气污染和水污染排放减少时，非"两控区"城市距离"两控区"城市越近，获得的污染物减少边际效用越大；另一方面，当"两控区"试点城市执行严格环境治理措施，增加环保支出，倒逼企业进行研发创新时，非"两控区"城市距离"两控区"城市越近，越能从"两控区"城市企业获得技术扩散效应，获得技术水平和技术效率提高，最终导致"两控区"与非"两控区"城市绿色全要素生产率差异较小。而随着距离的增加，"两控区"与非"两控区"城市绿色全要素生产率差异越来越大，并且在200~300公里环形区域内达到最大。结果同时间接反映了"两控区"政策存在空间辐射效应，且存在辐射递减，

① Deng H., Zheng X., Huang N., et al. Strategic Interaction in Spending on Environmental Protection: Spatial Evidence from Chinese Cities [J]. China & World Economy, 2012, 20 (5): 103-120.

② 王鹏，尤济红. 中国环境管制效果的评价研究——基于工业绿色发展的一个空间视角 [J]. 经济社会体制比较，2016 (5): 25-42.

随着辐射距离增大，辐射程度逐渐降低，“两控区”政策影响越来越弱，直至消失。

虽然“两控区”试点城市对周边300公里范围内的非“两控区”城市存在正外部性，提高了非“两控区”城市绿色全要素生产率，但是我们不能忽视“两控区”试点城市污染密集型产业转移问题。根据“污染天堂假说”，随着“两控区”试点城市环境治理强度的增加，污染密集型企业鉴于环境治理成本的增加和技术升级改造难度较大，可能选择将产业转移到环境规制相对宽松的非“两控区”城市。沈坤荣等（2017）研究发现，环境规制会引发污染就近转移，并且效应在150公里达到峰值，也就是说，环境规制会引发污染就近转移到周边城市①。基于此，本书同样考察了“两控区”政策对非“两控区”城市污染排放影响，观察是否存在负外部性及其边界范围是多少。

本书采用双重差分法对“同心环”距离模式不同控制组下的“两控区”政策工业二氧化硫污染减排效应分别进行回归估计，估计结果见表7-4。估计结果显示，不同同心环距离范围内，“两控区”政策变量（TCZ）回归估计系数大小和显著性水平也存在明显差异。具体来看：①分别以距离“两控区”城市0~100公里、100~200公里的非“两控区”城市作为控制组，“两控区”政策变量（TCZ）回归估计系数为负且通过显著性检验，回归估计系数值分别为-0.250、-0.372，“两控区”政策污染减排效应不断提高。②分别以距离“两控区”城市200~300公里、300~400公里、400~500公里、500~600公里的非“两控区”城市作为控制组，除400~500公里控制组外，“两控区”政策变量（TCZ）回归估计系数均为负，但未通过显著性检验，“两控区”政策的污染减排效应已经消失。回归估计结果表明“两控区”政策同样存在负外部性。相比0~100公里的非“两控区”城市，在100~200公里范围内的非“两控区”城市与“两控区”试点城市的污染排放显著差异更大，从而导致“两控区”政策表现出更高的污染减排效应。这其实间接证明了“两控区”政策的实施会引发污染就近转移，相比周边0~100公里范围的非“两控区”城市，转移到周边100~200公里范围的非“两控区”城市概率更大，这也进一步验证了沈坤荣等（2017）发现的结论。

---

① 沈坤荣，金刚，方娴．环境规制引起了污染就近转移吗？［J］．经济研究，2017（5）：44-59.

表 7-4　控制组为“同心环”距离模式下“两控区”政策污染减排效应估计结果

变量	0~100 公里	100~200 公里	200~300 公里	300~400 公里	400~500 公里	500~600 公里
	模型 1	模型 2	模型 3	模型 4	模型 5	模型 6
	$lnSO_2$	$lnSO_2$	$lnSO_2$	$lnSO_2$	$lnSO_2$	$lnSO_2$
TCZ	-0.250***	-0.372***	-0.107	-0.0961	0.0261	-0.0909
	(-6.311)	(-8.580)	(-1.554)	(-0.825)	(0.246)	(-0.378)
agg	0.0547**	0.0512*	0.0587**	0.0541**	0.0551**	0.0559**
	(2.247)	(1.943)	(2.187)	(1.992)	(2.075)	(2.083)
kl	-0.00947	-0.00653	-0.0544***	-0.0366*	-0.0422**	-0.0359*
	(-0.550)	(-0.357)	(-2.863)	(-1.901)	(-2.214)	(-1.858)
hc	-8.813***	-9.006***	-10.24***	-8.355***	-8.659***	-8.421***
	(-11.02)	(-11.28)	(-12.48)	(-10.21)	(-10.82)	(-10.42)
fdi	-1.086***	0.143	1.801***	-0.856**	-0.718**	-0.754**
	(-3.117)	(0.430)	(5.797)	(-2.335)	(-1.991)	(-2.078)
popd	-0.162***	0.00513	-0.0457	-0.180***	-0.162***	-0.160***
	(-3.936)	(0.148)	(-0.995)	(-3.586)	(-3.281)	(-3.207)
ui	-0.524***	-0.640***	-1.034***	-0.615***	-0.539***	-0.580***
	(-4.221)	(-5.956)	(-7.931)	(-4.602)	(-4.125)	(-4.349)
rd	-3.529***	-3.287***	-3.565***	-3.417***	-2.952***	-3.539***
	(-4.312)	(-3.790)	(-3.958)	(-3.868)	(-3.788)	(-4.042)
gov	0.331	-0.178	-0.0334	0.339	0.205	0.283
	(1.425)	(-0.782)	(-0.119)	(1.183)	(0.791)	(1.367)
城市固定效应	YES	YES	YES	YES	YES	YES
年份固定效应	YES	YES	YES	YES	YES	YES
常数项	12.13***	11.39***	13.01***	12.94***	12.71***	12.76***
	(36.14)	(37.54)	(35.49)	(33.48)	(33.50)	(33.26)
N	4509	4311	3717	3519	3541	3453
R^2	0.324	0.321	0.297	0.281	0.289	0.285

注：***、**、* 分别表示在 1%、5%、10%水平上显著；括号内为 T 值。

在这里，“两控区”试点城市可以看作聚集于某一区域的产业园区或企业聚集地，而集聚一般具有较强的外部效应和空间溢出效应，因此，“两控区”试点城市也表现出较强的外部性，通过技术扩散、人员交流、信息和经验共享、典型示范等提高了“两控区”城市绿色全要素生产率。因此，即使我们人为设置了“两控区”试点城市，把周边邻近城市进行了制度分割，为防止周边城市“搭便车”并依赖原来粗放发展模式，继续加大污染排放力度，同时也防止污染就近转移而导致就近地区污染排放增加，最终导致部分城市污染物排放减少而整体污染排放并没有下降，部分城市经济增长质量提高而整体经济增长质量并没有提高，应该创新环境规制方式和机制。一方面，加强“两控区”城市与非“两控区”城市污染物的协同治理，加强环境治理技术扩散和信息共享；另一方面，推行“两控区”城市与非“两控区”城市责任共担机制，实施区域内污染减排和经济增长质量同步提升战略，防止区域内部污染转移，同时激励技术外溢、信息共享和人员流动等，共同促进环境质量改善和经济增长质量提升。

7.2.2　“两控区”对非“两控区”空间辐射动态效应

上文只是得到了以不同距离范围内非“两控区”城市为控制组，“两控区”城市对绿色全要素生产率的平均效应，且发现在300公里范围内，“两控区”政策空间辐射平均效应越来越小。正如前文所述，任何环境规制政策效应的发挥均具有一定的时效性和滞后性。若改变样本控制组，以不同距离范围内非“两控区”城市为样本，“两控区”政策的绿色全要率生产率促进效应是否存在时效性和滞后性？“两控区”对非“两控区”的空间辐射效应是否存在时效性和滞后性呢？本节对上述问题进行了回答。

本书采用双重差分法对“同心环”距离模式下不同控制组的“两控区”政策对绿色全要素生产率影响动态效应分别进行回归估计，估计结果见表7-5。具体来看：①若以0~100公里范围内非“两控区”城市作为控制组，模型1估计结果显示，TCZ_1回归估计系数为正，但未通过显著性检验，表明在2001年，“两控区”政策对绿色全要素生产率的促进作用不显著。TCZ_2、TCZ_3、TCZ_4、TCZ_5、TCZ_6、TCZ_7回归估计系数显著为正，表明在2002~2007年，“两控区”政策对绿色全要素生产率具有显著的促进作用。而TCZ_8~TCZ_{15}估计系数有正有负，均未通过显著性检验。以上结果表明，在0~100公里空间范围内，“两控区”政策对绿色全要素生产率的促进效应存在1年的滞后期和6年的时效性。②若以100~200公里范围内非“两控区”城市作为控制组，模型2估计结果显示，TCZ_1、TCZ_2回归估计系数由负变正，但均未通过显著性检验，TCZ_3回归估计系数显著为正，表明在2001~2002年，“两控区”政策对绿色全要素生产率的促进作用不显著；TCZ_5、TCZ_6、TCZ_7、TCZ_8、TCZ_9回归估计系数显著为正，表明在2005~2009年，“两控区”政策对绿色全要素生产率具有显著的促进作用。而TCZ_{10}~TCZ_{15}估计系数为正，除TCZ_{15}通过显著性检验外，其余未通过显著性检验。以上结果表明，在100~200公里空间范围内，“两控区”政策对绿色全要素生产率的促进效应存在2年的滞后期和5年的时效性。③若以200~300公里范围内非“两控区”城市作为控制组，模型3估计结果显示，TCZ_1~TCZ_3回归估计系数由负变正，但均未通过显著性检验，TCZ_3回归估计系数为正，且未通过显著性水平检验，表明在2001~2003年，“两控区”政策对绿色全要素生产率的促进作用不显著；TCZ_5~TCZ_{15}估计系数为正，但有的通过显著性检验，有的未通过显著性检验，波动性较大，未表现出估计系数显著为正年份的持续性，表明在2003~2015年，“两控区”政策对绿色全要素生产率的促进效应不稳定。以上结果表明，在200~300公里空间范围内，“两控区”政策对绿色全要素生产率的促进效应存在3年的滞后期，且不存在稳定的时效期。

表7-5 控制组为“同心环”距离模式下“两控区”政策动态效应

变量	0~100公里	100~200公里	200~300公里
	模型1 GTFP	模型2 GTFP	模型3 GTFP
TCZ_1	0.00852 (0.504)	-0.00451 (-0.170)	-0.0389 (-0.453)
TCZ_2	0.0674*** (3.986)	0.00873 (0.531)	0.00211 (0.0439)
TCZ_3	0.0337** (1.993)	0.0271* (1.802)	0.0493 (1.457)
TCZ_4	0.0498*** (2.940)	0.0224 (1.167)	0.0591* (1.733)

续表

变量	0~100 公里	100~200 公里	200~300 公里
	模型 1	模型 2	模型 3
	GTFP	GTFP	GTFP
TCZ_5	0.0467*** (2.751)	0.0404* (1.792)	0.0522 (1.500)
TCZ_6	0.0622*** (3.661)	0.0422** (2.593)	0.0383 (1.653)
TCZ_7	0.0501*** (2.943)	0.0267* (1.721)	0.0501* (1.902)
TCZ_8	0.0264 (1.551)	0.0400*** (2.704)	0.0355 (1.194)
TCZ_9	0.0195 (1.144)	0.0336*** (2.631)	0.0497** (2.410)
TCZ_{10}	-0.00118 (-0.0690)	0.0235 (1.381)	0.0275 (0.768)
TCZ_{11}	0.00599 (0.351)	0.0213 (1.355)	0.0696* (1.953)
TCZ_{12}	-0.00451 (-0.264)	0.00984 (0.545)	0.0440** (2.242)
TCZ_{13}	0.0125 (0.732)	0.0204 (1.005)	0.0218 (0.967)
TCZ_{14}	-0.00300 (-0.175)	0.0292 (1.566)	0.0286 (1.186)
TCZ_{15}	0.00509 (0.297)	0.0354** (2.086)	0.0337 (1.418)
控制变量	YES	YES	YES
城市固定效应	YES	YES	YES
年份固定效应	YES	YES	YES
常数项	0.805*** (11.27)	0.920*** (13.44)	0.896*** (15.28)
N	4305	4116	3549
R^2	0.083	0.069	0.072

注：***、**、* 分别表示在 1%、5%、10%水平上显著；括号内为 T 值。

综合以上结果，采用不同空间距离范围的非“两控区”城市作为控制组，发现“两控区”政策对绿色全要素生产率的促进效应仍然存在滞后性和时效性，进一步证实了前文结论。同时本书发现，随着非“两控区”城市与“两控区”城市距离的增大，“两控区”政策对绿色全要素生产率的促进效应滞后期变长，时效性也逐渐变短，甚至变得不稳定。这间接意味着随着距离的增加，“两控区”政策对非“两控区”政策外部性辐射效应的发挥越来越滞后，而且时效性越来越短。

7.3　“两控区”与周边“两控区”的空间协同集聚效应

通过将与“两控区”城市不同距离范围内的非“两控区”城市划分为不同的控制组，本书间接考察了“两控区”对周边非“两控区”城市绿色全要素生产率的空间辐射效应，而“两控区”城市周边也存在同样被划为“两控区”的试点城市，形成“两控区”城市集聚。那么，“两控区”与周边“两控区”是形成空间协同集聚效应，共同促进绿色全要素生产率提升，还是会形成竞争或虹吸效应，无法共同促进绿色全要素生产率提升？本节将采用空间杜宾模型对上述问题进行回答。

7.3.1　“两控区”与周边“两控区”空间协同集聚效应初检验

绿色全要素生产率的空间分布格局及空间自相关性表明，绿色全要素生产率存在空间正向自相关和空间依赖性，“两控区”试点城市与周边非“两控区”城市和“两控区”城市环境规制也存在空间关联性，因此，有必要借助空间计量模型在考察变量之间的空间相关性和空间依赖性之后研究变量之间的关系。到目前为止，学者常用的空间计量模型包括空间误差模型（Spatial Error Model，SEM）、空间滞后模型（Spatial Lag Model，SLM）和空间杜宾模型（Spatial Dubin Model，SDM）三种，每种空间计量模型均有不同的研究情境适用性，空间杜宾模型综合考虑了解释变量与被解释变量等重要变量之间的空间滞后因素等。对于本书而言，基于空间视角，研究“两控区”政策对绿色全要素生产率的影响，我们不仅需要考察绿色全要素生产率是否存在空间溢出效应及其边界，而且需要观察“两控区”试点城市与周边“两控区”试点城市能否形成协同集聚共同促进绿色全要素生产率的提升。此外，空间杜宾模型不仅可以得到本地区城市绿色全要素生产率受到本地区“两控区”政策影响的直接效应，还可以得到周边“两控区”试点城市对本地区城市绿色全要素生产率的间接效应，进而得到本地区绿色全要素生产率受本地区“两控区”政策和周边地区“两控区”政策影响的总效应（LeSage，2008）[①]。因此，本书主要采用空间杜宾模型进一步研究“两控区”政策的影响。

7.3.1.1 空间杜宾模型设定

$$GTFP_{it} = \rho \sum_{j=1}^{n} W_{ij} GTFP_{it} + \beta_1 TCZ_{it} + \theta \sum_{j=1}^{n} W_{ij} TCZ_{it} + \gamma X + \eta \sum_{j=1}^{n} W_{ij} X_{it} + \mu_i + \delta_t + \varepsilon_{it} \tag{7-3}$$

式（7-3）为“两控区”政策对绿色全要素生产率影响设定的空间杜宾计量模型。其中，$GTFP_{it}$是被解释变量，表示第 i 城市 t 年的绿色全要素生产率水平，采用前文测算的各城市 EBM-Malmquist-Luenberger 指数来度量。ρ 为被解释变量空间自回归系数，$\rho \sum_{j=1}^{n} W_{ij} GTFP_{it}$ 表示相邻城市绿色全要素生产率的空间交互关系，若 $\rho>0$，表示相邻城市绿色全要素生产率存在空间溢出效应；相反，若 $\rho<0$，表示相邻城市绿色全要素生产率存在空间虹吸效应。TCZ 是解释变量，表示某城市在 2000 年之后是否属于“两控区”政策试点城市，若属于取值为 1，不属于则为 0。θ 为解释变量的空间自回归系数，若 $\theta>0$，表示周边城市若参与“两控区”政策，其对本地区绿色全要素生产率存在正向溢出效应而产生协同集聚效应；相反，若 $\theta<0$，表示周边城市若参与“两控区”政策，其对本地区绿色全要素生产率存在负向溢出效应而产生竞争或虹吸效应。X 表示影响绿色全要素生产率的其他控制变量，包括产业集聚、劳均资本存量、人力资本水平等；W 为 $n\times n$ 阶空间地

---

① LeSage J. P. An Introduction to Spatial Econometrics [J]. Revue d´économie industrielle, 2008 (3): 19-44.

理距离权重比重，μ_i 表示地区固定效应，δ_t 表示时间固定效应，ε_{it} 表示随机扰动项。

空间杜宾模型回归估计结果见表 7-6。模型 1 为未纳入任何控制变量的回归估计结果，模型 2 为纳入产业集聚、资本—劳动比等控制变量的回归估计结果。回归估计结果均显示，“两控区”政策变量 TCZ 的回归估计系数为正，且通过显著性检验，而“两控区”政策变量的空间滞后项 W * TCZ 回归估计系数为正，但均未通过显著性检验。回归估计结果表明，本城市若实施“两控区”政策，会显著促进本城市绿色全要素生产率提升，而若“两控区”试点城市周边城市也参与“两控区”政策，并不能促进本城市绿色全要素生产率提升。初步证明，“两控区”城市与周边同属于“两控区”的城市并未形成协同集聚效应而共同促进本地区绿色全要素生产率的提升。同时我们发现，未纳入控制变量和纳入控制变量的空间相关系数 ρ 分别为 0.557 和 0.524，且通过了 1%显著性水平检验，表明本地区绿色全要素生产率与周边地区绿色全要素生产率存在明显的正向空间溢出效应。

表 7-6 “两控区”政策对绿色全要素生产率影响空间杜宾模型估计结果

变量	模型 1		模型 2	
	系数	T 值	系数	T 值
TCZ	0.0121*	1.878	0.0141**	2.132
W * TCZ	0.0759	1.628	0.0737	1.394
agg			0.0156***	3.343
kl			0.0194***	6.076
hc			0.172	1.160
fdi			-0.0476	-0.799
popd			0.000391	0.066
ui			-0.0278	-1.434
rd			0.189	1.297
gov			-0.0400	-1.346
W * agg			-0.0657*	-1.734
W * kl			0.00842	0.350
W * hc			1.267	0.661
W * fdi			-0.348	-0.657

续表

变量	模型 1		模型 2	
	系数	T 值	系数	T 值
W * popd			0.143***	3.608
W * ui			0.324	1.527
W * rd			-3.720***	-3.836
W * gov			0.383	0.984
年份固定效应	YES	YES	YES	YES
地区固定效应	YES	YES	YES	YES
ρ	0.557***	8.431	0.524***	7.594
sigma2	0.00891***	52.94	0.00877***	52.96
对数似然值	5287.77		5333.91	
N	5628		5628	

注：***、**、* 分别表示在 1%、5%、10%水平上显著。

其他控制变量估计结果显示，产业集聚（agg）估计系数显著为正，而产业集聚滞后项（W * agg）估计系数显著为负，表明产业集聚水平的提高可以显著促进本城市绿色全要素生产率的提升，而周边地区产业集聚水平的提高对本地区城市绿色全要素生产率具有显著抑制作用，这可能是因为一个地区产业集聚水平的提高会吸引周边地区资源在本地区集聚，从而推动本地区绿色全要素生产率提升，而对周边地区形成虹吸效应，不利于周边地区绿色全要素生产率的提升；资本—劳动比（kl）的回归估计系数显著为正，其空间滞后项（W * kl）回归估计系数为正，但未通过显著性检验，表明资本—劳动比的上升会显著促进本地区绿色全要素生产率的提升，但本地区绿色全要素生产率提升并不能从周边地区资本劳动水平的提升中获得显著正向溢出效应；人口密度（popd）的回归估计系数为正，但未通过显著性检验，而其空间滞后项（W * popd）回归估计系数显著为正，表明本地区人口密度的上升并不能显著促进本地区绿色全要素生产率的提升，但本地区的绿色全要素生产率提升却能从周边地区人口密度的提高中获得显著促进效应；技术进步（rd）的回归估计系数为正，但未通过显著性检验，而其空间滞后项（W * rd）回归估计系数显著为负，表明本地区技术水平的上升并不能显著促进本地区绿色全要素生产率的提升，周边地区技术进步也表现出负向溢出效应而抑制本地区绿色全要素生产率提升。

7.3.1.2 空间杜宾模型效应分解

单纯通过“两控区”政策空间滞后项的估计系数我们无法准确得知“两控区”政策是否的确不存在空间溢出效应，本书进一步按照 LeSage（2008）的方法，将“两控区”对绿色全要素生产率的影响效应分为直接效应、间接效应和总效应。其中，直接效应是“两控区”政策对本地区绿色全要素生产率造成的平均影响，间接效应是“两控区”政策通过空间交互作用对周边其他地区绿色全要素生产率造成的平均影响，而总效应是指“两控区”政策对所有地区绿色全要素生产率造成的平均影响。空间杜宾模型直接效应、间接效应和总效应分解见表 7-7。结果显示，“两控区”政策对绿色全要素生产率影响直接效应、间接效应和总效应的估计系数分别为 0.015、0.176 和 0.191，但是间接效应和总效应未通过显著性检验，表明“两控区”政策对本地区绿色全要素生产率具有显著促进作用，而对周边其他地区和所有地区绿色全要素生产率促进效应并不显著，进一步证实了“两控区”城市与周边“两控区”城市的空间集聚并未形成协同集聚效应而共同促进绿色全要素生产率的提升。

表 7-7 空间杜宾模型的直接效应、间接效应和总效应

变量	直接效应	间接效应	总效应
TCZ	0.0150**	0.176	0.191
	(2.255)	(1.479)	(1.630)
agg	0.0150***	-0.124	-0.109
	(3.354)	(-1.565)	(-1.385)
kl	0.0199***	0.0418	0.0617
	(6.574)	(0.785)	(1.165)
hc	0.183	2.680	2.863
	(1.212)	(0.643)	(0.680)
fdi	-0.0505	-0.774	-0.824
	(-0.888)	(-0.688)	(-0.734)
popd	0.00191	0.303***	0.305***
	(0.324)	(3.209)	(3.223)

续表

变量	直接效应	间接效应	总效应
ui	-0.0258 (-1.296)	0.675 (1.420)	0.650 (1.370)
rd	0.158 (1.121)	-7.444*** (-3.518)	-7.286*** (-3.453)
gov	-0.0348 (-1.200)	0.727 (0.853)	0.692 (0.810)

注：***、** 分别表示在1%、5%水平上显著；括号内为T值。

其他控制变量效应分解结果显示，产业集聚（agg）直接效应系数显著为正，而间接效应和总效应系数为负，均未通过显著性检验，表明产业集聚水平的提高可以显著促进本城市绿色全要素生产率的提升，而对周边其他地区和所有地区绿色全要素生产率提升具有不显著的抑制作用；资本—劳动比（kl）的直接效应估计系数显著为正，而间接效应和总效应估计系数为正，但均未通过显著性检验，表明资本—劳动比的提高对本地区绿色全要素生产率具有显著促进作用，而对周边其他地区和所有地区绿色全要素生产率促进效应并不显著；人口密度（popd）的直接效应估计系数为正，但未通过显著性检验，而间接效应和总效应估计系数显著为正，表明本地区人口密度的上升并不能显著促进本地区绿色全要素生产率的提升，但对周边地区和所有地区绿色全要素生产率却具有显著促进效应；技术进步（rd）的直接效应估计系数为正，但未通过显著性检验，而其间接效应和总效应估计系数显著为负，表明本地区技术水平的提升并不能显著促进本地区绿色全要素生产率的提升，但对周边地区和所有地区则表现出虹吸效应而显著抑制其绿色全要素生产率提升。

7.3.2　“两控区”与周边“两控区”未产生空间协同集聚效应原因

无论是空间杜宾模型估计结果，还是空间杜宾模型直接效应、间接效应和总效应估计结果均显示，“两控区”试点城市与周边“两控区”城市并未显现出协同集聚效应而共同促进绿色全要素生产率提升。那其中的原因是什么？“两控区”试点城市与周边“两控区”试点城市的空间集聚是否在一定程度上对影响绿色全要素生产率的因素表现出竞争效应或虹吸效应？本节采用空间杜宾模型考察了“两控区”政策对工业二氧化硫排放、人力资本水平、产业集聚、产业结构升级、技术进步和外商直接投资等的影响，回归估计结果见表7-8。

表7-8 “两控区”政策对其他变量影响空间杜宾模型估计结果

变量	模型1 $lnSO_2$	模型2 HC	模型3 AGG	模型4 UI	模型5 RD	模型6 FDI
TCZ	-0.263*** (-7.841)	0.00696*** (11.97)	0.0611*** (3.196)	0.00216 (0.480)	0.00166*** (2.702)	0.00724*** (4.847)
W*TCZ	0.196** (2.524)	-0.00845*** (-6.334)	-0.532*** (-3.508)	0.0336*** (3.271)	0.00350 (0.717)	-0.0515*** (-4.538)
agg	0.0365 (1.513)	-0.000128 (-0.302)	—	0.00229 (0.708)	-0.000403 (-0.931)	0.00112 (1.065)
kl	0.00713 (0.436)	-0.00493*** (-17.61)	0.0860*** (9.404)	0.0261*** (12.07)	-0.00147*** (-4.988)	0.00380*** (5.289)
hc	-8.544*** (-11.25)	—	0.0636 (0.149)	0.673*** (6.638)	0.192*** (14.27)	-0.303*** (-9.154)
fdi	2.975*** (9.627)	-0.0525*** (-9.743)	0.169 (0.983)	-0.150*** (-3.626)	-0.0127** (-2.301)	—
popd	-0.0202 (-0.659)	0.00335*** (6.234)	0.164*** (9.693)	0.0562*** (13.90)	0.00110 ** (1.996)	0.00112 (0.840)
ui	-0.822*** (-8.215)	0.0116*** (6.610)	0.0492 (0.881)	—	0.000861 (0.481)	-0.0110** (-2.531)
rd	-3.134*** (-4.180)	0.169*** (13.02)	-0.295 (-0.700)	0.0806 (0.802)	—	-0.0770** (-2.339)
gov	0.0916 (0.593)	-0.0112*** (-4.121)	-0.162* (-1.897)	-0.0666*** (-3.218)	-0.0102*** (-3.719)	-0.00368 (-0.550)
W*agg	-0.286** (-2.074)	-0.00186 (-0.797)	—	0.0651*** (3.576)	0.00718** (2.049)	-0.0552*** (-6.745)
W*kl	0.0315 (1.069)	0.00645*** (13.11)	0.199*** (2.937)	-0.0285*** (-7.549)	0.00159 (0.716)	0.0265*** (5.174)

续表

变量	模型 1 $\ln SO_2$	模型 2 HC	模型 3 AGG	模型 4 UI	模型 5 RD	模型 6 FDI
W * hc	18.49 *** (3.844)	—	26.66 *** (4.855)	1.308 ** (2.573)	1.670 *** (9.940)	0.803 * (1.863)
W * fdi	-13.70 *** (-6.414)	0.160 *** (4.318)	-11.26 *** (-7.753)	0.00712 (0.0250)	-0.0148 (-0.304)	—
W * popd	-0.0940 (-0.534)	0.00601 ** (1.985)	-0.478 *** (-4.256)	0.000575 (0.0246)	-0.0127 *** (-3.480)	-0.00860 (-0.961)
W * ui	1.122 ** (2.016)	-0.00188 (-0.199)	2.019 *** (3.312)	—	0.0334 * (1.726)	0.0160 (0.336)
W * rd	1.771 (0.726)	-0.111 *** (-2.644)	1.705 (0.612)	0.358 (1.115)	—	0.0413 (0.190)
W * gov	-2.484 *** (-2.928)	0.0308 ** (2.141)	-2.229 ** (-1.999)	-0.124 (-1.223)	0.0141 (0.392)	0.476 *** (5.572)
年份固定效应	YES	YES	YES	YES	YES	YES
地区固定效应	YES	YES	YES	YES	YES	YES
ρ	0.711 *** (15.69)	0.491 *** (8.895)	0.783 *** (18.87)	0.813 *** (23.65)	0.818 *** (23.38)	0.710 *** (13.62)
sigma2	0.238 *** (52.92)	7.36e-05 *** (53.00)	0.0730 *** (52.85)	0.00429 *** (52.87)	7.52e-05 *** (52.85)	0.000447 *** (52.83)
对数似然值	-3967.94	18786.99	-648.75	7324.28	18703.35	13697.79
N	5628	5628	5628	5628	5628	5628

注：***、**、* 分别表示在 1%、5%、10%水平上显著；括号内为 T 值。

模型 1 为“两控区”政策对工业二氧化硫排放影响估计结果。结果显示，“两控区”政策变量 TCZ 回归估计系数为负，且在 1%水平上通过显著性检验，而“两控区”政策变量的空间滞后项 W * TCZ 回归估计系数显著为正。回归估计结果表明，本城市若实施“两控区”政策会显著降低本城市工业二氧化硫排放，而若“两控区”试点城市周边城市也参与“两控区”

政策，非但没有对本地区工业二氧化硫排放形成协同减排效应，反而导致本地区工业二氧化硫排放量显著增加，这在一定程度上表明，本地区在观察到邻近“两控区”试点城市加大环境规制强度时，可能存在享受邻近“两控区”城市污染减排的“搭便车”行为，同时存在降低环境规制强度、减少环保支出等环境政策执行方面的道德风险，从而导致污染物排放量反而增加。

模型 2 为“两控区”政策对人力资本水平影响估计结果。结果显示，“两控区”政策变量 TCZ 回归估计系数显著为正，而“两控区”政策变量的空间滞后项 W * TCZ 回归估计系数显著为负。回归估计结果表明，本城市若实施“两控区”政策，会显著提高本城市人力资本水平，而若“两控区”试点城市周边城市也参与“两控区”政策试点，会显著降低本地区人力资本水平。结果表明，“两控区”政策试点城市与周边“两控区”政策试点城市的空间集聚对高技能劳动力产生了一定的虹吸效应。如前文所述，当周边“两控区”试点城市环境规制强度提高时，“两控区”城市可能存在环境政策执行方面的道德风险。如此，周边地区会增加对高技能劳动力的需求（李珊珊，2016）①，而本地区高技能劳动力需求没有变化，必然会造成高技能劳动力向周边地区聚集，并表现出虹吸效应而导致本地区城市人力资本水平下降。

模型 3 为“两控区”政策对产业集聚水平影响估计结果。结果显示，“两控区”政策变量 TCZ 回归估计系数显著为正，而“两控区”政策变量的空间滞后项 W * TCZ 回归估计系数显著为负。回归估计结果表明，本城市若实施“两控区”政策，会显著提高本城市产业集聚水平，而若“两控区”试点城市周边城市也参与“两控区”政策，会显著降低本地区产业集聚水平。这在一定程度上表明，周边地区环境规制强度的增加会倒逼企业进行研发创新，提高环境治理技术和技术效率，并吸引其他企业包括本地区城市企业形成规模集聚来降低污染治理成本，实现环境治理技术和信息共享等，如此形成虹吸效应，导致周边地区产业集聚而降低了本地区产业集聚水平。

模型 4 为“两控区”政策对产业结构升级影响估计结果。结果显示，

---

① 李珊珊. 环境规制对就业技能结构的影响——基于工业行业动态面板数据的分析 [J]. 中国人口科学，2016 (5)：90-100，128.

“两控区”政策变量 TCZ 回归估计系数为正，但未通过显著性检验。而“两控区”政策变量的空间滞后项 W * TCZ 回归估计系数为正，且在 1%水平上通过显著性检验。回归估计结果表明，本城市若实施“两控区”政策，并不能显著促进产业结构升级，而若“两控区”试点城市周边城市也参与“两控区”政策，则会显著促进本地区产业结构升级。

模型 5 为“两控区”政策对技术进步影响估计结果。结果显示，“两控区”政策变量 TCZ 回归估计系数显著为正，而“两控区”政策变量的空间滞后项 W * TCZ 回归估计系数为正，但未通过显著性检验。回归估计结果表明，本城市若实施“两控区”政策，会显著促进该地区增加研发支出，提高技术进步水平，而若“两控区”试点城市周边城市也参与“两控区”政策，则并不会显著促进本地区技术进步。结果表明，“两控区”政策试点城市与周边“两控区”政策试点城市的空间集聚对研发投资等产生了一定的竞争效应。当周边“两控区”试点城市环境规制强度提高时，“两控区”城市可能存在环境政策执行方面的道德风险。如此，周边“两控区”城市会增加研发投资等，而本地区研发投资并没有发生明显改变，从而导致周边地区技术进步水平提高，而本地区技术进步并没有显著提高。

模型 6 为“两控区”政策对外商直接投资影响估计结果。结果显示，“两控区”政策变量 TCZ 回归估计系数显著为正，而“两控区”政策变量的空间滞后项 W * TCZ 回归估计系数显著为负。回归估计结果表明，本城市若实施“两控区”政策，会显著提高本城市外商直接投资水平，而若“两控区”试点城市周边城市也参与“两控区”政策，会显著降低本地区外商直接投资水平。外商直接投资能够带来先进的技术、管理、经验等，“两控区”地区环境规制强度的提高会引导外商直接投资转向清洁技术产业，并没有降低本地区外商直接投资水平，而且可能会吸引周边地区外商直接投资转移到本地区而降低了周边地区外商直接投资水平。

综上，通过分析“两控区”政策对工业二氧化硫排放、人力资本水平、产业集聚、产业结构升级、技术进步和外商直接投资等的影响，发现“两控区”政策试点城市周边城市若同样实施“两控区”政策，会加剧本地区污染排放，降低本地区高技能劳动力比例，降低本地区产业集聚水平，促进产业结构优化，没有显著提高技术进步，降低外商直接投资水平等。因此，“两控区”试点城市与周边“两控区”试点城市的空间集聚对影响绿色全要素生产率的因素既产生一定的竞争效应或虹吸效应，又产生一定的促进作用，两种正负效应可能发生了中和反应，共同决定了“两控区”试点城市与周边“两控区”试点城市的空间集聚并没有发生协同集聚效应来共同促进绿色全要素生产率的提升。

7.3.3 “两控区”与周边“两控区”的空间协同集聚效应区域边界

前文在全距离范围内发现，“两控区”与周边“两控区”城市的空间集聚并没有产生协同集聚效应，那是否意味着在不同距离范围内“两控区”与周边“两控区”城市的空间集聚都无法产生协同集聚效应呢？为回答此问题，本书考察了不同距离权重下“两控区”政策对绿色全要素生产率的影响。

假设两个城市之间的地理距离为［D_{min}，D_{max}］，τ 为从 D_{min} 到 D_{max} 的递进距离，本书采用 50 公里作为递进距离，根据式（7-4）[①] 形成不同的空间距离权重，分别代入空间计量模型进行回归。

$$W_{ij}(D)=\begin{cases}1/d_{ij}^2, & d_{ij}\geq D\\ 0, & d_{ij}<D\end{cases} \tag{7-4}$$

$$W_{ij}(D)=D_{min},\ D_{min}+\tau,\ D_{min}+2\tau,\ \cdots,\ D_{max} \tag{7-5}$$

其中，D 表示阈值距离，主要是观察将参与空间回归的空间单元之间的距离不断扩大时空间效应强度是否降低或变量影响是否会发生变化（王守坤，2013）。本书距离阈值从 50 公里开始，按照 50 公里为递进距离逐一增加，每增加 50 公里做一次空间杜宾模型回归，一直到 800 公里，观察“两控区”政策及“两控区”政策滞后项回归估计系数方向、大小及显著性是否会发生变化，回归估计结果见表 7-9。其中，模型 1 至模型 11 分别为距离阈值 50 公里、100 公里、150 公里、200 公里、250 公里、300 公里、400 公里、500 公里、600 公里、700 公里、800 公里空间杜宾模型回归估计结果。

---

① 前文按照空间单元距离水平值构造的空间权重矩阵无法细致观察到空间效应的边界。为了细致考察空间效应随着地理距离衰减的速度及效应边界，本书按照空间单元距离水平值的平方构造了空间权重矩阵。

表 7-9 不同距离下“两控区”政策对其他变量影响空间杜宾模型估计结果

变量	50 公里	100 公里	150 公里	200 公里	250 公里	300 公里
	模型 1	模型 2	模型 3	模型 4	模型 5	模型 6
	GTFP	GTFP	GTFP	GTFP	GTFP	GTFP
TCZ	0.0151*	0.0153**	0.0159**	0.0169***	0.0169***	0.0186***
	(1.708)	(2.347)	(2.477)	(2.668)	(2.696)	(2.936)
W * TCZ	0.0324	0.0198	0.0290	0.0359	0.0814*	0.0866*
	(1.352)	(0.823)	(0.928)	(0.964)	(1.895)	(1.749)
agg	0.0148 **	0.0133***	0.0132***	0.0128***	0.0120***	0.0114**
	(2.513)	(2.897)	(2.900)	(2.861)	(2.672)	(2.536)
kl	0.0204***	0.0203***	0.0206***	0.0199***	0.0208***	0.0215***
	(4.770)	(6.264)	(6.527)	(6.405)	(6.835)	(7.044)
hc	0.168	0.164	0.0998	0.0850	0.150	0.162
	(1.146)	(1.108)	(0.666)	(0.572)	(1.008)	(1.096)
fdi	-0.0594	-0.0432	-0.0519	-0.0604	-0.0437	-0.0376
	(-0.969)	(-0.722)	(-0.866)	(-1.008)	(-0.742)	(-0.639)
popd	0.00191	0.00225	-0.000894	0.00464	0.00612	0.00585
	(0.240)	(0.361)	(-0.144)	(0.781)	(1.031)	(0.988)
ui	-0.0299	-0.0259	-0.0176	-0.0209	-0.0237	-0.0200
	(-1.206)	(-1.336)	(-0.908)	(-1.087)	(-1.248)	(-1.058)
rd	0.163	0.132	0.0813	0.0446	-0.0170	-0.0469
	(1.052)	(0.910)	(0.567)	(0.315)	(-0.122)	(-0.337)
gov	-0.0323	-0.0255	-0.0268	-0.0268	-0.0276	-0.0280
	(-0.843)	(-0.855)	(-0.897)	(-0.900)	(-0.921)	(-0.946)
W * agg	-0.0189	-0.0187	-0.0456*	-0.0799**	-0.156***	-0.107**
	(-1.092)	(-0.854)	(-1.657)	(-2.368)	(-4.048)	(-2.519)
W * kl	-0.00538	0.000988	0.00445	0.0314*	0.0306	0.0420*
	(-0.471)	(0.0780)	(0.279)	(1.686)	(1.473)	(1.696)
W * hc	0.123	-3.101***	-2.714**	-0.927	-0.0221	-1.918
	(0.187)	(-3.215)	(-2.352)	(-0.623)	(-0.0129)	(-0.987)
W * fdi	0.0641	0.0850	0.0959	-0.201	-0.513	-0.380
	(0.271)	(0.299)	(0.276)	(-0.507)	(-1.091)	(-0.723)

续表

变量	50 公里	100 公里	150 公里	200 公里	250 公里	300 公里
	模型 1	模型 2	模型 3	模型 4	模型 5	模型 6
	GTFP	GTFP	GTFP	GTFP	GTFP	GTFP
W * popd	0.0552 (1.475)	0.0583 * (1.872)	0.125 *** (3.606)	0.104 ** (2.344)	0.0409 (0.722)	0.0179 (0.278)
W * ui	0.0525 (0.597)	0.199 ** (2.111)	0.176 (1.570)	0.402 *** (2.955)	0.605 *** (3.775)	0.764 *** (4.073)
W * rd	-1.155 ** (-2.540)	-1.002 * (-1.913)	-1.224 * (-1.958)	-1.923 ** (-2.386)	-1.236 (-1.316)	-1.494 (-1.400)
W * gov	0.00245 (0.0188)	-0.115 (-0.741)	-0.0885 (-0.462)	0.0664 (0.276)	0.231 (0.823)	0.201 (0.592)
年份固定效应	YES	YES	YES	YES	YES	YES
地区固定效应	YES	YES	YES	YES	YES	YES
ρ	0.273 *** (7.897)	0.338 *** (7.484)	0.294 *** (5.303)	0.262 *** (4.005)	0.327 *** (4.525)	0.283 *** (3.444)
sigma2	0.00876 *** (12.88)	0.00877 *** (52.94)	0.00883 *** (53.00)	0.00885 *** (53.04)	0.00884 *** (52.98)	0.00886 *** (53.06)
对数似然值	5332.4678	5331.2766	5319.4091	5312.677	5318.0315	5310.1585
N	5628	5628	5628	5628	5628	5628

变量	400 公里	500 公里	600 公里	700 公里	800 公里
	模型 7	模型 8	模型 9	模型 10	模型 11
	GTFP	GTFP	GTFP	GTFP	GTFP
TCZ	0.0250 *** (3.886)	0.0227 *** (3.545)	0.0201 *** (3.141)	0.0183 *** (2.895)	0.0172 *** (2.709)
W * TCZ	0.00589 (0.0994)	-0.0439 (-0.685)	-0.103 (-1.597)	-0.0639 (-0.947)	-0.105 (-1.465)
agg	0.0103 ** (2.254)	0.0117 *** (2.584)	0.0109 ** (2.426)	0.0117 *** (2.598)	0.0125 *** (2.797)

续表

变量	400 公里	500 公里	600 公里	700 公里	800 公里
	模型 7	模型 8	模型 9	模型 10	模型 11
	GTFP	GTFP	GTFP	GTFP	GTFP
kl	0. 0212 ***	0. 0204 ***	0. 0204 ***	0. 0213 ***	0. 0220 ***
	(6. 945)	(6. 705)	(6. 712)	(6. 983)	(7. 267)
hc	0. 165	0. 147	0. 147	0. 140	0. 222
	(1. 123)	(0. 998)	(0. 999)	(0. 948)	(1. 512)
fdi	-0. 0602	-0. 0755	-0. 0535	-0. 0451	-0. 0434
	(-1. 028)	(-1. 302)	(-0. 930)	(-0. 789)	(-0. 761)
popd	0. 00597	0. 00494	0. 00320	0. 00532	0. 00639
	(1. 002)	(0. 829)	(0. 533)	(0. 882)	(1. 070)
ui	-0. 0180	-0. 0233	-0. 0225	-0. 0329 *	-0. 0296
	(-0. 939)	(-1. 213)	(-1. 176)	(-1. 727)	(-1. 561)
rd	0. 0313	0. 0657	0. 0412	0. 0253	-0. 0145
	(0. 225)	(0. 470)	(0. 296)	(0. 182)	(-0. 104)
gov	-0. 0315	-0. 0313	-0. 0295	-0. 0287	-0. 0328
	(-1. 053)	(-1. 047)	(-0. 984)	(-0. 952)	(-1. 100)
W * agg	-0. 0876 *	0. 00742	0. 0275	0. 179 ***	0. 182 ***
	(-1. 818)	(0. 140)	(0. 477)	(2. 917)	(3. 163)
W * kl	0. 00453	-0. 0504	-0. 0603	-0. 114 ***	-0. 115 ***
	(0. 154)	(-1. 454)	(-1. 617)	(-2. 981)	(-3. 090)
W * hc	-0. 00181	-4. 104 *	0. 175	2. 611	8. 682 ***
	(-0. 000772)	(-1. 666)	(0. 0605)	(0. 912)	(3. 486)
W * fdi	-0. 160	1. 193	1. 259	1. 855 **	1. 756 **
	(-0. 259)	(1. 591)	(1. 595)	(2. 382)	(2. 364)
W * popd	-0. 224 ***	-0. 219 **	-0. 101	-0. 0308	-0. 0939
	(-2. 879)	(-2. 461)	(-1. 116)	(-0. 354)	(-1. 180)
W * ui	0. 840 ***	0. 558 **	0. 518 *	-0. 178	-0. 192
	(3. 926)	(2. 315)	(1. 929)	(-0. 646)	(-0. 769)
W * rd	0. 159	1. 132	1. 923	1. 275	-1. 885
	(0. 127)	(0. 823)	(1. 229)	(0. 827)	(-1. 365)

续表

变量	400 公里	500 公里	600 公里	700 公里	800 公里
	模型 7	模型 8	模型 9	模型 10	模型 11
	GTFP	GTFP	GTFP	GTFP	GTFP
W * gov	0.958 ** (2.379)	0.730 * (1.666)	0.0831 (0.187)	0.100 (0.220)	-0.224 (-0.491)
年份固定效应	YES	YES	YES	YES	YES
地区固定效应	YES	YES	YES	YES	YES
ρ	0.169 * (1.736)	-0.0275 (-0.243)	-0.199 (-1.602)	-0.358 *** (-2.800)	-0.545 *** (-4.464)
sigma2	0.00888 *** (53.05)	0.00890 *** (53.05)	0.00891 *** (53.04)	0.00888 *** (53.01)	0.00882 *** (52.97)
对数似然值	5304.706	5299.6966	5298.3471	5304.05	5320.6625
N	5628	5628	5628	5628	5628

注：*** 、** 、* 分别表示在 1%、5%、10%水平上显著；括号内为 T 值。

模型 1 至模型 4 估计结果显示，当距离阈值为 50 公里、100 公里、150 公里、200 公里时，“两控区”政策变量（TCZ）回归估计系数均显著为正，而“两控区”政策变量空间滞后项（W * TCZ）回归估计系数为正，但均未通过显著性检验，表明在 200 公里以内，“两控区”政策的实施能显著促进本地区绿色全要素生产率的提升，但若周边地区同样实施“两控区”政策，并不能发挥显著的空间溢出效应来促进本地区绿色全要素生产率的提升。在此距离范围内，“两控区”试点城市与周边地区“两控区”试点城市若形成空间集聚，更易形成一定的竞争效应或虹吸效应，而不能发挥协同集聚效应，绿色全要素生产率无法实现协同促进。

模型 5 和模型 6 为距离阈值为 250 公里和 300 公里时空间杜宾模型估计结果。结果显示，“两控区”政策变量（TCZ）回归估计系数均显著为正，“两控区”政策变量空间滞后项（W * TCZ）回归估计系数为正，且通过显著性检验，表明城市之间距离在 250~300 公里时，“两控区”政策的实施能显著促进本地区绿色全要素生产率的提升，若周边地区同样实施“两控区”政策，则表现出显著的空间溢出效应，额外促进了本地区绿色全要素生产率的提升。在此距离范围内，“两控区”试点城市与周边地区“两控区”试点城市保持了一定的距离，不仅可以避免两城市距离过近而引起的高技能劳动力、原材料、外商直接投资等方面的激烈竞争，还可以进行深层次的产业分工、信息人员技术交流与合作，若在此空间距离形成空间集聚，则能够形成协同集聚效应，共同促进绿色全要素生产率的提升，这为实现区域环境治理提供了重要依据和理论支持。

模型 7 为距离阈值为 400 公里时空间杜宾模型估计结果。结果显示，“两控区”政策变量（TCZ）回归估计系数显著为正，“两控区”政策变量空间滞后项（W * TCZ）回归估计系数为正，且未通过显著性检验；模型 8 至模型 11 估计结果显示，当距离阈值为 500 公里、600 公里、700 公里和 800 公里时“两控区”政策变量（TCZ）回归估计系数均显著为正，而“两控区”政策变量空间滞后项（W * TCZ）回归估计系数已经由正变负，且未通过显著性检验。以上估计结果表明，当距离超过 400 公里时，“两控区”政策的实施能显著促进本地区绿色全要素生产率的提升，但若周边地区同样实施“两控区”政策，可能会产生负向空间溢出或虹吸效应而抑制本地区绿色全要素生产率的提升。一般来讲，400 公里基本超过了省界的范围，一个省份的“两控区”试点城市与邻接省份“两控区”试点城市更难以形成协同集聚效应来共同促进绿色全要素生产率的提升。

7.4 绿色全要素生产率空间溢出效应的距离衰减和非对称分析

7.4.1 绿色全要素生产率空间溢出效应的距离衰减分析

绿色全要素生产率存在空间相关性和空间依赖性，一个地区的绿色全要素生产率会对周边地区产生一定的空间影响，但是这种空间外溢效应随着城市之间距离变化会发生何种变化？是否会随着空间距离的增加而下降？

为回答上述问题，本书采用空间杜宾模型得到了 50 公里、100 公里、150 公里、200 公里、250 公里、300 公里、400 公里、500 公里、600 公里、700 公里、800 公里距离权重下的被解释变量空间滞后回归系数 ρ 的大小、方向及显著性，估计结果见表 7-9 和图 7-1。

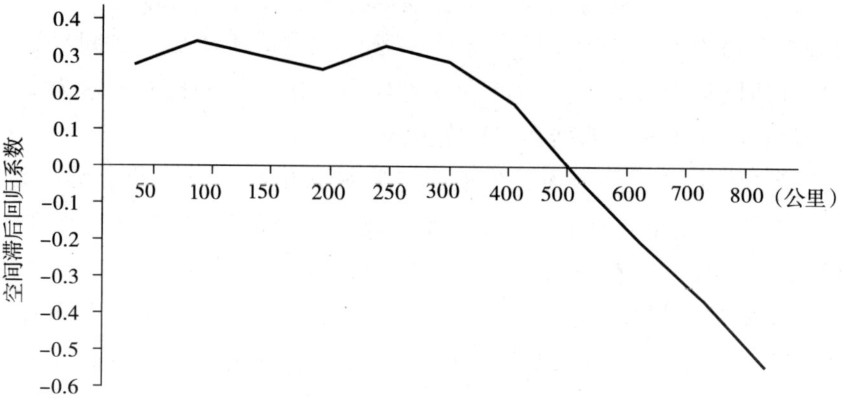

图 7-1 绿色全要素生产率空间外溢效应随距离衰减变化趋势

结果显示，中国城市之间的绿色全要素生产率的空间溢出效应在 800 公里范围内基本呈现逐渐下降的趋势。根据空间外溢系数大小、方向和显著性可以大体划分为三个区间：第一个区间为 50 公里之内，空间外溢系数 ρ 值为 0.273，且通过显著性检验，表明集聚效应可能对城市绿色全要素生产率造成了一定的影响，地理上的过于接近反而导致人员、资本等要素方面存在竞争，从而表现出较低的空间外溢效应。第二个区间为 100~300 公里，空间外溢系数 ρ 值开始有所上升，平均值在 0.30 左右，且通过显著性检验，这段区间是绿色全要素生产率正向外溢效应的集中区域，300 公里也基本是在省界区域范围内，两城市之间地理上邻近，经济发展水平和经济结构较为接近，存在着较多的人员、资本、技术和信息流动，使绿色全要素生产率表现出较强的正向空间外溢效应。Fischer 等（2009）同样发现，欧洲区域间全要素生产率的技术溢出效应在 300 公里以内是显著的①。但我们注意到在 150 公里和 200 公里范围内，空间外溢系数 ρ 值有所降低，这可能是因为在此空间距离是污染密集型企业就近转移的峰值和密集区域（沈坤荣等，

① Fischer M. M., Scherngell T., Reismann M. Knowledge Spillovers and Total Factor Productivity: Evidence Using a Spatial Panel Data Model [J]. Geographical Analysis, 2009, 41 (2): 204-220.

2017)，从而产生一定的空间负外部性，并在整体上降低了绿色全要素生产率的空间外溢效应。第三个区间是400公里以上，空间外溢系数ρ值不仅出现快速下降，而且开始由正变负。地理距离为400公里时，空间外溢系数ρ值为0.169，未通过显著性检验，地理距离在500~800公里时，空间外溢系数ρ值由-0.027快速下降为-0.545。如前文所述，一般400公里便超过了省界范围，绿色全要素生产率的空间外溢效应更受到省际行政区经济发展水平、地区管辖、市场分割等影响而表现出负向空间外溢效应。

7.4.2 绿色全要素生产率空间溢出效应非对称分析

我国东中西部、沿海和内陆等不同区域之间的经济发展水平、社会制度、基础设施、地理环境等存在较大的差异，我们有必要分区域考察绿色全要素生产率的空间溢出效应。相比以往引入虚拟变量来区分不同区域绿色全要素生产率的空间溢出效应，本书借鉴张虎等（2017）的研究方法①，采用两区制空间自回归模型，通过构造空间权重矩阵量化不同区域绿色全要素生产率空间溢出的非对称效应。本书将绿色全要素生产率空间溢出效应划分为东部与中西部、沿海与内陆两大区域②，分析东部与中西部区域、沿海和内陆区域两区制的绿色全要素生产率空间溢出的非对称效应：

$$GTFP_{it} = \rho_1 \sum_{j=1}^{n} W_{ij.1} GTFP_{it} + \rho_2 \sum_{j=1}^{n} W_{ij.2} GTFP_{it} + \beta_1 TCZ_{it} + \mu_i + \delta_t + \varepsilon_{it} \tag{7-6}$$

其中，GTFP为绿色全要素生产率，ρ_1和ρ_2分别表示东部区域（沿海区域）和中西部区域（内陆区域）相邻城市绿色全要素生产率空间溢出效

① 张虎，韩爱华，杨青龙．中国制造业与生产性服务业协同集聚的空间效应分析［J］．数量经济技术经济研究，2017（2）：3-20.

② 东部区域为北京、天津、河北、辽宁、上海、江苏、浙江、福建、山东、广东和海南所属地级市；沿海城市包括上海市、三亚市、东营市、中山市、丹东市、北海市、南通市、厦门市、台州市、唐山市、嘉兴市、大连市、天津市、威海市、宁德市、宁波市、广州市、惠州市、日照市、汕头市、汕尾市、沧州市、泉州市、海口市、深圳市、温州市、湛江市、漳州市、烟台市、珠海市、盐城市、盘锦市、福州市、秦皇岛市、舟山市、茂名市、莆田市、营口市、葫芦岛市、连云港市、锦州市、防城港市、阳江市、青岛市等城市。

应，ρ_1 和 ρ_2 大于0表示存在正向空间溢出效应，ρ_1 和 ρ_2 小于0表示存在负向空间溢出效应。$W_{ij.1}$和 $W_{ij.2}$表示不同的距离权重矩阵，其构造过程如下：

首先，按照式（7-2）构造地理距离空间权重矩阵 W_{ij}。

其次，分别定义式（7-7）和式（7-8）为东部与中西部区域、沿海与内陆区域的状况，$m_{ij.1}$和 $m_{ij.2}$为矩阵 M 中的元素。

$$m_{ij.1} = \begin{cases} 1 \\ 0 \end{cases} \tag{7-7}$$

其中，1表示i城市位于东部地区；0表示i城市位于中西部地区。

$$m_{ij.2} = \begin{cases} 1 \\ 0 \end{cases} \tag{7-8}$$

其中，1表示i城市位于沿海地区；0表示i城市位于内陆地区。

最后，构造 $W_1 = MW_{ij}$，$W_2 =$（I-M）MW_{ij}，I表示单位矩阵，W_1和 W_2中的元素为 $W_{ij.1}$和 $W_{ij.2}$。

理论模型中原假设为 $\rho_1 = \rho_2$，也就是说，位于东部区域与中西部区域的相邻城市的绿色全要素生产率的空间溢出效应并不存在差异，以此来检验东部相邻城市绿色全要素生产率的空间溢出效应是否延伸到中西部区域；或者位于沿海区域与内陆区域的相邻城市的绿色全要素生产率的空间溢出效应并不存在差异，以此检验沿海城市绿色全要素生产率的空间溢出效应是否能够延伸到内陆区域内部。

绿色全要素生产率空间溢出效应非对称分析估计结果见表7-10。模型1给出了东部和中西部区域绿色全要素生产率空间溢出效应系数。结果显示，东部区域相邻城市绿色全要素生产率空间溢出效应为0.425，而中西部区域相邻城市绿色全要素生产率空间溢出效应为0.759，Rho1-Rho2相应t统计量对应的P值显著拒绝了原假设，意味着东部与中西部区域邻近城市绿色全要素生产率空间溢出效应存在显著差异，东部区域绿色全要素生产率空间溢出效应低于中西部区域相邻城市绿色全要素生产率空间溢出效应。这可能是因为，东部区域邻近城市之间在人才、原材料、资本等方面更多存在竞争效应或虹吸效应而表现出对邻近城市空间溢出效应较小，而中西部区域邻近城市之间在人才、资本、信息和技术方面存在更多的合作与交流而表现出对邻近城市更高的空间溢出效应。

表 7-10 绿色全要素生产率空间溢出效应非对称分析估计结果

变量	模型 1 东部 VS 中西部	模型 2 沿海 VS 内陆
东部区域邻近城市 GTFP 空间溢出效应 Rho1	0.425 *** (5.25)	—
中西部区域邻近城市 GTFP 空间溢出效应 Rho2	0.759 *** (8.23)	—
沿海区域邻近城市 GTFP 空间溢出效应 Rho1	—	0.610 *** (10.81)
内陆区域邻近城市 GTFP 空间溢出效应 Rho2	—	0.778 *** (5.24)
TCZ	0.0133 *** (4.28)	0.0191 *** (6.18)
年份固定效应	YES	YES
地区固定效应	YES	YES
sigma2	0.0098	0.0099
R^2	0.0918	0.083
LogL	5006.414	4975.95
Rho1-Rho2	-0.334 ** (-2.52)	-0.169 (-0.999)

注：***、**、* 分别表示在 1%、5%、10%水平上显著；括号内为 T 值。

表 7-10 中模型 2 给出了沿海和内陆区域绿色全要素生产率空间溢出效应系数。结果显示，沿海区域相邻城市绿色全要素生产率空间溢出效应为 0.610，而内陆区域相邻城市绿色全要素生产率空间溢出效应为 0.778，Rho1 和 Rho2 结果较为接近，Rho1-Rho2 相应 t 统计量对应的 P 值没有显著拒绝原假设，意味着沿海与内陆区域邻近城市绿色全要素生产率空间溢出效应不存在显著差异。

7.5 小 结

任何事物都存在空间关联而且表现出一定的空间依赖性或空间自相关性。本章立足于绿色全要素生产率及“两控区”试点与非“两控区”城市环境政策执行方面存在一定的空间相关性，基于空间视角，对“两控区”政策下的绿色全要素生产率空间溢出效应进行分析。研究发现：

第一，绿色全要素生产率空间格局和绿色全要素生产率空间自相关检验结果显示，城市绿色全要素生产率在空间分布上并不是随机分布的，而是存在空间集聚，并表现出一定的正向空间自相关性。

第二，“两控区”政策实施对非“两控区”城市存在正外部性，“两控区”城市与非“两控区”城市距离越近，非“两控区”的城市越容易享受“搭便车”福利，包括污染物减少和绿色全要素生产率空间溢出效应；“两控区”政策对非“两控区”还存在空间辐射效应，不仅存在空间边界，边界范围为300公里，而且存在辐射递减效应，随着辐射距离增大，辐射程度逐渐降低，“两控区”政策影响也越来越弱，直至消失。当然，“两控区”政策的实施还会引发污染就近转移，相比周边0~100公里范围的非“两控区”城市，转移到周边100~200公里范围的非“两控区”城市概率更大。

第三，采用不同空间距离范围的非“两控区”城市作为控制组后，“两控区”政策对绿色全要素生产率的促进效应仍然存在滞后性和时效性，随着非“两控区”城市与“两控区”试点城市距离的增大，“两控区”政策对绿色全要素生产率促进效应滞后期变长，时效性也逐渐变短，甚至变得不稳定。这表明，随着距离的增加，“两控区”政策对非“两控区”政策外部性辐射效应的发挥越来越滞后，而且时效性越来越短。

第四，从“两控区”政策对绿色全要素生产率影响空间杜宾模型回归估计结果及其效应分解看，“两控区”城市与周边同属于“两控区”的城市并未形成协同集聚效应而共同促进本地区绿色全要素生产率的提升。分析其中原因发现，“两控区”政策试点城市周边城市若同样实施“两控区”政策，会加剧本地区污染排放，降低本地区高技能劳动力比例，降低本地区产业集聚水平，促进产业结构优化，没有显著促进技术进步，降低外商直接投资水平等。因此，“两控区”试点城市与周边“两控区”试点城市的空间集聚会对影响绿色全要素生产率的因素既产生一定的竞争效应或虹吸效应，又产生一定的促进作用，两种正负效应可能发生了中和反应，共同决定了“两控区”试点城市与周边“两控区”试点城市的空间集聚并没有发生协同集聚效应来共同促进绿色全要素生产率的提升。

第五，“两控区”城市与距离250~300公里范围内的“两控区”城市可形成协同集聚效应。在此距离范围内，“两控区”试点城市与周边地区“两控区”试点城市保持了一定的距离，不仅可以避免两城市距离过近而引起的高技能劳动力、原材料、外商直接投资等方面的激励竞争，还可以进行深层次的产业分工、信息人员技术交流与合作，因而可以形成协同集聚效应，共同促进绿色全要素生产率提升。

第六，绿色全要素生产率空间外溢效应存在距离衰减和非对称性。一方面，绿色全要素生产率的空间溢出效应基本呈现逐渐下降的趋势，其中100~300公里距离区间是绿色全要素生产率正向外溢效应的集中区域；另一方面，东部与中西部区域邻近城市绿色全要素生产率空间溢出效应存在显著差异，东部区域绿色全要素生产率空间溢出效应低于中西部区域相邻城市绿色全要素生产率空间溢出效应，但是沿海与内陆区域邻近城市绿色全要素生产率空间溢出效应并不存在显著差异。

8 环境规制下绿色全要素生产率异质性效应

环境规制对绿色全要素生产率的促进效应可能会受到各地区外在制度环境的影响而表现出异质性，本章将在前文提出的研究假设基础上进一步对环境规制对绿色全要素生产率的国有化程度、财政分权程度、市场化程度、融资约束程度、地方腐败程度、城市规模和行政级别的异质性效应进行实证检验。

8.1 国有化程度异质性

一个地区的所有制结构是影响环境规制政策效应的重要因素。一个地区国有化程度越高，环境规制对绿色全要素生产率的扭曲效应可能越强。从1994~2015年我国国有化程度①与绿色全要素生产率变化趋势（见图8-1）可以看出，国有化程度与绿色全要素生产率基本上呈现“此消彼长”的变化趋势，两者表现出一定的负相关关系②，在一定程度上表明国有化程度是影响绿色全要素生产率的重要变量，一个地区国有化程度越高，绿色全要素生产率水平越低。但值得注意的是，2002年以来我国国有化程度不断降低，从52.9%下降到26.2%，绿色全要素生产率受到的影响将逐步减弱。

本书进一步构建以下计量模型考察环境规制对绿色全要素生产率影响

① 鉴于地级市国有化程度数据无法获取，本书采用省级数据替代。其中国有化程度采用地区国有及国有控股工业产值占工业总产值比重衡量。

② 回归估计结果显示，国有化程度与绿色全要素生产率之间存在显著的负相关关系。

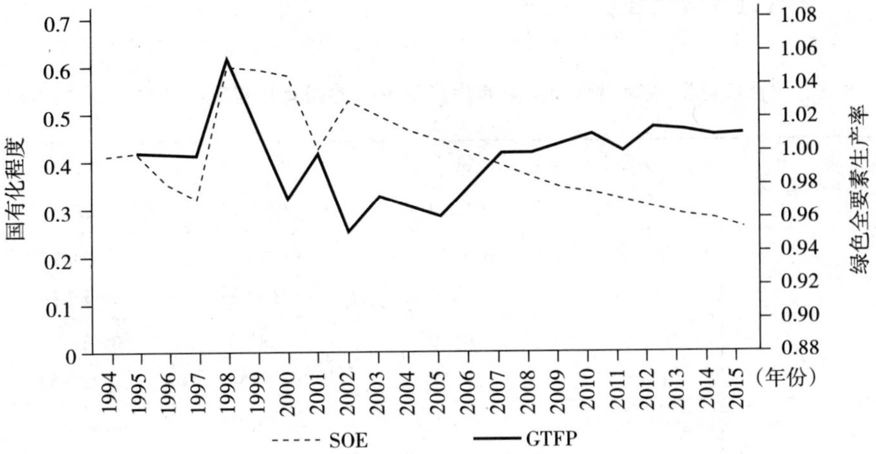

图 8-1　1994~2015 年国有化程度与绿色全要素生产率变化趋势

的国有化程度异质性效应，并对前文提出的研究假设 1 进行检验：

$$GTFP_{it}=\beta_0+\beta_1 t_{it}+\beta_2 treated_{it}+\beta_3 TCZ_{it}+\beta_4 TCZ_{it}\times SOE_{it}+\sum control_{it}+\varepsilon_{it} \quad (8-1)$$

其中，$GTFP_{it}$表示第 i 城市 t 年的绿色全要素生产率水平，采用前文测算的各城市 EBM-Malmquist-Luenberger 指数来度量；TCZ 表示“两控区”政策；SOE_{it}表示第 i 城市 t 年的国有化程度，control 表示影响绿色全要素生产率的其他控制变量，包括产业集聚、劳均资本存量、人力资本水平等；ε_{it}表示随机扰动项。

本书采用 OLS 估计模型对式(8-1)进行了回归估计,估计结果见表 8-1。其中，模型 1 和模型 2 分别为未纳入控制变量的 DID 和 PSM-DID 估计结果。结果显示，“两控区”政策变量 TCZ 回归估计系数显著为正，而“两控区”政策变量与国有化程度的交互项 TCZ * SOE 回归估计系数为负，且通过 1%水平显著性检验，表明“两控区”政策对于城市绿色全要素生产率具有显著促进作用。而一个地区国有化程度越高，环境规制对绿色全要素生产率的抑制效应越明显。模型 3 和模型 4 分别为纳入控制变量的 DID 和 PSM-DID 估计结果。结果显示，“两控区”政策变量 TCZ 回归估计系数同样显著为正，而“两控区”政策变量与国有化程度的交互项 TCZ * SOE 回归估计系数显著为负，再次证实了环境规制对绿色全要素生产率影响存在国有化程度异质性效应，一个地区国有化程度越高，环境规制对绿色全要素生产率抑制效应越强。

表 8-1 “两控区”政策对绿色全要素生产率影响的国有化程度异质性效应估计结果

变量	模型 1 GTFP	模型 2 GTFP	模型 3 GTFP	模型 4 GTFP
TCZ * SOE	-0.0725 *** (-7.283)	-0.0874 *** (-6.583)	-0.0269 ** (-2.485)	-0.0451 *** (-3.247)
TCZ	0.0436 *** (5.351)	0.0521 *** (5.157)	0.0282 *** (3.405)	0.0347 *** (3.395)
t	-0.00340 (-0.372)	-0.00344 (-0.390)	-0.126 *** (-9.002)	-0.132 *** (-8.171)
treat	0.00210 (0.307)	-0.00592 (-0.687)	-0.0132 * (-1.938)	-0.0140 * (-1.649)
agg	—	—	0.00606 * (1.799)	0.00549 (1.302)
kl	—	—	0.0292 *** (10.35)	0.0311 *** (9.642)
hc	—	—	0.334 *** (4.780)	0.385 *** (3.929)
fdi	—	—	-0.0324 (-0.632)	-0.149 *** (-3.381)
popd	—	—	0.00929 *** (4.962)	0.00979 *** (4.381)
ui	—	—	-0.00190 (-0.154)	-0.00452 (-0.291)
rd	—	—	0.188 (1.453)	0.196 (1.177)
gov	—	—	-0.0460 ** (-2.108)	-0.0941 *** (-3.266)
城市固定效应	YES	YES	YES	YES
年份固定效应	YES	YES	YES	YES
常数项	0.998 *** (151.8)	0.999 *** (142.7)	0.700 *** (20.41)	0.693 *** (16.66)

续表

变量	模型 1 GTFP	模型 2 GTFP	模型 3 GTFP	模型 4 GTFP
N	5628	3983	5628	3983
R^2	0.061	0.065	0.106	0.112

注：***、**、* 分别表示在 1%、5%、10%水平上显著；括号内为 T 值。

上述结果表明，一个地区国有化程度越高，环境规制对绿色全要素生产率的抑制效应越明显，但是否意味着在任何水平上的国有化程度均会影响环境规制的绿色全要素生产率效应呢？也就是说，国有化程度应该降到哪一水平才能不会影响环境规制的绿色全要素生产率促进效应呢？为回答此问题，本书将国有化程度分为 25 分位以下、25~50 分位、50~75 分位、75 分位以上四组，分别依据式（8-1）的估计方程进行 OLS 回归，结果见表 8-2。

表 8-2 不同国有化程度下“两控区”政策对绿色全要素生产率影响估计结果

变量	模型 1 GTFP	模型 2 GTFP	模型 3 GTFP	模型 4 GTFP
$TCZ * SOE_{25-}$	0.0215*** (4.914)	—	—	—
$TCZ * SOE_{25-50}$	—	-0.000526 (-0.107)	—	—
$TCZ * SOE_{50-75}$	—	—	-0.00651* (-1.781)	
$TCZ * SOE_{75+}$	—	—	—	-0.0261*** (-4.960)
TCZ	0.0101 (1.537)	0.0176*** (2.698)	0.0191** (2.530)	0.0221*** (2.933)
t	-0.00115 (-0.121)	0.00149 (0.156)	0.000930 (0.102)	-0.000694 (-0.0761)
城市固定效应	0.00210	0.00210	0.00210	0.00210
年份固定效应	0.375	0.374	0.307	0.307

续表

变量	模型 1 GTFP	模型 2 GTFP	模型 3 GTFP	模型 4 GTFP
常数项	0.998*** (142.8)	0.998*** (142.5)	0.998*** (151.8)	0.998*** (151.8)
N	5628	5628	5628	5628
R^2	0.059	0.055	0.055	0.058

注：***、**、* 分别表示在1%、5%、10%水平上显著；括号内为T值。

模型 1 为国有化程度 25 分位以下回归估计结果，结果显示，“两控区”政策与国有化程度交互项 $TCZ * SOE_{25-}$ 回归估计系数为正，且通过显著性检验，意味着当国有化程度小于 24%时，环境规制对绿色全要素生产率具有促进作用；模型 2 为国有化程度 25 分位以上 50 分位以下回归估计结果，结果显示，“两控区”政策与国有化程度交互项 $TCZ * SOE_{25-50}$ 回归估计系数为负，且未通过显著性检验，意味着当国有化程度在 24%~38%区间时，环境规制对绿色全要素生产率可能具有抑制效应；模型 3 为国有化程度 50 分位以上 75 分位以下回归估计结果，结果显示，“两控区”政策与国有化程度交互项 $TCZ * SOE_{50-75}$ 回归估计系数为负，且通过显著性检验，意味着当国有化程度在 38%~56%区间时，环境规制对绿色全要素生产率具有显著抑制效应；模型 4 为国有化程度 75 分位以上回归估计结果，结果显示，“两控区”政策与国有化程度交互项 $TCZ * SOE_{75+}$ 回归估计系数显著为负，意味着当国有化程度大于 56%时，环境规制对绿色全要素生产率同样具有显著抑制效应。模型 1 至模型 4 结果表明，随着国有化程度的不断提高，环境规制对绿色全要素生产率的影响由促进效应变为抑制效应，当国有化程度小于 24%时，环境规制对绿色全要素生产率具有显著促进作用，而当国有化程度大于 38%时，环境规制对绿色全要素生产率具有显著抑制作用。

2015 年，不同省份国有化程度仍存在较大差异，其中，河北省、江苏省、浙江省、安徽省、福建省、江西省、山东省、河南省、湖南省、广东省等省份国有化程度已经低于 24%，而北京市、山西省、黑龙江省、云南省、陕西省、甘肃省、青海省、宁夏回族自治区、新疆维吾尔自治区等省份国有化程度仍高于 38%，未来上述省份应着重调整和完善所有制结构，深化国有企业改革的同时，加快发展混合所有制经济。在环境政策执行时实行无差异化对待，降低所有制结构对环境政策效应的影响（见表 8-3）。

表 8-3 2015 年不同省份国有化程度分类

SOE<24%	24%≤SOE≤38%	SOE>38%
河北省、江苏省、浙江省、安徽省、福建省、江西省、山东省、河南省、湖南省、广东省	天津市、内蒙古自治区、辽宁省、吉林省、上海市、湖北省、广西壮族自治区、海南省、重庆市、四川省、贵州省	北京市、山西省、黑龙江省、云南省、陕西省、甘肃省、青海省、宁夏回族自治区、新疆维吾尔自治区

资料来源：笔者整理。

8.2 财政分权程度异质性

从 1994~2015 年财政分权程度①与绿色全要素生产率变化趋势（见图 8-2）可以看出，我国财政收入与财政支出分权程度呈现偏右倒“U”型变化趋势。1994~1997 年呈现上升趋势，财政收入分权（FRD）从 0.434 上升到 0.458，财政支出分权从 0.483 上升到 0.519。1997~2003 年财政收入分权呈现快速下降趋势，2003 年下降为 0.347，之后呈现平稳变化趋势；1997~2001 年财政支出分权呈现快速下降趋势，2001 年下降为 0.442，之后呈现平稳变化趋势。而财政分权程度与绿色全要素生产率两者基本表现出同步变化趋势。

财政分权程度是影响环境规制政策效应的一个重要因素，环境规制对绿色全要素生产率影响是否存在财政分权程度异质性？本书进一步构建计量模型考察环境规制对绿色全要素生产率影响的财政分权程度异质性效应，并对前文提出的研究假设 2a 和假设 2b 进行检验：

$$CTFP_{it}=\beta_0+\beta_1 TCZ_{it}+\beta_2 TCZ_{it}\times FED_{it}+\beta_3 FED_{it}+\sum control_{it}+\mu_i+\delta_t+\varepsilon_{it} \tag{8-2}$$

① 后文详细介绍财政分权测算方法。

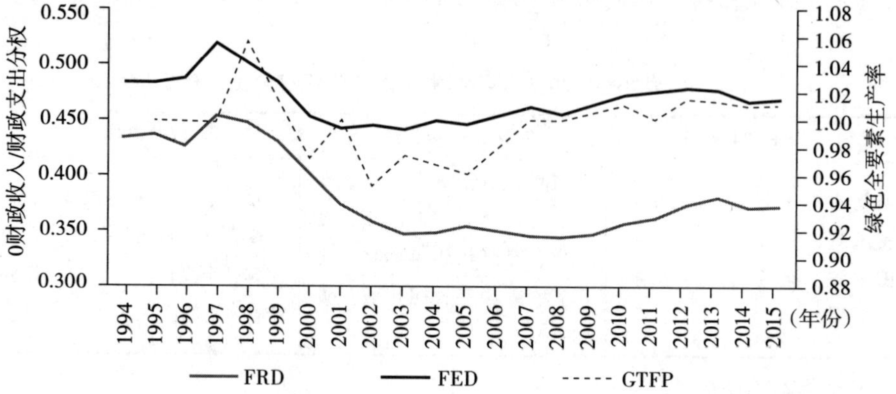

图 8-2　1994~2015 年财政收入分权、财政支出分权与绿色全要素生产率变化趋势

$$CTFP_{it}=\beta_0+\beta_1 TCZ_{it}+\beta_2 TCZ_{it}\times FRD_{it}+\beta_3 FRD_{it}+\sum control_{it}+\mu_i+\delta_t+\varepsilon_{it} \quad (8-3)$$

其中，$GTFP_{it}$表示第 i 城市 t 年的绿色全要素生产率水平，采用前文测算的各城市 EBM-Malmquist-Luenberger 指数来度量；$TCZ\times FED_{it}$表示“两控区”政策与财政支出分权的交互项，$TCZ\times FRD_{it}$表示“两控区”政策与财政收入分权的交互项，control 表示影响绿色全要素生产率的其他控制变量，包括产业集聚、劳均资本存量、人力资本水平等，μ_i 表示城市固定效应，δ_t 表示年份固定效应，ε_{it}表示随机扰动项，FED_{it}表示第 i 城市 t 年的财政支出分权，FRD_{it}表示第 i 城市 t 年的财政收入分权，本书采用郭庆旺和贾俊雪（2010）[①] 的做法，构建财政支出分权与财政收入分权指标：

财政支出分权＝地级市人均财政支出/（地级市人均财政支出+省级人均财政支出+全国人均财政支出）

财政收入分权＝地级市人均财政收入/（地级市人均财政收入+省级人均财政收入+全国人均财政收入）

本书采用双重差分固定效应模型对式（8-2）、式（8-3）进行了回归估计，估计结果见表 8-4。其中，模型 1 和模型 2 分别为未纳入和纳入所有控制变量财政支出分权程度异质性估计结果。结果均显示，“两控区”政策变量与财政支出分权程度的交互项 TCZ＊FED 回归估计系数为负，且未通过

① 郭庆旺，贾俊雪. 财政分权、政府组织结构与地方政府支出规模［J］. 经济研究，2010（11）：59-72.

显著性检验。这表明，财政支出分权程度越高，“两控区”政策对于城市绿色全要素生产率的抑制效应越强，但并不显著。

表 8-4 “两控区”政策对绿色全要素生产率影响的财政分权程度异质性效应估计结果

变量	模型 1 GTFP	模型 2 GTFP	模型 3 GTFP	模型 4 GTFP
TCZ * FED	-0.0416 (-1.466)	-0.0189 (-0.646)	—	—
TCZ * FRD	—	—	-0.0385 (-1.180)	-0.0160 (-0.626)
TCZ	0.0330** (2.138)	0.0235 (1.512)	0.0281* (1.733)	0.0207* (1.727)
FED	0.0344 (1.453)	0.0361 (1.302)	—	—
FRD	—	—	0.0403 (1.385)	0.0275 (1.140)
agg	—	0.0122*** (2.648)	—	0.0123*** (2.666)
kl	—	0.0241*** (7.543)	—	0.0241*** (7.483)
hc	—	0.155 (1.009)	—	0.157 (1.002)
fdi	—	-0.0638 (-1.097)	—	-0.0644 (-1.107)
popd	—	-0.00425 (-0.483)	—	-0.00468 (-0.532)
ui	—	-0.0326 (-1.529)	—	-0.0320 (-1.500)
rd	—	-0.0504 (-0.357)	—	-0.0514 (-0.364)
gov	—	-0.0585 (-1.625)	—	-0.0458 (-1.429)
城市固定效应	YES	YES	YES	YES

续表

变量	模型 1 GTFP	模型 2 GTFP	模型 3 GTFP	模型 4 GTFP
年份固定效应	YES	YES	YES	YES
常数项	0.984*** (76.05)	0.863*** (13.39)	0.983*** (68.78)	0.869*** (13.51)
N	5476	5476	5476	5476
R^2	0.052	0.065	0.052	0.065

注：***、**、*分别表示在1%、5%、10%水平上显著；括号内为T值。

模型3和模型4分别为未纳入和纳入所有控制变量财政收入分权程度异质性估计结果。结果均显示，“两控区”政策变量与财政收入分权程度的交互项TCZ*FRD回归估计系数为负，且未通过显著性检验，表明财政收入分权程度越高，“两控区”政策对于城市绿色全要素生产率的抑制效应越强，同样并不显著。

回归估计结果表明，无论是财政收入分权还是财政支出分权程度较高的地区，环境规制对绿色全要素生产率抑制效应更强，但并不显著。这可能是因为环境规制对其他影响绿色全要素生产率的因素的财政分权程度异质性效应也并不显著。因此，本书进一步探讨了环境规制对产业集聚、人力资本、技术进步、外商直接投资、工业二氧化硫排放的财政分权程度异质性，回归估计结果见表8-5、表8-6。

表8-5 “两控区”政策对其他因素影响的财政支出分权程度异质性效应估计结果

变量	模型 1 AGG	模型 2 HC	模型 3 FDI	模型 4 RD	模型 5 $lnso_2$
TCZ*FED	0.409*** (4.811)	0.0329*** (13.17)	−0.0141** (−1.968)	0.0143*** (5.316)	0.206 (1.309)
TCZ	−0.103** (−2.312)	−0.00974*** (−7.340)	0.0104*** (2.754)	−0.00410*** (−2.902)	−0.114 (−1.375)
FED	0.0691 (0.866)	−0.0169*** (−7.139)	−0.00253 (−0.378)	0.00294 (1.166)	0.0259 (0.181)

续表

变量	模型 1 AGG	模型 2 HC	模型 3 FDI	模型 4 RD	模型 5 $lnso_2$
agg	—	-0.000624 (-1.545)	-0.00343*** (-3.016)	0.000904** (2.110)	-0.0310 (-1.245)
kl	0.0682*** (7.468)	-0.00351*** (-13.03)	0.00826*** (10.82)	-0.00133*** (-4.591)	0.239*** (27.32)
hc	-0.703 (-1.545)	—	-0.272*** (-7.149)	0.167*** (11.78)	-4.790*** (-6.005)
fdi	-0.486*** (-3.016)	-0.0342*** (-7.149)	—	-0.0200*** (-3.936)	0.661** (2.230)
popd	0.188*** (7.862)	0.00283*** (3.949)	-0.00156 (-0.770)	-0.000391 (-0.514)	-0.107** (-2.433)
ui	0.0964 (1.592)	0.00778*** (4.318)	-0.0238*** (-4.689)	0.00338* (1.767)	-0.661*** (-5.995)
rd	0.904** (2.110)	0.149*** (11.78)	-0.142*** (-3.936)	—	-2.863*** (-3.942)
gov	-0.539*** (-5.018)	-0.00610* (-1.900)	0.0209** (2.313)	-0.0212*** (-6.256)	0.148 (0.794)
城市固定效应	YES	YES	YES	YES	YES
年份固定效应	YES	YES	YES	YES	YES
常数项	-0.930*** (-5.345)	0.0114** (2.187)	0.0294** (2.002)	0.0166*** (3.010)	9.871*** (33.52)
N	5743	5743	5743	5743	5743
R^2	0.071	0.411	0.102	0.325	0.227

注：***、**、* 分别表示在1%、5%、10%水平上显著，括号内为T值。

表 8-6 “两控区”政策对其他因素影响的财政收入分权程度异质性效应估计结果

变量	模型 1 AGG	模型 2 HC	模型 3 FDI	模型 4 RD	模型 5 $lnso_2$
TCZ * FRD	0.377*** (5.115)	0.0418*** (20.02)	-0.00263 (-0.423)	0.0109*** (4.663)	0.0746 (0.554)
TCZ	-0.0541 (-1.583)	-0.0105*** (-10.57)	0.00459 (1.596)	-0.00150 (-1.391)	-0.0577 (-0.918)

续表

变量	模型1 AGG	模型2 HC	模型3 FDI	模型4 RD	模型5 $lnso_2$
FRD	-0.00533 (-0.0789)	-0.0159*** (-8.123)	-5.35e-05 (-0.00942)	0.00350 (1.639)	-0.446*** (-3.749)
agg	0.0695*** (7.584)	-0.00314*** (-11.81)	0.00836*** (10.90)	-0.00137*** (-4.692)	0.229*** (26.08)
kl	-0.981** (-2.117)	—	-0.280*** (-7.207)	0.162*** (11.14)	-4.946*** (-6.100)
hc	-0.508*** (-3.156)	-0.0338*** (-7.207)	—	-0.0208*** (-4.094)	0.693** (2.337)
fdi	0.189*** (7.909)	0.00263*** (3.749)	-0.00193 (-0.956)	-0.000383 (-0.503)	-0.0846* (-1.918)
popd	0.109* (1.801)	0.00814*** (4.606)	-0.0240*** (-4.718)	0.00342* (1.785)	-0.634*** (-5.756)
ui	0.920** (2.149)	0.138*** (11.14)	-0.147*** (-4.094)	—	-2.646*** (-3.646)
rd	-0.442*** (-4.617)	-0.00956*** (-3.410)	0.0163** (2.017)	-0.0188*** (-6.223)	0.375** (2.251)
gov	—	-0.000839** (-2.117)	-0.00360*** (-3.156)	0.000921** (2.149)	-0.0225 (-0.905)
城市固定效应	YES	YES	YES	YES	YES
年份固定效应	YES	YES	YES	YES	YES
常数项	-0.944*** (-5.447)	0.00789 (1.553)	0.0305** (2.084)	0.0165*** (3.009)	9.942*** (34.24)
N	5743	5743	5743	5743	5743
R^2	0.071	0.433	0.101	0.324	0.229

注：***、**、* 分别表示在1%、5%、10%水平上显著；括号内为T值。

表8-5为“两控区”政策对其他因素影响的财政支出分权程度异质性效应估计结果。其中，模型1为环境规制对产业集聚的财政支出分权程度异质性估计结果，结果显示，“两控区”政策变量与财政支出分权程度的交互项TCZ * FED回归估计系数为正，且通过显著性检验，表明财政支出分权程

度越高，环境规制对于产业集聚促进效应越强；模型 2 为环境规制对人力资本水平的财政支出分权程度异质性估计结果，结果显示，“两控区”政策变量与财政支出分权程度的交互项 TCZ＊FED 回归估计系数显著为正，表明财政支出分权程度越高，环境规制对于人力资本水平提升效应越强；模型 3 为环境规制对外商直接投资影响的财政支出分权程度异质性估计结果，结果显示，“两控区”政策变量与财政支出分权程度的交互项 TCZ＊FED 回归估计系数显著为负，表明财政支出分权程度越高，环境规制对于外商直接投资抑制效应越强；模型 4 为环境规制对技术进步影响的财政支出分权程度异质性估计结果，结果显示，“两控区”政策变量与财政支出分权程度的交互项 TCZ＊FED 回归估计系数显著为正，表明财政支出分权程度越高，环境规制对于科学技术支出促进效应越强；模型 5 为环境规制对工业二氧化硫排放影响的财政支出分权程度异质性估计结果，结果显示，“两控区”政策变量与财政支出分权程度的交互项 TCZ＊FED 回归估计系数为正，但未通过显著性检验，表明财政支出分权程度越高，环境规制实施反而促进工业二氧化硫排放的扭曲效应越强。综上，财政支出分权程度越高，环境规制实施会促进产业集聚，提高人力资本水平，促进技术进步，从而促进绿色全要素生产率的提高，但同样会减少外商直接投资，增加工业二氧化硫排放，从而抑制绿色全要素生产率的提高。上述变量对于绿色全要素生产率影响既存在积极效应，又存在消极影响，从而导致环境规制对绿色全要素生产率影响的财政支出分权异质性效应并不显著。

表 8-6 为“两控区”政策对其他因素影响的财政收入分权程度异质性效应估计结果。其中，模型 1 为环境规制对产业集聚影响的财政收入分权程度异质性估计结果，结果显示，“两控区”政策变量与财政收入分权程度的交互项 TCZ＊FRD 回归估计系数显著为正，表明财政收入分权程度越高，环境规制对于产业集聚促进效应越强；模型 2 为环境规制对人力资本水平影响的财政收入分权程度异质性估计结果，结果显示，“两控区”政策变量与财政收入分权程度的交互项 TCZ＊FRD 回归估计系数显著为正，表明财政收入分权程度越高，环境规制对于人力资本水平提升效应越强；模型 3 为环境规制对外商直接投资影响的财政收入分权程度异质性估计结果，结果显示，“两控区”政策变量与财政收入分权程度的交互项 TCZ＊FRD 回归估计系数为负，且未通过显著性检验，表明财政收入分权程度越高，环境规制对于外商直接投资抑制效应越强，但并不显著；模型 4 为环境规制对技术进

步影响的财政收入分权程度异质性估计结果，结果显示，“两控区”政策变量与财政收入分权程度的交互项 TCZ ∗ FRD 回归估计系数显著为正，表明财政收入分权程度越高，环境规制对于科学技术支出促进效应越强；模型 5 为环境规制对工业二氧化硫排放影响的财政收入分权程度异质性估计结果，结果显示，“两控区”政策变量与财政收入分权程度的交互项 TCZ ∗ FRD 回归估计系数为正，且未通过显著性检验，表明财政收入分权程度越高，环境规制实施反而促进工业二氧化硫排放的扭曲效应越强。综上，财政收入分权程度越高，环境规制实施会促进产业集聚，提高人力资本水平，促进技术进步，从而促进绿色全要素生产率的提高，但同样会减少外商直接投资，增加工业二氧化硫排放，从而抑制绿色全要素生产率的提高。上述因素对绿色全要素生产率影响既存在积极效应，也存在消极影响，从而导致环境规制对绿色全要素生产率影响的财政收入分权异质性效应也并不显著。未来应该建立并完善绿色 GDP 政绩考核机制，强化政府官员对绿色全要素生产率提升、经济增长质量提升和绿色经济转型的长期目标锚定；同时，建立科学、合理的约束和规制机制，以减少地方政府项目重复投资和对于不考虑环境代价的项目财政支持。

8.3 市场化程度异质性

一个地区的市场化程度是影响环境规制政策效应的重要因素。一个地区市场化程度越高，环境规制对绿色全要素生产率的提升效应可能越强。本书构建以下计量模型考察环境规制对绿色全要素生产率影响的市场化程度异质性效应，并对前文提出的研究假设 3 进行检验：

$$GTFP_{it}=\beta_0+\beta_1 t_{it}+\beta_2 terated_{it}+\beta_3 TCZ_{it}+\beta_4 TCZ_{it}\times market_{it}+\sum control_{it}+\varepsilon_{it} \tag{8-4}$$

其中，$GTFP_{it}$表示第 i 城市 t 年的绿色全要素生产率水平，采用前文测算的各城市 EBM-Malmquist-Luenberger 指数来度量。TCZ 表示“两控区”政策。$market_{it}$表示第 i 城市 t 年的市场化程度，鉴于地级市市场化程度数据无法获取，本书采用省级数据替代。省际市场化程度采用樊纲、王小鲁和朱恒鹏（2011）编写的《中国市场化指数：各省区市场化相对进程 2011 年度报告》中公布的各地区市场化指数指标衡量①②，2010~2015 年的数据本书借鉴范洪敏（2017）的做法采用趋势外推法进行推测得到。control 表示影响绿色全要素生产率的其他控制变量，包括产业集聚、劳均资本存量、人力资本水平等。ε_{it}表示随机扰动项。

本书采用 OLS 估计模型对式（8-4）进行了回归估计，估计结果见表 8-7。其中，模型 1 和模型 2 分别为未纳入控制变量和纳入控制变量的估计结果。结果均显示，“两控区”政策变量 TCZ 回归估计系数显著为正，而“两控区”政策变量与市场化程度的交互项 TCZ * market 回归估计系数为正，且通过显著性检验，表明“两控区”政策对于城市绿色全要素生产率具有显著促进作用，同时证实了环境规制对绿色全要素生产率影响存在市场化程度异质性效应，一个地区市场化程度越高，环境规制对绿色全要素生产率提升效应越强。

表 8-7 “两控区”政策对绿色全要素生产率影响的市场化程度异质性效应估计结果

变量	模型 1	模型 2
	GTFP	GTFP
TCZ * market	0.00609***	0.00200*
	(8.979)	(1.878)
TCZ	0.0236**	0.0223**
	(2.414)	(1.978)
t	-0.0644***	-0.137***
	(-12.55)	(-8.701)
treat	-0.0479***	-0.0331***
	(-4.936)	(-4.475)

① 樊纲，王小鲁，朱恒鹏. 中国市场化指数：各省区市场化相对进程 2011 年度报告［M］. 北京：经济科学出版社，2011：265.

② 王小鲁、余静文和樊纲于 2016 年公布了中国市场化八年进程报告，报告中列出了 2008 年、2010 年、2012 年和 2014 年各省份市场化指数，但此指数测算进行了数据资料和计算基期的调整，报告中公布的过去某些年份指数评分和排序与 2011 年报告有所不同，也无法进行比较，故本书没有使用此数据，而使用了原先公布的数据。

续表

变量	模型 1 GTFP	模型 2 GTFP
agg	—	0. 00659 ** (2. 075)
kl	—	0. 0310 *** (11. 12)
hc	—	0. 332 *** (3. 323)
fdi	—	-0. 0435 (-0. 982)
popd	—	0. 00941 *** (4. 889)
ui	—	0. 00505 (0. 378)
rd	—	0. 0437 (0. 278)
gov	—	-0. 0481 ** (2. 079)
城市固定效应	YES	YES
年份固定效应	YES	YES
常数项	1. 043 *** (213. 7)	0. 673 *** (18. 85)
N	5092	5092
R^2	0. 036	0. 107

注：*** 、** 、* 分别表示在 1%、5%、10%水平上显著；括号内为 T 值。

8. 4 融资约束程度异质性

一个地区的融资约束程度是影响环境规制政策效应的重要因素。一个地区融资约束程度越高，一方面，环境规制对绿色全要素生产率的提升效应可能越强；另一方面，环境规制对绿色全要素生产率的抑制效应可能越强。本书构建以下计量模型考察环境规制对绿色全要素生产率影响的融资约束程度异质性效应，并对前文提出的研究假设 4a 和假设 4b 进行检验：

$$GTFP_{it}=\beta_0+\beta_1TCZ_{it}+\beta_2TCZ_{it}\times FIC_{it}+\beta_3FIC_{it}+\sum control_{it}+\mu_i+\delta_t+\varepsilon_{it} \quad (8-5)$$

其中，$GTFP_{it}$表示第 i 城市 t 年的绿色全要素生产率水平，采用前文测算的各城市 EBM-Malmquist-Luenberger 指数来度量。TCZ 表示“两控区”政策。FIC_{it}表示第 i 城市 t 年的融资约束程度，采用年末金融存款余额与年末金融贷款余额比值衡量，该值越高，意味着贷款与融资成本越高，地方融资约束越强。1994~2002 年地级市年末金融机构存贷款余额数据根据 2003~2015 年地级市年末金融机构存贷款余额占省级年末金融机构存贷款余额平均比值进行估算得到。control 表示影响绿色全要素生产率的其他控制变量，包括产业集聚、劳均资本存量、人力资本水平等。μ_i 表示城市固定效应，δ_t 表示年份固定效应，ε_{it}表示随机扰动项。

本书采用双重差分固定效应模型对式（8-5）进行了回归估计，估计结果见表 8-8。其中，模型 1 和模型 2 分别为未纳入和纳入所有控制变量估计结果，结果显示，“两控区”政策变量 TCZ 回归估计系数显著为正，而“两控区”政策变量与融资约束程度的交互项 TCZ * FIC 回归估计系数为负，且未通过显著性检验，表明“两控区”政策对于城市绿色全要素生产率具有显著促进作用，而一个地区融资约束程度越高，环境规制对绿色全要素生产率的抑制效应越大，但并不明显。

表 8-8 “两控区”政策对绿色全要素生产率影响的融资约束程度异质性效应估计结果

变量	模型 1 GTFP	模型 2 GTFP	模型 3 RD	模型 4 RD	模型 5 $lnSO_2$	模型 6 $lnSO_2$
TCZ * FIC	-0.00447 (-1.153)	-0.000393 (-0.103)	-0.00247*** (-5.886)	-0.00172*** (-4.280)	-0.0310 (-0.756)	-0.0286 (-0.757)
TCZ	0.0249*** (2.742)	0.0190** (2.098)	0.00961*** (10.10)	0.00651*** (7.079)	-0.311*** (-3.339)	-0.343*** (-3.855)

续表

变量	模型 1 GTFP	模型 2 GTFP	模型 3 RD	模型 4 RD	模型 5 $lnSO_2$	模型 6 $lnSO_2$
t	0.000989 (0.104)	−0.126*** (−8.706)	0.00415*** (4.063)	0.00485*** (3.283)	1.027*** (10.25)	0.276*** (4.388)
treat	0.00210 (0.374)	−0.0137** (−2.435)	−0.000724 (−1.304)	−0.00219*** (−4.062)	1.177*** (21.64)	0.973*** (18.18)
agg	—	0.00650** (2.132)	—	0.00310*** (9.823)	—	0.276*** (8.826)
kl	—	0.0297*** (12.34)	—	−0.000416* (−1.733)	—	0.192*** (11.98)
hc	—	0.313*** (3.280)	—	0.108*** (11.05)	—	0.0513 (0.0528)
fdi	—	−0.0292 (−0.776)	—	0.00191 (0.525)	—	−5.246*** (−14.85)
popd	—	0.0103*** (5.906)	—	0.00169*** (9.524)	—	0.0857*** (4.830)
ui	—	−0.00319 (−0.265)	—	0.00706*** (5.826)	—	0.999*** (8.322)
rd	—	0.240* (1.927)	—	—	—	−3.338*** (−2.761)
gov	—	−0.0472** (−2.125)	—	−0.00695*** (−3.001)	—	−1.339*** (−6.176)
城市固定效应	YES	YES	YES	YES	YES	YES
年份固定效应	YES	YES	YES	YES	YES	YES
常数项	0.998*** (142.5)	0.692*** (22.94)	0.0111*** (14.97)	−0.0120*** (−4.028)	9.000*** (123.6)	5.006*** (19.03)
N	5627	5627	5895	5895	5895	5895
R^2	0.055	0.105	0.225	0.310	0.215	0.275

注：***、**、*分别表示在1%、5%、10%水平上显著；括号内为T值。

本书进一步探讨了环境规制对技术进步和工业二氧化硫排放的融资约

束程度异质性，回归估计结果见表8-8中模型3至模型6。其中，模型3和模型4为环境规制对技术进步的融资约束程度异质性估计结果，结果显示，"两控区"政策变量与融资约束程度的交互项TCZ * FIC回归估计系数显著为负，表明融资约束程度越高，环境规制对于科学技术支出抑制效应越强；模型5和模型6为环境规制对工业二氧化硫排放的融资约束程度异质性估计结果，结果显示，"两控区"政策变量与融资约束程度的交互项TCZ * FIC回归估计系数为负，且未通过显著性检验，表明融资约束程度越高，环境规制对工业二氧化硫排放的抑制效应越强，但并不显著。综上，融资约束程度越高，环境规制实施会减少科学技术支出，对于减少工业二氧化硫排放效应不明显，从而抑制了绿色全要素生产率的提高。上述变量对于绿色全要素生产率影响既存在积极效应，又存在消极影响，从而导致环境规制对绿色全要素生产率影响的融资约束程度异质性效应并不显著。未来应适当降低融资约束程度，降低原有传统企业在环境治理投入和技术研发创新投入方面的融资成本；同时不断完善绿色金融体制，加大对环保型产业的支持力度。

8.5 地方腐败程度异质性

从1994~2015年地区腐败程度[①]与绿色全要素生产率变化趋势（见图8-3）可以看出，我国腐败程度呈现倒"N"型变化趋势。1994~1997年呈现下降趋势，每万人公职人员职务犯罪立案数从37.11件下降到28.64件，1998~2002年呈现上升趋势，每万人公职人员职务犯罪立案数从31.98件上升到42.58件，2002年之后基本呈现下降趋势，2013年每万人公职人员职务犯罪立案数下降到26.35件。腐败程度与绿色全要素生产率基本上呈现"此消彼长"的变化趋势，两者表现出一定的负相关关系[②]，在一定程度上表明腐败程度是影响绿色全要素生产率的重要变量，一个地区腐败程度越高，绿色全要素生产率水平越低。

① 鉴于地级市腐败程度数据无法获取，本书采用省级数据替代，其中腐败程度采用每万人公职人员犯罪立案数衡量。

② 回归估计结果显示，腐败程度与绿色全要素生产率之间存在显著的负相关关系。

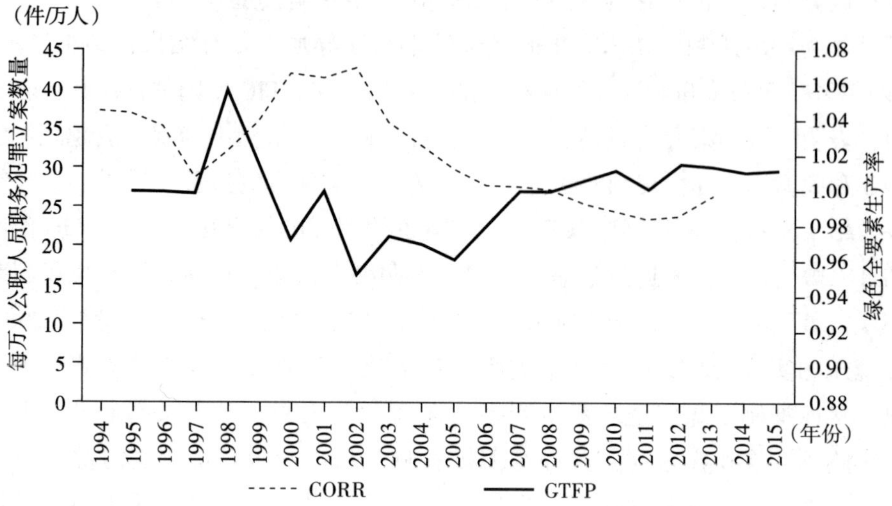

图 8-3 1994~2015 年地区腐败程度与绿色全要素生产率变化趋势

地方腐败程度是影响环境规制政策效应的一个重要因素，环境规制对绿色全要素生产率影响是否存在地方腐败程度异质性？本书进一步构建以下计量模型考察环境规制对绿色全要素生产率影响的地方腐败程度异质性效应，并对前文提出的研究假设 5 进行检验：

$$GTFP_{it} = \beta_0 + \beta_1 TCZ_{it} + \beta_2 TCZ_{it} \times CORR_{it} + \beta_3 CORR_{it} + \sum control_{it} + \mu_i + \delta_t + \varepsilon_{it} \tag{8-6}$$

其中，$GTFP_{it}$表示第 i 城市 t 年的绿色全要素生产率水平，采用前文测算的各城市 EBM-Malmquist-Luenberger 指数来度量。$TCZ \times CORR_{it}$表示“两控区”政策与地方腐败程度的交互项。$CORR_{it}$表示第 i 城市 t 年的地区腐败程度。本书借鉴周黎安和陶婧（2009）、范子英（2013）等的做法，采用“公职人员职务犯罪立案数除以公职人员数量”衡量一个地区的腐败程度①②，其中公职人员职务犯罪立案数数据来源于《中国检察年鉴》中各年分省的《人民检察院年度工作报告》，1994~1998 年的数据根据方红生和张军（2009）所提供数据进行了修正③。公职人员数量数据来源于《中国人口

① 周黎安，陶婧. 政府规模、市场化与地区腐败问题研究［J］. 经济研究，2009，44（1）：57-69.

② 范子英. 转移支付、基础设施投资与腐败［J］. 经济社会体制比较，2013（2）：179-192.

③ 方红生，张军. 中国地方政府扩张偏向的财政行为：观察与解释［J］. 经济学（季刊），2009，8（3）：1065-1082.

与就业统计年鉴》中"公共管理和社会组织城镇单位就业人员"。control 表示影响绿色全要素生产率的其他控制变量，包括产业集聚、劳均资本存量、人力资本水平等。μ_i 表示城市固定效应，δ_t 表示年份固定效应，ε_{it} 表示随机扰动项。

本书采用双重差分固定效应模型对式（8-6）进行了回归估计，估计结果见表 8-9。其中，模型 1 和模型 2 分别为未纳入和纳入所有控制变量估计结果，结果显示，"两控区"政策变量 TCZ 回归估计系数显著为正，而"两控区"政策变量与地方腐败程度的交互项 TCZ * CORR 回归估计系数显著为负，表明"两控区"政策对于城市绿色全要素生产率具有显著促进作用，一个地区腐败程度越高，环境规制对绿色全要素生产率的抑制效应越大。模型 3 为"两控区"政策对技术进步影响地方腐败程度异质性效应估计结果，结果显示，"两控区"政策变量与地方腐败程度的交互项 TCZ * CORR 回归估计系数显著为负，表明一个地区腐败程度越高，环境规制对研发支出挤出效应越强，对技术进步的抑制效应越明显，从而抑制了绿色全要素生产率的提升。未来我国应继续加大环保领域反腐败力度，严厉打击各种影子经济或隐性经济活动，加大对偷排、乱排企业的处罚力度和姑息纵容执法者的问责力度；同时加强中央对地方环保督察，加快绿色 GDP 政绩考核机制建设，避免政企合谋，从制度上消除腐败、影子经济对环境规制对绿色全要素生产率影响的抑制效应。

表 8-9 "两控区"政策对绿色全要素生产率影响的地方腐败程度异质性效应估计结果

变量	模型 1 GTFP	模型 2 GTFP	模型 3 RD
TCZ * CORR	-0.0267** (-2.460)	-0.0338*** (-3.068)	-0.00213** (-2.203)
TCZ	0.110*** (2.977)	0.136*** (3.604)	0.00959*** (2.898)
CORR	-0.0126 (-1.293)	-0.00686 (-0.693)	-0.00255*** (-3.050)
agg	—	0.00692 (1.359)	0.000387 (0.883)

续表

变量	模型 1 GTFP	模型 2 GTFP	模型 3 RD
kl	—	0.0167*** (4.932)	−0.00134*** (−4.678)
hc	—	0.0934 (0.553)	0.187*** (12.98)
fdi	—	−0.0945 (−1.497)	−0.0221*** (−4.318)
popd	—	0.00831 (1.313)	0.00118** (2.186)
ui	—	−0.0170 (−0.808)	0.00413** (2.325)
rd	—	−0.0420 (−0.265)	—
gov	—	−0.0173 (−0.465)	−0.0147*** (−4.489)
城市固定效应	YES	YES	YES
年份固定效应	YES	YES	YES
常数项	1.047*** (29.65)	0.866*** (12.16)	0.0163*** (2.747)
N	5038	5038	5288
R^2	0.062	0.068	0.308

注：***、** 分别表示在 1%、5%水平上显著；括号内为 T 值。

8.6 城市规模和行政级别异质性

不同城市规模和行政级别城市在资源禀赋、行政特权、制度环境等方面存在较大差异，导致“两控区”环境政策对城市绿色全要素生产率的影响可能存在差异。本节将讨论“两控区”政策对绿色全要素生产率的影响在不同规模城市和不同行政级别城市的异质性效应。

8.6.1 城市规模异质性

城市规模差异性一般体现在城市经济规模差异性和城市人口规模差异性方面。城市经济规模暂时没有可靠的等级划分标准，而2014年国务院印发的《关于调整城市规模划分标准的通知》（以下简称《通知》）中按照城市常住人口规模统计口径将城市规模等级划分为五类七档。其中，将城区常住人口规模在50万以下的城市归类为小城市，其中人口规模在20万~50万的城市为Ⅰ型小城市，20万以下的城市为Ⅱ型小城市；将城区常住人口规模在50万以上100万以下的城市归类为中等城市；将城区常住人口规模在100万~500万的城市划分为大城市，其中人口规模在300万~500万的城市为Ⅰ型大城市，人口规模在100万~300万的城市为Ⅱ型大城市；将城区常住人口在500万~1000万的城市划分为特大城市；将城区常住人口规模在1000万以上的城市划分为超大城市。本书在《通知》中城市规模等级划分标准的基础上，对划分标准进行重新组合，将城市规模等级划分为特大城市、大城市和中小城市三类。其中，将城区常住人口在500万及以上的定义为特大城市（first），将城区常住人口在100万~500万的定义为大城市（second），将城区常住人口在100万以下的定义为中小城市（third）。

在城市规模等级划分基础上，本书统计了1995~2015年不同城市规模下绿色全要素生产率均值水平及其变化趋势，分别见表8-10和图8-4。从中我们可以看出：第一，不同城市规模绿色全要素生产率变化趋势是相同的，但存在明显差异，整体上来讲，特大城市绿色全要素生产率高于大城市，大城市又高于中小城市，初步表现出城市规模越大，绿色全要素生产率水平越高的规律。第二，不同城市规模绿色全要素生产率水平呈现出一定的阶段性特征。具体表现在：①在2002年之前，中小城市整体上表现出较高的绿色全要素生产率水平，且高于特大城市和大城市，而2003年之后，中小城市绿色全要素生产率波动变化趋于平稳，且一直低于特大城市和大城市；②2000年之前，特大城市和大城市绿色全要素生产率水平较为接近，在2000年之后，特大城市绿色全要素生产率开始超过并一直高于大城市绿色全要素生产率水平。

表 8-10 1995~2015 年不同城市规模下绿色全要素生产率均值统计

年份	特大城市	大城市	中小城市
1995	1.002	0.998	1.003
1996	1.002	0.995	1.026
1997	0.994	1.000	1.010
1998	1.066	1.053	1.024
1999	1.010	1.021	1.071
2000	0.985	0.963	0.967
2001	1.011	0.987	1.078
2002	0.962	0.940	1.017
2003	0.978	0.973	0.956
2004	0.977	0.969	0.907
2005	0.977	0.949	0.979
2006	0.998	0.966	0.966
2007	1.016	0.991	0.967
2008	1.023	0.986	0.981
2009	1.025	0.995	0.968
2010	1.026	1.003	0.987
2011	1.012	0.996	0.956
2012	1.039	1.003	0.953
2013	1.019	1.012	0.985
2014	1.021	1.006	0.971
2015	1.016	1.011	0.974

资料来源：笔者测算整理。

特大城市、大城市和中小城市绿色全要素生产率表现出明显的差异和分化，“两控区”政策实施是否是不同规模等级城市绿色全要素生产率产生分化的一个原因呢？本书进一步构建以下计量模型考察环境规制对绿色全要素生产率影响的城市规模异质性效应，并对前文提出的研究假设 6a 进行检验：

$$GTFP_{it} = \kappa_0 + \kappa_1 TCZ_{it} \times cityscdle_i + \sum control_{it} + \mu_i + \delta_t + \varepsilon_{it} \tag{8-7}$$

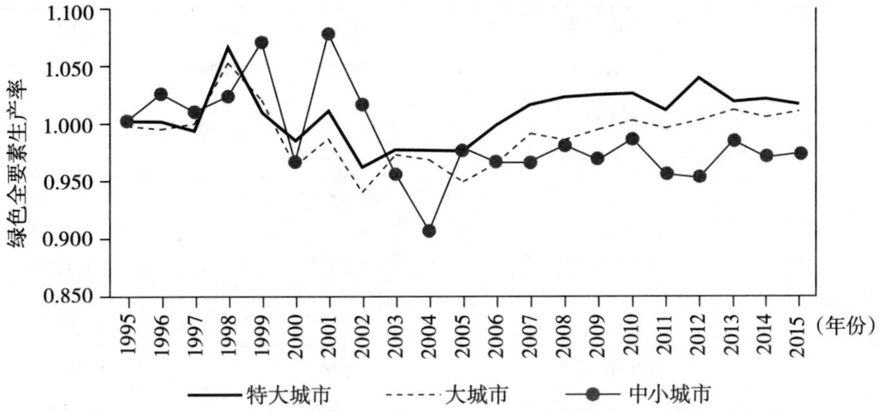

图 8-4　1995~2015 年不同城市规模下绿色全要素生产率变化趋势

其中，$GTFP_{it}$表示第 i 城市 t 年的绿色全要素生产率水平，采用前文测算的各城市 EBM-Malmquist-Luenberger 指数来度量；$TCZ \times cityscale_i$ 表示“两控区”政策与城市规模变量的交互项；$cityscale_i$ 分别代表特大城市（first）、大城市（second）和中小城市（third）；control 表示影响绿色全要素生产率的其他控制变量，包括产业集聚、劳均资本存量、人力资本水平等；μ_i 表示城市固定效应，δ_t 表示年份固定效应，ε_{it}表示随机扰动项。

本书采用双重差分固定效应模型对式（8-7）进行了回归估计，估计结果见表 8-11。其中，模型 1 和模型 2 分别为未加入控制变量和加入控制变量后特大城市规模下“两控区”政策对绿色全要素生产率影响估计结果，结果显示，“两控区”政策与特大城市交互项（TCZ * first）估计系数为正，且通过显著性检验，表明在特大城市规模下，“两控区”政策对城市绿色全要素生产率促进作用依然显著；模型 3 和模型 4 分别为未加入控制变量和加入控制变量后大城市规模下“两控区”政策对绿色全要素生产率影响估计结果，结果显示，“两控区”政策与大城市交互项（TCZ * second）估计系数显著为正，表明在大城市规模下，“两控区”政策对城市绿色全要素生产率依然具有显著促进作用；模型 5 和模型 6 分别为未加入控制变量和加入控制变量后中小城市规模下“两控区”政策对绿色全要素生产率影响估计结果，结果显示，“两控区”政策与中小城市交互项（TCZ * third）估计系数显著为负，表明在中小城市规模下，“两控区”政策对城市绿色全要素生产率具有显著抑制作用。

表 8-11　“两控区”政策对绿色全要素生产率影响城市规模异质性效应估计结果

变量	模型 1 GTFP	模型 2 GTFP	模型 3 GTFP	模型 4 GTFP	模型 5 GTFP	模型 6 GTFP
TCZ * first	0.0177 ** (2.480)	0.0142 * (1.949)	—	—	—	—
TCZ * second	—	—	0.0111 * (1.697)	0.0157 ** (2.380)	—	—
TCZ * third	—	—	—	—	-0.0769 *** (-3.406)	-0.0736 *** (-3.258)
agg	—	0.0124 *** (2.707)	—	0.0126 *** (2.746)	—	0.0135 *** (2.947)
kl	—	0.0195 *** (6.302)	—	0.0207 *** (6.670)	—	0.0193 *** (6.228)
hc	—	0.156 (1.024)	—	0.220 (1.466)	—	0.193 (1.288)
fdi	—	-0.0502 (-0.860)	—	-0.0476 (-0.816)	—	-0.0428 (-0.733)
popd	—	0.00646 (1.065)	—	0.00628 (1.035)	—	0.00744 (1.227)
ui	—	-0.0260 (-1.338)	—	-0.0263 (-1.353)	—	-0.0274 (-1.412)
rd	—	-0.00393 (-0.0277)	—	-0.00718 (-0.0507)	—	0.00640 (0.0453)
gov	—	-0.0383 (-1.263)	—	-0.0380 (-1.254)	—	-0.0417 (-1.379)
城市固定效应	YES	YES	YES	YES	YES	YES
年份固定效应	YES	YES	YES	YES	YES	YES
常数项	1.000 *** (167.7)	0.840 *** (15.33)	1.000 *** (167.6)	0.830 *** (15.19)	1.000 *** (167.7)	0.838 *** (15.33)
N	5628	5628	5628	5628	5628	5628
R^2	0.055	0.065	0.055	0.065	0.056	0.066

注：***、**、* 分别表示在 1%、5%、10%水平上显著；括号内为 T 值。

进一步比较模型 2、模型 4 和模型 6 中“两控区”政策与特大城市、大城市和中小城市交互项估计系数，发现估计系数大小依次为中小城市<特大城市<大城市，这意味着环境规制对绿色全要素生产率影响存在城市规模异质性，环境规制对绿色全要素率的促进作用并非呈现出随着城市规模等级提高而逐步增强的规律，而是表现出环境规制对大城市规模下的绿色全要素生产率促进作用大于特大城市和中小城市，假设 6a 得到验证。这可能是因为特大城市人口的集聚伴随而来的环境污染等“城市病”导致了城市无效率，同时特大城市与其他城市之间的区域协调机制和跨区域治理机制并没有完全建立起来，仍然强调“行政区治理”，导致区域资源共享、技术扩散效应等受到限制，影响了环境规制的绿色全要素生产率促进效应。因此，未来应一方面加大特大城市与周边城市的联系，建立区域环境污染协调与治理机制，更好地实现资源共享等；另一方面，加强大城市的环境治理技术扩散，形成大中小城市分工合理的环境治理技术扩散网络（王业强和朱春筱，2017）①，解决中小城市环境治理无效率和绿色经济转型成本过高问题。

8.6.2 城市行政级别异质性

前文所述，我国城市具有严格的行政级别区分，依级别从高到低分别为：①直辖市；②副省级城市；③准副省级城市；④地级市；⑤县级市及建制镇。因本书主要考察的是地级市层面，我们将直辖市、副省级城市、准副省级城市定义为高行政级别城市，将其他地级市定义为低行政级别城市。高行政级别城市和低行政级别城市绿色全要素生产率变化趋势见图 8-5。结果显示，除 1999 年和 2000 年高行政级别城市绿色全要素生产率与低行政级别城市绿色全要素生产率较为接近外，其余年份高行政级别城市绿色全要素生产率均显著高于低行政级别城市绿色全要素生产率，尤其是 2000 年之后，两者之间的差距明显加大，其中 2001～2010 年，高行政级别城市绿色全要素生产率平均高于低行政级别城市绿色全要素生产率 0.05，2010 年之后两者仍存在差距，但差距明显降低。高行政级别城市和低行政级别城

① 王业强，朱春筱. 大城市效率锁定的环境效应及其政策选择［J］. 城市与环境研究，2017（1）：42-59.

市绿色全要素生产率变化趋势初步表明，“两控区”环境规制政策是导致两者绿色全要素生产率出现一定分化和差距的原因之一。

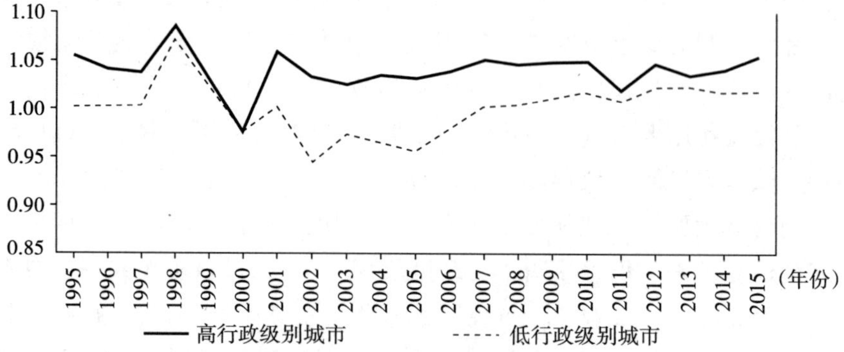

图 8-5　1995~2015 年高、低行政级别城市绿色全要素生产率变化趋势

本书进一步构建以下计量模型考察环境规制对绿色全要素生产率影响的城市行政级别异质性效应，并对前文提出的研究假设 6b 进行检验：

$$GTFP_{it}=\kappa_0+\kappa_1 TCZ_{it}\times citylevel_i+\sum contril_{it}+\mu_i+\delta_t+\varepsilon_{it} \quad (8-8)$$

其中，$GTFP_{it}$表示第 i 城市 t 年的绿色全要素生产率水平，采用前文测算的各城市 EBM-Malmquist-Luenberger 指数来度量；$TCZ\times citylevel_i$ 表示“两控区”政策与城市行政级别变量的交互项；$citylcvl_i$分别代表高行政级别城市（$level_{high}$）、低行政级别城市（$level_{low}$）；control 表示影响绿色全要素生产率的其他控制变量，包括产业集聚、劳均资本存量、人力资本水平等；μ_i 表示城市固定效应，δ_t 表示年份固定效应，ε_{it}表示随机扰动项。

本书采用双重差分固定效应模型对式（8-8）进行了回归估计，估计结果见表 8-12。其中，模型 1 和模型 2 分别为未加入控制变量和加入控制变量后低行政级别城市“两控区”政策对绿色全要素生产率影响估计结果，结果显示，“两控区”政策与低行政级别城市交互项（$TCZ*level_{low}$）估计系数显著为正，表明“两控区”政策对低级别城市绿色全要素生产率具有显著促进作用；模型 3 和模型 4 分别为未加入控制变量和加入控制变量后高行政级别城市下“两控区”政策对绿色全要素生产率影响估计结果，结果显示，“两控区”政策与高行政级别城市交互项（$TCZ*level_{high}$）估计系数为正且通过显著性检验，表明在高行政级别城市下，“两控区”政策对城市绿色全要素生产率具有显著促进作用。

表 8-12　"两控区"政策对绿色全要素生产率影响的城市行政级别异质性效应估计结果

变量	模型 1 GTFP	模型 2 GTFP	模型 3 GTFP	模型 4 GTFP
$TCZ*level_{low}$	0.0125** (2.049)	0.0124** (2.001)	—	—
$TCZ*level_{high}$	—	—	0.0318*** (4.863)	0.0212* (1.855)
agg	—	0.0121*** (2.641)	—	0.0129*** (2.804)
kl	—	0.0201*** (6.507)	—	0.0203*** (6.548)
hc	—	0.260* (1.714)	—	0.0639 (0.375)
fdi	—	-0.0470 (-0.806)	—	-0.0538 (-0.920)
popd	—	0.00625 (1.030)	—	0.00633 (1.043)
ui	—	-0.0267 (-1.372)	—	-0.0247 (-1.273)
rd	—	-0.0158 (-0.112)	—	0.0104 (0.0737)
gov	—	-0.0364 (-1.201)	—	-0.0403 (-1.330)
城市固定效应	YES	YES	YES	YES
年份固定效应	YES	YES	YES	YES
常数项	1.000*** (167.6)	0.837*** (15.30)	1.000*** (161.7)	0.831*** (15.21)
N	5628	5628	5628	5628
R^2	0.055	0.065	0.054	0.065

注：***、**、* 分别表示在 1%、5%、10%水平上显著；括号内为 T 值。

进一步比较模型 2、模型 4 中“两控区”政策与高、低行政级别城市交互项估计系数，发现“两控区”政策与高行政级别城市交互项估计系数（$TCZ * level_{high}$）大于“两控区”政策与低行政级别城市交互项估计系数（$TCZ * level_{low}$），这意味着环境规制对绿色全要素生产率影响存在城市行政级别异质性，环境规制对高行政级别城市的绿色全要素生产率促进作用大于低行政级别城市，假设 6b 得到验证。这可能是因为高行政级别城市拥有更多高技能劳动力、外商直接投资、先进污染处理技术、更高产业集聚水平、更多政策补贴优惠等，环境规制的实施可以充分享受上述资源优势等，实现环境质量改善和绿色全要素生产率水平提高。高行政级别城市依靠行政命令手段和自身行政级别优势获得环境规制下经济增长质量的更快提升和绿色经济快速转型，会加剧高行政级别城市与低行政级别城市经济增长质量差异和分化，并产生“马太效应”。因此，未来应加大城市行政管理体制改革，为城市绿色经济发展创造公平的竞争环境，弱化城市行政等级对资源占有和资源配置的影响，强化市场在资源配置中的决定性作用，以此全面提高城市绿色全要素生产率。

8.7 小　结

环境规制对绿色全要素生产率的促进效应会受到外在制度环境的影响而表现出异质性，本章在前文所提出的研究假设基础上分别讨论了环境规制对绿色全要素生产率的国有化程度异质性效应、财政分权程度异质性效应、市场化程度异质性效应、融资约束程度抑制性效应、地方腐败程度异质性效应、城市规模和行政级别异质性效应，研究发现：

第一，环境规制对绿色全要素生产率影响存在国有化程度异质性效应，一个地区国有化程度越高，环境规制对绿色全要素生产率抑制效应越强。

第二，环境规制对绿色全要素生产率影响存在财政分权程度异质性效应，无论是财政收入分权还是财政支出分权程度较高的地区，环境规制对绿色全要素生产率抑制效应更强，但并不显著。

第三，环境规制对绿色全要素生产率影响存在市场化程度异质性效应，市场化程度越高的地区，环境规制对绿色全要素生产率提升效应越强。

第四，环境规制对绿色全要素生产率影响存在融资约束程度异质性效应，地区融资约束程度越高，环境规制对绿色全要素生产率的抑制效应越大，但并不明显。

第五，环境规制对绿色全要素生产率影响存在地方腐败程度异质性效应，一个地区腐败程度越高，环境规制对绿色全要素生产率的抑制效应越大。

第六，环境规制对绿色全要素生产率影响存在城市规模异质性效应，环境规制对绿色全要素生产率的促进作用并非呈现出随着城市规模等级提高而逐步增强的规律，环境规制对大城市规模下的绿色全要素生产率促进作用大于特大城市和中小城市；环境规制对绿色全要素生产率影响同时存在城市行政级别异质性，高行政级别城市下，环境规制对城市绿色全要素生产率促进效应越大。

9 结论与对策建议

2017年党的十九大报告中指出，我国经济已经开始转向高质量发展阶段，这意味着我国经济发展方式将由原先高度依赖要素能源投入的粗放增长转变为减少不可再生要素投入、减少污染物排放负产出、实现传统劳动资本要素高效使用并提高经济产出效率的集约绿色增长，这本质上是提高绿色全要素生产率。实施合理的命令控制型、市场激励型等环境规制政策或措施来推进绿色全要素生产率提升是当前中国绿色经济转型的必由之路，也是当前中国亟待解决的问题。近年来，我国也出台了一系列不同类型环境规制政策，那么环境规制实施能否及如何促进我国绿色全要素生产率提升，实现绿色经济转型呢？本书依托我国设立的“两控区”政策准自然实验，运用1994~2015年268个地级市面板数据，结合双重差分模型、空间计量模型等系统、全面考察了环境规制对绿色全要素生产率的影响。本章系统总结了本书得到的主要结论并以此提出有关对策建议。

9.1 本书结论

9.1.1 “两控区”政策实施并未完成预期规划目标

1998年设立的酸雨控制区和二氧化硫控制区是我国为控制二氧化硫排放总量、改善环境空气质量而出台的一项重要的环境规制政策。本书通过比较“两控区”城市二氧化硫污染排放总量、二氧化硫排放浓度、酸雨污染现实值与规划目标，发现“两控区”政策实施并没有实现二氧化硫污染排放总量控制、降低“两控区”城市二氧化硫浓度、控制酸雨污染蔓延等规划目标，但总体上对污染减排起到了积极的作用。

9.1.2 绿色全要素生产率整体上升，但区域分化明显

本书运用非参数混合径向 EBM 模型结合 Malmquist-Luenberger 指数对我国 268 个地级市 1994~2015 年绿色全要素生产率进行了测算。研究发现：第一，1994~2015 年样本期内绿色全要素生产率指数平均值为 0.997，绿色全要素生产率年平均下降 0.3 个百分点，主要源于绿色技术进步水平恶化；第二，我国绿色全要素生产率整体呈现上升趋势，尤其是 2006 年之后，主要源于绿色技术进步和绿色技术效率的改善；第三，我国东部区域绿色全要素生产率明显高于中部和西部地区，区域内各省份绿色全要素生产率及绿色全要素生产率增长或恶化来源均存在显著差异，不存在条件收敛和俱乐部收敛。

9.1.3 环境规制会显著促进绿色全要素生产率提升，但存在滞后性和时效性

本书以“两控区”的设立构造准自然实验，运用双重差分法实证探讨了“两控区”环境规制政策对绿色全要素生产率的直接影响、动态影响，研究发现，“两控区”环境规制政策可以显著促进绿色全要素生产率的提升，大约提高 1.7%~2%，但这种促进作用并不是当期有效的，而是存在 1 年左右的时滞，并且促进作用存在明显的时效性，其效应在 2010 年便全部失效。此外，“两控区”政策对绿色全要素生产率促进效应基本呈现先上升后下降的倒“U”型变化，拐点年份出现在 2006 年。

9.1.4 现阶段市场激励型环境规制并不能显著促进绿色全要素生产率提升

现阶段，二氧化硫排污权交易制度不完善，二级市场也并不活跃，没能充分激发企业技术创新，导致二氧化硫排污权交易试点政策这一典型的市场激励型环境规制政策并没有显著促进城市绿色全要素生产率提高，“两

控区”环境规制政策与二氧化硫排污权环境规制政策组合并没有促进城市绿色全要素生产率提升，但是两者政策组合显著降低了工业二氧化硫排放。

9.1.5 环境规制对绿色全要素生产率影响存在多种影响机制

环境规制实施能够促进产业结构升级和产业集聚，引致技术创新和要素结构升级，实现绿色全要素生产率提升，但是阻碍了外商直接投资所能带来的先进环保技术和环保管理经验的外溢效应发挥，在一定程度上抑制了绿色全要素生产率提升。此外，不同机制的滞后性和时效性存在显著差异。

9.1.6 环境规制对绿色全要素生产率影响存在空间溢出效应

环境规制对绿色全要素生产率影响的空间溢出效应表现在以下几个方面：第一，“两控区”政策实施对非“两控区”城市存在正外部性。“两控区”城市与非“两控区”城市距离越近，非“两控区”的城市更容易享受“搭便车”福利，包括污染物减少和绿色全要素生产率空间溢出效应。第二，“两控区”政策对非“两控区”城市存在空间辐射效应且存在空间边界，边界范围为300公里。随着距离的增加，“两控区”政策对非“两控区”城市的外部性辐射效应发挥越来越滞后，时效性也越来越短。第三，“两控区”试点城市与周边“两控区”城市试点城市的空间集聚导致要素之间既存在竞争又存在溢出，从而决定了两者并没有发生协同集聚效应来共同促进绿色全要素生产率的提升。但是两者距离在250~300公里时可形成协同集聚效应。第四，绿色全要素生产率空间外溢效应存在距离衰减和非对称性，一方面，100~300公里距离区间是绿色全要素生产率正向外溢效应的集中区域；另一方面，东部与中西部区域邻近城市绿色全要素生产率空间溢出效应存在显著差异，东部区域绿色全要素生产率空间溢出效应低于中西部区域相邻城市绿色全要素生产率空间溢出效应，沿海与内陆区域邻近城市绿色全要素生产率空间溢出效应并不存在显著差异。

9.1.7 环境规制对绿色全要素生产率影响存在异质性效应

环境规制对绿色全要素生产率的促进效应会受到外在制度环境的影响而表现出异质性，具体表现在：第一，一个地区国有化程度越高，环境规制对绿色全要素生产率抑制效应越强。第二，无论是财政收入分权还是财政支出分权程度较高的地区，环境规制对绿色全要素生产率抑制效应更强，但并不显著。第三，市场化程度越高，环境规制对绿色全要素生产率提升效应越强。第四，地区融资约束程度越高，环境规制对绿色全要素生产率的抑制效应越大，但并不明显。第五，一个地区腐败程度越高，环境规制对绿色全要素生产率的抑制效应越大。第六，环境规制对大城市规模下的绿色全要素生产率促进作用大于特大城市和中小城市；城市行政级别越高，环境规制对城市绿色全要素生产率促进效应越大。

9.2 对策建议

9.2.1 注重环境规制政策的长期规划与可持续性

高耗能、高污染、高投入的粗放型经济发展模式并不是短期内形成的，降低污染排放，提高经济增长质量，实现绿色经济转型依赖于严格的环境规制政策实施，也并非毕其功于一役。“两控区”政策对绿色全要素生产率促进作用的时效性和滞后性启示我们在出台或制定环境治理政策时要着眼于经济社会可持续发展，综合评估环境政策的经济社会效应，而非单纯强调某项环境管制政策的短期治理目标；同时着眼于环境政策的持续性，在环境政策执行后期，应该因时制宜，适时修订并完善原有政策，推进政策深化，保证环境政策的连贯性和良性经济社会效应的持续性。

9.2.2 环境规制政策应与经济发展阶段相匹配

“两控区”政策作为典型的命令控制型环境规制显著促进了绿色全要素生产率提升，而我国于2002年开始启动的二氧化硫排污权交易试点至今已实施了18年之久，但尚未从试点转变为全面推广普及，而且其他学者包括本书研究发现，排污权交易试点并未显著促进全要素生产率提升而实现波特效应。美国于1976年推行排污权交易试点之前，环境规制工具多以行政命令型为主，1976~1990年为排污权交易试点实验期，1990年《清洁空气法案》修正案实施之后排污权交易才正式进入全面推广期。但值得注意的是，1976年美国人均GDP为26348美元①，1990年已达到36312美元，而2002年我国推行二氧化硫排污权交易试点时人均GDP仅为2065美元，2016年人均GDP刚达到6894美元。以上表明，二氧化硫排污权交易政策出台与实施与我国发展阶段并不匹配。

现阶段，我国经济发展水平与发达国家仍存在一定差距，市场机制和相关环保配套制度仍不健全、不完善，并不能充分刺激企业层面二级市场排污权交易，更妄谈发挥排污权交易对企业技术创新的内生激励作用。目前，我国环境污染仍处于存量较大、范围较广、程度较深的阶段，而命令控制型环境规制政策能在短时间内改善环境质量并激发企业技术创新，因此，在我国尚未进入高收入阶段和达到环境库兹涅茨曲线（EKC）拐点之前，环境规制政策应以命令控制型为主导，对于二氧化硫排污权交易及正在推动全面建立的碳排污权交易等强调建立市场型的市场激励型环境规制政策而言，应在借鉴欧美国家环境治理经验，不断完善市场机制与相关配套制度前提下，稳步推动实施，避免强制全面推行。

9.2.3 加强FDI绿色环保技术溢出效应

有效合理引进及利用外商直接投资，加强FDI的绿色环保技术溢出效应，促进绿色全要素生产率提高，加快我国经济绿色转型。第一，加强对外商直接投资企业的筛选，严格限制高污染、高能耗、低技术含量外商直

① 均为2010年不变价。

接投资准入，鼓励并引导外商直接投资进入环保、清洁能源、高新技术产业领域；第二，全面提升利用外商直接投资水平，引进并吸收先进的污染处理及节能减排技术；第三，加大环保研发投入力度，出台优惠财政税收政策鼓励本土企业加强环保技术创新，同时加强知识产权保护，加快法律制度建设，创造良好的市场制度环境，促进 FDI 绿色技术溢出。

9.2.4 推动城市群内环境污染协同治理

截至 2017 年 3 月底，中国已形成长江三角洲城市群、珠江三角洲城市群、京津冀城市群、中原城市群、长江中游城市群、成渝城市群、哈长城市群、辽中南城市群、山东半岛城市群、海峡西岸城市群、北部湾城市群、关中城市群、呼包鄂城市群等国家级城市群，但目前国家和地方政府更关注城市群的形成可以实现城市群内各城市间资源、信息和技术等共享进而实现经济协同发展，尚未提出加强城市群内联防联控，实现环境污染协同治理。本书发现，城市之间距离在 200~300 公里内，环境规制政策可以产生正外部性和空间辐射效应，绿色全要素生产率外溢效应也最集中，而大部分城市群内城市之间的距离在 300 公里之内，因此，国家和地方政府应充分发挥城市群的规模效应、集聚效应和协同效应，有效推动城市群内环境污染协同治理，实现经济增长质量同步提升。

第一，改革现有属地管理为主的环境管理体制，破除地方保护主义，设立区域型环保机构，统一城市群内环境法规与标准，包括区域环境保护条例、行业污染物排放标准等，避免污染就近转移；对区域环境质量进行全区域统一规划、统一监测、统一监管、统一评估、统一协调；统一城市群内执法标准，严格行政执法；统一执法程序，确保城市群内环境执法公开、透明。第二，建立和完善城市群环境污染治理相关法律法规，为城市群环境污染协同治理提供法律保障；建立并完善生态补偿为主体的横向转移支付机制，为城市群环境污染协同治理提供经济保障。一方面，在城市群内城市监测数据的基础上，通过第三方公平合理评估跨界污染损失，界定污染责任城市，由污染者城市向被污染者城市进行赔偿；另一方面，通过第三方合理核定城市群内城市环境污染治理成本，界定本地污染治理受益周边城市，由受益周边城市向本地城市补偿部分治理成本。第三，加大城市群内特大城市、大城市与周边城市的联系，建立区域环境污染协调与治理机制，更好地实现资源共享等，同时加强大城市的环境治理技术扩散，形成大中小城市分工合理的环境治理技术扩散网络，解决中小城市环境治理无效率和绿色经济转型成本过高问题。第四，加强城市行政管理体制改革，为城市绿色经济发展创造公平的竞争环境，弱化城市行政等级对资源占有和资源配置的影响，强化市场在资源配置中的决定性作用，避免“马太效应”，实现城市群内城市绿色全要素生产率协同提升。

9.2.5 改革并完善相关配套制度

创造良好的制度环境有利于加强和提高环境规制对绿色全要素生产率的促进效应。这种制度环境既体现在国有化程度降低方面，又体现在市场化程度提高、财政分权程度降低、融资约束程度降低和地方腐败程度降低等方面。第一，调整和完善所有制结构，深化国有企业改革，发展混合所有制经济。在环境政策执行时实行无差异化对待，降低所有制结构对环境政策效应的影响。第二，建立并完善绿色 GDP 政绩考核机制，强化政府官员对绿色全要素生产率提升、经济增长质量提升和绿色经济转型的长期目标锚定；同时建立科学合理的约束和规制机制，减少地方政府项目重复投资和对于不考虑环境代价的项目财政支持。第三，理顺政府与市场关系，加强要素市场建设，完善市场制度环境，不断培育市场组织来提高地区市场化程度。第四，适当降低融资约束程度，降低原有传统企业在环境治理投入和技术研发创新投入方面的融资成本；同时不断完善绿色金融体制，加大对环保型产业的支持力度。第五，继续加大环保领域反腐败力度，严厉打击各种影子经济或隐性经济活动，加大对偷排、乱排企业的处罚力度和姑息纵容执法者的问责力度；同时加强中央对地方的环保督察，加快绿色 GDP 政绩考核机制建设，避免政企合谋，从制度上消除腐败、影子经济对环境规制对绿色全要素生产率影响的抑制效应。

参考文献

［1］ Adam B. Jaffe, Karen Palmer. Environmental Regulation and Innovation: A Panel Data Study ［J］. Social ence Electronic Publishing, 1997, 79 (4): 610-619.

［2］ Albrizio S., Kozluk T., Zipperer V. Environmental Policies and Productivity Growth: Evidence across Industries and Firms ［J］. Journal of Environmental Economics and Management, 2017 (81): 209-226.

［3］ Alpay E., Buccola S., Kerkvliet J. Productivity Growth and Environmental Regulation in Mexican and U.S. Food Manufacturing ［J］. American Journal of Agricultural Economics, 2002, 84 (4): 887-901.

［4］ Anselin L., Getis A. Spatial Statistical Analysis and Geographic Information Systems ［J］. Annals of Regional Science, 1992, 26 (1): 19-33.

［5］ Antweiler W., Taylor M. S. Is Free Trade Good for the Environment? ［J］. Nber Working Papers, 1998, 91 (4): 877-908.

［6］ Aparicio J., Barbero J., Kapelko M., et al. Testing the Consistency and Feasibility of the Standard Malmquist-Luenberger Index: Environmental Productivity in World Air Emissions ［J］. Journal of Environmental Management, 2017 (196): 148.

［7］ Barbera A. J., Mcconnell V. D. The Impact of Environmental Regulations on Industry Productivity: Direct and Indirect Effects ［J］. Journal of Environmental Economics & Management, 1990, 18 (1): 50-65.

［8］ Becker R. A. Local Environmental Regulation and Plant-level Productivity ［J］. Ecological Economics, 2011, 70 (12): 2516-2522.

［9］ Berman E., Bui L. T. M. Environmental Regulation and Productivity: Evidence from Oil Refineries ［J］. Review of Economics & Statistics, 2001, 83 (3): 498-510.

[10] Birdsall N., Wheeler D. Trade Policy and Industrial Pollution in Latin America: Where are the Pollution Havens? [J]. Journal of Environment & Development, 1993, 2 (1): 137-149.

[11] Bowen A. "Green" Growth, "Green" Jobs and Labor Markets [J]. Policy Research Working Paper, 2012.

[12] Boyd G. A., Mcclelland J. D. The Impact of Environmental Constraints on Productivity Improvement in Integrated Paper Plants [J]. Journal of Environmental Economics & Management, 1999, 38 (2): 121-142.

[13] Broner F., Bustos P., Carvalho V. M. Sources of Comparative Advantage in Polluting Industries [R]. National Bureau of Economic Research, 2012.

[14] Brunnermeier S. B., Cohen M. A. Determinants of Environmental Innovation in US Manufacturing Industries [J]. Journal of Environmental Economics & Management, 2003, 45 (2): 278-293.

[15] Cai X., Gong J., Lu Y., et al. Recover Overnight? Work Interruption and Worker Productivity [J]. Management Science, 2018 (64): 3489-3500.

[16] Chintrakarn P. Environmental Regulation and U. S. States' Technical Inefficiency [J]. Economics Letters, 2008, 100 (3): 363-365.

[17] Christainsen G. B., Haveman R. H. The Contribution of Environmental Regulations to the Slowdown in Productivity Growth [J]. Journal of Environmental Economics & Management, 1981, 8 (4): 381-390.

[18] Deng H., Zheng X., Huang N., et al. Strategic Interaction in Spending on Environmental Protection: Spatial Evidence from Chinese Cities [J]. China & World Economy, 2012, 20 (5): 103-120.

[19] Dollar D., Wei S. J. Das (wasted) Kapital: Firm Ownership and Investment Efficiency in China [R]. NBER Working Paper, 2007.

[20] Domazlicky B. R., Weber W. L. Does Environmental Protection Lead to Slower Productivity Growth in the Chemical Industry? [J]. Environmental & Resource Economics, 2004, 28 (3): 301-324.

[21] Dufour C., Lanoie P., Patry M. Regulation and Productivity [J]. Journal of Productivity Analysis, 1998, 9 (3): 233-247.

[22] Elgin C., Mazhar U. Environmental Regulation, Pollution and the Informal Economy [J]. Working Papers, 2012, 248 (5): 645-656.

[23] Elgin C., Oztunali O. Pollution and Informal Economy [J]. Economic Systems, 2014, 38 (3): 333-349.

[24] Färe R., Grosskopf S., Carl A. Pasurka Jr. Accounting for Air Pollution Emissions in Measures of State Manufacturing Productivity Growth [J]. Journal of Regional Science, 2001, 41 (3): 381-409.

[25] Färe R., Grosskopf S., Jr C. A. P. Environmental Production Functions and Environmental Directional Distance Functions [J]. Energy, 2007, 32 (7): 1055-1066.

[26] Fischer M. M., Scherngell T., Reismann M. Knowledge Spillovers and Total Factor Productivity: Evidence Using a Spatial Panel Data Model [J]. Geographical Analysis, 2009, 41 (2): 204 - 220.

[27] Franco C., Marin G. The Effect of Within - Sector, Upstream and Downstream Environmental Taxes on Innovation and Productivity [J]. Environmental & Resource Economics, 2013, 97 (9): 1-31.

[28] Gollop F. M., Roberts M. J. Environmental Regulations and Productivity Growth: The Case of Fossil-Fueled Electric Power Generation [J]. Journal of Political Economy, 1983, 91 (4): 654-674.

[29] Greenstone M., List J. A., Syverson C. The Effects of Environmental Regulation on the Competitiveness of U. S. Manufacturing [J]. American Economic Review, 2012, 93 (2): 431-435.

[30] Hailu A., Veeman T. S. Environmentally Sensitive Productivity Analysis of the Canadian Pulp and Paper Industry, 1959 - 1994: An Input Distance Function Approach [J]. Journal of Environmental Economics & Management, 2000, 40 (3): 251-274.

[31] Huang J. On the Solvability of the Regulator Equations for a Class of Nonlinear Systems [J]. IEEE Transactions on Automatic Control, 2003, 48 (5): 880-885.

[32] Jaffe A. B., Peterson S. R., Portney P. R., et al. Environmental Regulation and the Competitiveness of U. S. Manufacturing: What Does the Evidence Tell Us? [J]. Journal of Economic Literature, 1995, 33 (1): 132-163.

[33] Johnstone N., Managi S., Rodríguez M. C., et al. Environmental Policy Design, Innovation and Efficiency Gains in Electricity Generation [J]. Energy

Economics, 2017 (63): 106-115.

[34] Kneller R., Manderson E. Environmental Regulations and Innovation Activity in Uk Manufacturing Industries [J]. Resource and Energy Economics, 2012, 34 (2): 211-235.

[35] Lanoie P., Laurent-Lucchetti J., Johnstone N., et al. Environmental Policy, Innovation and Performance: New Insights on the Porter Hypothesis [J]. Journal of Economics & Management Strategy, 2011, 20 (3): 803-842.

[36] Lanoie P., Patry M., Lajeunesse R. Environmental Regulation and Productivity: Testing the Porter Hypothesis [J]. Journal of Productivity Analysis, 2008, 30 (2): 121-128.

[37] LeSage J. P. An Introduction to Spatial Econometrics [J]. Revue d'économie industrielle, 2008 (3): 19-44.

[38] Liangliang Jiang, Chen Lin, Ping Lin. The Determinants of Pollution Levels: Firm-level Evidence from Chinese Manufacturing [J]. Journal of Comparative Economics, 2014, 42 (1): 118-142.

[39] Moran P. A. P. Notes on Continuous Stochastic Phenomena [J]. Biometrika, 1950, 37 (1): 17-23.

[40] OECD. Towards Green Growth: A Summary [R]. 2011.

[41] Porter M. E., Linde C. V. D. Toward a New Conception of the Environment-Competitiveness Relationship [J]. Journal of Economic Per-spectives, 1995, 9 (4): 97-118.

[42] Porter M. E. America's Green Strategy [J]. Scientific American, 1991, 264 (4): 193-246.

[43] Qiu L. D., Zhou M., Wei X. Regulation, Innovation, and Firm Selection: The Porter Hypothesis under Monopolistic Competition [J]. Journal of Environmental Economics & Management, 2018 (92): 638-658.

[44] Repetto R., Rothman D., Faeth P., et al. Has Environmental Protection Really Reduced Productivity Growth? [J]. Challenge, 1997, 40 (1): 46-57.

[45] Rubashkina Y., Galeotti M., Verdolini E. Environmental Regulation and Competitiveness: Empirical Evidence on the Porter Hypothesis from European Manufacturing Sectors [J]. Energy Policy, 2015 (83): 288-300.

[46] Sanchez-Vargas A., Mansilla-Sanchez R., Aguilar-Ibarra A. An Empirical Analysis of the Nonlinear Relationship between Environmental Regulation and Manufacturing Productivity [J]. Journal of Applied Economics, 2013, 16 (2): 357-372.

[47] Simões P., Marques R. C. Influence of Regulation on the Productivity of Waste Utilities. What Can We Learn with the Portuguese Experience? [J]. Waste Management, 2012, 32 (6): 1266.

[48] Tanaka S. Environmental Regulations on Air Pollution in China and Their Impact on Infant Mortality [J]. Journal of Health Economics, 2015, 42 (3): 90.

[49] Tone K., Tsutsui M. An Epsilon-based Measure of Efficiency in DEA—A Third Pole of Technical Efficiency [J]. European Journal of Operational Research, 2010, 207 (3): 1554-1563.

[50] Tone K. Dealing with Undesirable Outputs in DEA: A Slacks-based Measure (SBM) Approach [J]. GRIPS Research Report Series, 2003.

[51] UNEP. Towards a Green Economy: Pathways to Sustainable Development and Poverty Eradication. A Synthesis for Policy Makers[R]. 2011: 17-37.

[52] Wagner M. On the Relationship between Environmental Management, Environmental Innovation and Patenting: Evidence from German Manufacturing Firms [J]. Research Policy, 2007, 36 (10): 1587-1602.

[53] Wang H. Pollution Regulation and Abatement Efforts: Evidence from China [J]. Ecological Economics, 2002, 41 (1): 85-94.

[54] Wang Y., Shen N. Environmental Regulation and Environmental Productivity: The Case of China [J]. Renewable and Sustainable Energy Reviews, 2016 (62): 758-766.

[55] Yaisawarng S., Klein J. D. The Effects of Sulfur Dioxide Controls on Productivity Change in the U. S. Electric Power Industry [J]. Review of Economics & Statistics, 1994, 76 (3): 447-460.

[56] Yang G., Wang Y., Zeng Y., et al. Rapid Health Transition in China, 1990-2010: Findings from the Global Burden of Disease Study 2010 [J]. Lancet, 2013, 381 (9882): 1987.

[57] Young A. Gold into Base Metals: Productivity Growth in the People's

Republic of China during the Reform Period [J]. Journal of Political Economy, 2003, 111 (6): 1220-1261.

[58] 蔡乌赶，周小亮. 中国环境规制对绿色全要素生产率的双重效应 [J]. 经济学家，2017 (9): 27-35.

[59] 查建平，郑浩生，范莉莉. 环境规制与中国工业经济增长方式转变——来自2004-2011年省级工业面板数据的证据 [J]. 山西财经大学学报，2014，36 (5): 54-63.

[60] 陈超凡. 中国工业绿色全要素生产率及其影响因素——基于ML生产率指数及动态面板模型的实证研究 [J]. 统计研究，2016，33 (3): 53-62.

[61] 陈菁泉，刘伟，杜重华. 环境规制下全要素生产率逆转拐点的空间效应——基于省际工业面板数据的验证 [J]. 经济理论与经济管理，2016 (5): 57-67.

[62] 陈路. 环境规制二重性：抑制还是促进技术进步——来自武汉城市圈的证据 [J]. 科技进步与对策，2017，34 (12): 43-48.

[63] 陈诗一. 节能减排与中国工业的双赢发展：2009-2049 [J]. 经济研究，2010 (3): 129-143.

[64] 程中华. 集聚经济与绿色全要素生产率 [J]. 软科学，2015，29 (5): 41-44.

[65] 单豪杰. 中国资本存量K的再估算：1952~2006年 [J]. 数量经济技术经济研究，2008 (10): 17-31.

[66] 党力，杨瑞龙，杨继东. 反腐败与企业创新：基于政治关联的解释 [J]. 中国工业经济，2015 (7): 146-160.

[67] 杜俊涛，陈雨，宋马林. 财政分权、环境规制与绿色全要素生产率 [J]. 科学决策，2017 (9): 65-92.

[68] 杜威剑，李梦洁. 环境规制对企业产品创新的非线性影响 [J]. 科学学研究，2016，34 (3): 462-470.

[69] 樊纲，王小鲁，朱恒鹏. 中国市场化指数：各省区市场化相对进程2011年度报告 [M]. 北京：经济科学出版社，2011: 265.

[70] 范丹，王维国，梁佩凤. 中国碳排放交易权机制的政策效果分析——基于双重差分模型的估计 [J]. 中国环境科学，2017 (6): 2383-2392.

[71] 范洪敏，穆怀中. 环境规制对城镇二元劳动力就业的影响——基

于劳动力市场分割视角［J］. 经济理论与经济管理，2017，36（2）：34-47.

［72］范洪敏. 环境规制会抑制农民工城镇就业吗［J］. 人口与经济，2017（5）：45-46.

［73］范子英. 转移支付、基础设施投资与腐败［J］. 经济社会体制比较，2013（2）：179-192.

［74］方红生，张军. 中国地方政府扩张偏向的财政行为：观察与解释［J］. 经济学（季刊），2009，8（3）：1065-1082.

［75］封福育. 环境规制与经济增长的多重均衡：理论与中国经验［J］. 当代财经，2014（11）：14-24.

［76］傅京燕. 环境规制与产业国际竞争力［M］. 北京：经济科学出版社，2006：52.

［77］高鸣，陈秋红. 贸易开放、经济增长、人力资本与碳排放绩效——来自中国农业的证据［J］. 农业技术经济，2014（11）：101-110.

［78］高鸣. 脱钩收入补贴对小麦生产率有影响吗？——基于农户的微观证据［J］. 中国农村经济，2017（11）：47-61.

［79］高扬志，冉茂盛. 民营企业腐败对研发投入的影响研究——基于中小板上市公司的经验证据［J］. 中国管理科学，2017，25（3）：59-67.

［80］郭庆旺，贾俊雪. 财政分权、政府组织结构与地方政府支出规模［J］. 经济研究，2010（11）：59-72.

［81］郭妍，张立光. 环境规制对全要素生产率的直接与间接效应［J］. 管理学报，2015，12（6）：903-910.

［82］韩超，胡浩然. 清洁生产标准规制如何动态影响全要素生产率——剔除其他政策干扰的准自然实验分析［J］. 中国工业经济，2015（5）：70-82.

［83］韩晶，刘远，张新闻. 市场化、环境规制与中国经济绿色增长［J］. 经济社会体制比较，2017（5）：105-115.

［84］胡晓琳. 中国省际环境全要素生产率测算、收敛及其影响因素研究［D］. 江西财经大学博士学位论文，2016.

［85］环境规制与工业绿色生产率增长——对“强波特假说”的再检验［J］. 中国软科学，2016（7）：144-154.

［86］黄平，胡日东. 环境规制与企业技术创新相互促进的机理与实证研究［J］. 财经理论与实践，2010，31（1）：99-103.

[87] 黄清煌，高明. 环境规制对经济增长的数量和质量效应——基于联立方程的检验 [J]. 经济学家，2016（4）：53-62.

[88] 黄寿峰. 环境规制、影子经济与雾霾污染——动态半参数分析 [J]. 经济学动态，2016（11）：33-44.

[89] 黄永斌，董锁成，白永平. 中国城市紧凑度与城市效率关系的时空特征 [J]. 中国人口·资源与环境，2015，25（3）：64-73.

[90] 季永杰，徐晋涛. 环境政策与企业生产技术效率——以造纸企业为例 [J]. 北京林业大学学报（社会科学版），2006（2）：78-82.

[91] 江珂. 环境规制对中国技术创新能力影响及区域差异分析——基于中国 1995-2007 年省际面板数据分析 [J]. 中国科技论坛，2009（10）：28-33.

[92] 蒋伏心，王竹君，白俊红. 环境规制对技术创新影响的双重效应——基于江苏制造业动态面板数据的实证研究 [J]. 中国工业经济，2013（7）：44-55.

[93] 蒋为. 环境规制是否影响了中国制造业企业研发创新？——基于微观数据的实证研究 [J]. 财经研究，2015，41（2）：76-87.

[94] 颉茂华，王瑾，刘冬梅. 环境规制、技术创新与企业经营绩效 [J]. 南开管理评论，2014，17（6）：106-113.

[95] 靳亚阁，常蕊. 环境规制与工业全要素生产率——基于 280 个地级市的动态面板数据实证研究 [J]. 经济问题，2016（11）：18-23.

[96] 柯善咨，向娟. 1996-2009 年中国城市固定资本存量估算 [J]. 统计研究，2012，29（7）：19-24.

[97] 孔祥利，毛毅. 我国环境规制与经济增长关系的区域差异分析——基于东、中、西部面板数据的实证研究 [J]. 南京师大学报（社会科学版），2010（1）：56-60，74.

[98] 匡远凤，彭代彦. 中国环境生产效率与环境全要素生产率分析 [J]. 经济研究，2012（7）：62-74.

[99] 雷明，虞晓雯. 地方财政支出、环境规制与我国低碳经济转型 [J]. 经济科学，2013(5)：47-61.

[100] 李斌，彭星，欧阳铭珂. 环境规制、绿色全要素生产率与中国工业发展方式转变——基于 36 个工业行业数据的实证研究 [J]. 中国工业经济，2013（4）：56-68.

［101］李斌，祁源，李倩. 财政分权、FDI 与绿色全要素生产率——基于面板数据动态 GMM 方法的实证检验［J］. 国际贸易问题，2016（7）：119-129.

［102］李春米，毕超. 环境规制下的西部地区工业全要素生产率变动分析［J］. 西安交通大学学报（社会科学版），2012，32（1）：18-22，28.

［103］李国平，杨佩刚，宋文飞，韩先锋. 环境规制、FDI 与“污染避难所”效应——中国工业行业异质性视角的经验分析［J］. 科学学与科学技术管理，2013（10）：122-129.

［104］李兰冰，刘秉镰. 中国高技术产业的效率评价与成因识别［J］. 经济学动态，2014（9）：56-65.

［105］李玲，陶锋. 污染密集型产业的绿色全要素生产率及影响因素——基于 SBM 方向性距离函数的实证分析［J］. 经济学家，2011（12）：32-39.

［106］李梦洁，杜威剑. 环境规制与就业的双重红利适用于中国现阶段吗？——基于省际面板数据的经验分析［J］. 经济科学，2014（4）：14-26.

［107］李珊珊. 环境规制对就业技能结构的影响——基于工业行业动态面板数据的分析［J］. 中国人口科学，2016（5）：90-100，128.

［108］李胜兰，申晨，林沛娜. 环境规制与地区经济增长效应分析——基于中国省际面板数据的实证检验［J］. 财经论丛，2014（6）：88-96.

［109］李树，陈刚. 环境管制与生产率增长——以 APPCL2000 的修订为例［J］. 经济研究，2013（1）：17-31.

［110］李树，翁卫国. 我国地方环境管制与全要素生产率增长——基于地方立法和行政规章实际效率的实证分析［J］. 财经研究，2014，40（2）：19-29.

［111］李阳，党兴华，韩先锋，宋文飞. 环境规制对技术创新长短期影响的异质性效应——基于价值链视角的两阶段分析［J］. 科学学研究，2014，32（6）：937-949.

［112］李永友，沈坤荣. 我国污染控制政策的减排效果——基于省际工业污染数据的实证分析［J］. 管理世界，2008（7）：7-17.

［113］李玉琴，陈颖，戴一鑫. 环境规制对技术创新的影响研究——基于中国工业行业异质性分析［J］. 南京财经大学学报，2017（4）：27-35.

［114］李政大，袁晓玲，苏玉波. 中国经济发展方式转型效果评估——

基于EBM-Luenberger模型［J］. 财贸经济，2017，38（1）：21-33.

［115］廖显春，夏恩龙. 为什么中国会对FDI具有吸引力？——基于环境规制与腐败程度视角［J］. 世界经济研究，2015（1）：112-119.

［116］林季红，刘莹. 内生的环境规制："污染天堂假说"在中国的再检验［J］. 中国人口·资源与环境，2013（1）：13-18.

［117］刘和旺，郑世林，左文婷. 环境规制对企业全要素生产率的影响机制研究［J］. 科研管理，2016，37（5）：33-41.

［118］刘瑞明，赵仁杰. 西部大开发：增长驱动还是政策陷阱——基于PSM-DID方法的研究［J］. 中国工业经济，2015（6）：32-43.

［119］刘伟，童健，薛景. 行业异质性、环境规制与工业技术创新［J］. 科研管理，2017，38（5）：1-11.

［120］刘习平，宋德勇. 城市产业集聚对城市环境的影响［J］. 城市问题，2013（3）：9-15.

［121］陆铭，陈钊. 分割市场的经济增长——为什么经济开放可能加剧地方保护？［J］. 经济研究，2009（3）：42-52.

［122］逯笑微，马淑萍. 环境规制影响全要素生产率的传导机制研究［J］. 大连海事大学学报（社会科学版），2016，15（1）：12-16.

［123］穆怀中，范洪敏. 环境规制对农民工就业的门槛效应研究［J］. 经济学动态，2016（10）：4-14.

［124］祁毓，卢洪友，张宁川. 环境规制能实现"降污"和"增效"的双赢吗——来自环保重点城市"达标"与"非达标"准实验的证据［J］. 财贸经济，2016，37（9）：126-143.

［125］申晨，贾妮莎，李炫榆. 环境规制与工业绿色全要素生产率——基于命令—控制型与市场激励型规制工具的实证分析［J］. 研究与发展管理，2017，29（2）：144-154.

［126］沈坤荣，金刚，方娴. 环境规制引起了污染就近转移吗？［J］. 经济研究，2017（5）：44-59.

［127］沈能，刘凤朝. 高强度的环境规制真能促进技术创新吗？——基于"波特假说"的再检验［J］. 中国软科学，2012（4）：49-59.

［128］师博，沈坤荣. 城市化、产业集聚与EBM能源效率［J］. 产业经济研究，2012（6）：10-16.

［129］史贝贝，冯晨，张妍，杨菲. 环境规制红利的边际递增效应

[J]. 中国工业经济, 2017 (12): 40-58.

[130] 水会莉, 韩庆兰, 杨洁辉. 环境规制、融资约束对企业研发投入的影响研究 [J]. 中南大学学报 (社会科学版), 2015, 21 (6): 78-85.

[131] 孙早, 屈文波. 中国环境立法管制的生产率增长效应研究 [J]. 干旱区资源与环境, 2016, 30 (11): 1-6.

[132] 覃伟芳, 廖瑞斌. 环境规制、产业效率与产业集聚 [J]. 现代财经 (天津财经大学学报), 2015, 35 (3): 14-26.

[133] 谭娟, 陈晓春. 基于产业结构视角的政府环境规制对低碳经济影响分析 [J]. 经济学家, 2011 (10): 91-97.

[134] 谭政, 王学义. 绿色全要素生产率省际空间学习效应实证 [J]. 中国人口·资源与环境, 2016, 26 (10): 17-24.

[135] 汤韵, 梁若冰. "两控区" 政策与二氧化硫减排——基于倍差法的经验研究 [J]. 山西财经大学学报, 2012 (6): 9-16.

[136] 陶长琪, 周璇. 环境规制、要素集聚与全要素生产率的门槛效应研究 [J]. 当代财经, 2015 (1): 10-22.

[137] 田贺忠, 陆永祺, 郝吉明, 王书肖, 薛志刚. 我国酸雨和二氧化硫污染控制历程及进展 [J]. 中国电力, 2001 (3): 52-57.

[138] 涂正革, 谌仁俊. 排污权交易机制在中国能否实现波特效应? [J]. 经济研究, 2015 (7): 160-173.

[139] 汪锋, 解晋. 中国分省绿色全要素生产率增长率研究 [J]. 中国人口科学, 2015 (2): 53-62.

[140] 王兵, 刘光天. 节能减排与中国绿色经济增长——基于全要素生产率的视角 [J]. 中国工业经济, 2015 (5): 57-69.

[141] 王兵, 吴延瑞, 颜鹏飞. 中国区域环境效率与环境全要素生产率增长 [J]. 经济研究, 2010, 45 (5): 95-109.

[142] 王国印, 王动. 波特假说、环境规制与企业技术创新——对中东部地区的比较分析 [J]. 中国软科学, 2011 (1): 100-112.

[143] 王洪庆. 人力资本视角下环境规制对经济增长的门槛效应研究 [J]. 中国软科学, 2016 (6): 52-61.

[144] 王佳, 盛鹏飞. 环境治理降低中国工业全要素增长了吗? ——基于修正方向性距离函数的研究 [J]. 产业经济研究, 2015 (5): 31-39, 92.

[145] 王杰, 刘斌. 环境规制与企业全要素生产率——基于中国工业企

业数据的经验分析 [J]. 中国工业经济，2014 (3)：44-56.

[146] 王金南. 中国环境税收政策设计与效应研究 [M]. 北京：中国环境出版社，2015：6-7.

[147] 王鹏，尤济红. 中国环境管制效果的评价研究——基于工业绿色发展的一个空间视角 [J]. 经济社会体制比较，2016 (5)：25-42.

[148] 王鹏，高妍伶俐. 环境规制与我国经济增长关系的区域差异研究——基于东、中、西部地区三次产业部门的数据分析 [J]. 产经评论，2012，3 (5)：111-118.

[149] 王守坤. 空间计量模型中权重矩阵的类型与选择 [J]. 经济数学，2013，30 (3)：57-63.

[150] 王恕立，汪思齐，滕泽伟. 环境约束下的中国服务业全要素生产率增长 [J]. 财经研究，2016，42 (5)：123-134.

[151] 王小鲁，夏小林. 优化城市规模　推动经济增长 [J]. 经济研究，1999 (9)：22-29.

[152] 王小鲁. 中国城市化路径与城市规模的经济学分析 [J]. 经济研究，2010 (10)：20-32.

[153] 王小宁，周晓唯. 市场化进程、环境规制与经济增长——基于东、中、西部地区的经验研究 [J]. 科学决策，2015 (3)：82-94.

[154] 王晓岭，武春友，于文嵩. 绿色增长驱动因素的国际比较研究——基于“20国集团 (G20)”面板数据的实证检验 [J]. 北京理工大学学报 (社会科学版)，2015，17 (6)：12-20.

[155] 王彦皓. 政企合谋、环境规制与企业全要素生产率 [J]. 经济理论与经济管理，2017 (11)：58-71.

[156] 王业强，朱春筱. 大城市效率锁定的环境效应及其政策选择 [J]. 城市与环境研究，2017 (1)：42-59.

[157] 王勇，施美程，李建民. 环境规制对就业的影响——基于中国工业行业面板数据的分析 [J]. 中国人口科学，2013，33 (3)：54-64.

[158] 魏守华，陈扬科，陆思桦. 城市蔓延、多中心集聚与生产率 [J]. 中国工业经济，2016 (8)：58-75.

[159] 吴明琴，周诗敏，陈家昌. 环境规制与经济增长可以双赢吗——基于我国“两控区”的实证研究[J]. 当代经济科学，2016，38(6)：44-54.

[160] 席鹏辉. 财政激励、环境偏好与垂直式环境管理——纳税大户议

价能力的视角［J］. 中国工业经济，2017（11）：100-117.

［161］肖兴志，李少林. 环境规制对产业升级路径的动态影响研究［J］. 经济理论与经济管理，2013，33（6）：102-112.

［162］谢涓，李玉双，韩峰. 环境规制与经济增长：基于中国省际面板联立方程的分析［J］. 经济经纬，2012（5）：1-5.

［163］谢乔昕. 环境规制扰动、政企关系与企业研发投入［J］. 科学学研究，2016，34（5）：713-719+764.

［164］谢荣辉. 环境规制、引致创新与中国工业绿色生产率提升［J］. 产业经济研究，2017（2）：38-48.

［165］谢众，张先锋，卢丹. 自然资源禀赋、环境规制与区域经济增长［J］. 江淮论坛，2013（6）：61-67.

［166］熊艳. 基于省际数据的环境规制与经济增长关系［J］.中国人口·资源与环境，2011，21（5）：126-131.

［167］徐常萍. 环境规制对制造业产业结构升级的影响及机制研究［D］. 东南大学博士学位论文，2016.

［168］徐敏，姜勇. 中国产业结构升级能缩小城乡消费差距吗？［J］. 数量经济技术经济研究，2015，32（3）：3-21.

［169］徐彦坤，祁毓. 环境规制对企业生产率影响再评估及机制检验［J］. 财贸经济，2017，38（6）：147-161.

［170］许冬兰，李丰云，吕朵. 绿色全要素生产率的测算方法及应用［J］. 青岛科技大学学报（社会科学版），2016，32（4）：30-35.

［171］闫文娟，郭树龙，史亚东. 环境规制、产业结构升级与就业效应：线性还是非线性？［J］. 经济科学，2012（6）：23-32.

［172］杨继生，徐娟，吴相俊. 经济增长与环境和社会健康成本［J］. 经济研究，2013（12）：17-29.

［173］叶林，曾国安. 进入壁垒、策略性阻止与企业创新［J］. 经济评论，2013（5）：61-67.

［174］叶祥松，彭良燕. 我国环境规制下的规制效率与全要素生产率研究：1999-2008［J］. 财贸经济，2011（2）：102-109，137.

［175］殷宝庆. 环境规制与我国制造业绿色全要素生产率——基于国际垂直专业化视角的实证［J］. 中国人口·资源与环境，2012，22（12）：62-68.

[176] 于斌斌. 中国城市生产性服务业集聚模式选择的经济增长效应——基于行业、地区与城市规模异质性的空间杜宾模型分析 [J]. 经济理论与经济管理, 2016, 36 (1): 98-112.

[177] 余长林, 高宏建. 环境管制对中国环境污染的影响——基于隐性经济的视角 [J]. 中国工业经济, 2015 (7): 21-35.

[178] 余东华, 胡亚男. 环境规制趋紧阻碍中国制造业创新能力提升吗? ——基于“波特假说”的再检验[J]. 产业经济研究, 2016(2): 11-20.

[179] 余永泽, 刘大勇. “中国式财政分权”与全要素生产率: “竞次”还是“竞优”[J]. 财贸经济, 2018 (1): 23-37.

[180] 俞海, 任子平, 张永亮, 高国伟. 新常态下中国绿色增长: 概念、行动与路径 [J]. 环境与可持续发展, 2015, 40 (1): 7-10.

[181] 原毅军, 谢荣辉. FDI、环境规制与中国工业绿色全要素生产率增长——基于 Luenberger 指数的实证研究 [J]. 国际贸易问题, 2015 (8): 84-93.

[182] 原毅军, 刘柳. 环境规制与经济增长: 基于经济型规制分类的研究 [J]. 经济评论, 2013 (1): 27-33.

[183] 曾贤刚. 环境规制、外商直接投资与“污染避难所”假说——基于中国 30 个省份面板数据的实证研究 [J]. 经济理论与经济管理, 2010 (11): 65-71.

[184] 张成, 陆旸, 郭路, 于同申. 环境规制强度和生产技术进步 [J]. 经济研究, 2011 (2): 113-124.

[185] 张成, 于同申. 环境规制会影响产业集中度吗?: 一个经验研究 [J]. 中国人口·资源与环境, 2012, 22 (3): 98-103.

[186] 张红凤, 周峰, 杨慧, 郭庆. 环境保护与经济发展双赢的规制绩效实证分析 [J]. 经济研究, 2009, 44 (3): 14-26, 67.

[187] 张红凤. 环境规制理论研究 [M]. 北京: 北京大学出版社, 2012: 13.

[188] 张虎, 韩爱华, 杨青龙. 中国制造业与生产性服务业协同集聚的空间效应分析 [J]. 数量经济技术经济研究, 2017 (2): 3-20.

[189] 张华, 魏晓平. 绿色悖论抑或倒逼减排——环境规制对碳排放影响的双重效应 [J]. 中国人口·资源与环境, 2014 (9): 21-29.

[190] 张华. 地区间环境规制的策略互动研究——对环境规制非完全执

行普遍性的解释 [J]. 中国工业经济，2016 (7)：74-90.

[191] 张建华，李先枝. 政府干预、环境规制与绿色全要素生产率——来自中国 30 个省、市、自治区的经验证据 [J]. 商业研究，2017 (10)：162-170.

[192] 张娟. 资源型城市环境规制的经济增长效应及其传导机制——基于创新补偿与产业结构升级的双重视角 [J]. 中国人口·资源与环境，2017，27 (10)：39-46.

[193] 张平，张鹏鹏，蔡国庆. 不同类型环境规制对企业技术创新影响比较研究 [J]. 中国人口·资源与环境，2016，26 (4)：8-13.

[194] 张倩. 环境规制对企业技术创新的影响机理及实证研究 [D]. 哈尔滨工业大学博士学位论文，2016.

[195] 张三峰，卜茂亮. 环境规制、环保投入与中国企业生产率——基于中国企业问卷数据的实证研究 [J]. 南开经济研究，2011 (2)：129-146.

[196] 张三峰，曹杰，杨德才. 环境规制对企业生产率有好处吗？——来自企业层面数据的证据 [J]. 产业经济研究，2011 (5)：18-25.

[197] 张同斌. 提高环境规制强度能否"利当前"并"惠长远" [J]. 财贸经济，2017，38 (3)：116-130.

[198] 张志强. 环境规制提高了中国城市环境质量吗？——基于"拟自然实验"的证据 [J]. 产业经济研究，2017 (3)：69-80.

[199] 赵璨，王竹泉，杨德明等. 企业迎合行为与政府补贴绩效研究——基于企业不同盈利状况的分析 [J]. 中国工业经济，2015 (7)：130-145.

[200] 赵红. 环境规制对企业技术创新影响的实证研究——以中国 30 个省份大中型工业企业为例 [J]. 软科学，2008 (6)：121-125.

[201] 赵霄伟. 环境规制、环境规制竞争与地区工业经济增长——基于空间 Durbin 面板模型的实证研究 [J]. 国际贸易问题，2014 (7)：82-92.

[202] 赵玉民，朱方明，贺立龙. 环境规制的界定、分类与演进研究 [J]. 中国人口·资源与环境，2009，19 (6)：85-90.

[203] 周长富，杜宇玮，彭安平. 环境规制是否影响了我国 FDI 的区位选择？——基于成本视角的实证研究 [J]. 世界经济研究，2016 (1)：110-120.

[204] 周黎安，陶婧. 政府规模、市场化与地区腐败问题研究 [J]. 经济研究，2009，44 (1)：57-69.